Vom Verschwinden der Kindheit

Für
Markus
Claude, Laura, Cindy und Yannick

Dr. Nelia Schmid König, geboren 1956, ist Literaturwissenschaftlerin und Psychoanalytikerin für Kinder, Jugendliche und Paare. Sie arbeitet auch als Supervisorin für LehrerInnen und ErzieherInnen.
Kontakt: nskmara@aol.com, www.neliaschmidkoenig.de

Nelia Schmid König

Vom Verschwinden der Kindheit

Jugend im Wandel der Zeit

Mabuse-Verlag
Frankfurt am Main

Bibliografische Information der Deutschen Nationalbibliothek
Die Deutsche Nationalbibliothek verzeichnet diese Publikation in der Deutschen Nationalbibliografie; detaillierte bibliografische Daten sind im Internet über http://dnb.d-nb.de abrufbar.

Informationen zu unserem gesamten Programm, unseren AutorInnen und zum Verlag finden Sie unter: www.mabuse-verlag.de.

Wenn Sie unseren Newsletter zu aktuellen Neuerscheinungen und anderen Neuigkeiten abonnieren möchten, schicken Sie einfach eine E-Mail mit dem Vermerk „Newsletter“ an: online@mabuse-verlag.de.

2. Auflage 2021

Kasseler Str. 1 a
60486 Frankfurt am Main
Tel.: 069 – 70 79 96-13
Fax: 069 – 70 41 52
verlag@mabuse-verlag.de
www.mabuse-verlag.de

Lektorat: Claudia Weingartner, Icking
Layout und Satz: FEINSATZ, Florian Grundei, Bonn
Umschlaggestaltung: Marion Ullrich, Frankfurt/M.
Umschlagfoto: © mauritius images/imageBROKER
Druck: SOL Service GmbH, Schrobenhausen

ISBN: 978-3-86321-437-1
Printed in Germany

Inhalt

Zweiter Teil

Dritter Teil

Vorwort: Wundenvoll und wundervoll

Wer ein Auto führen will, braucht einen Führerschein. Ohne Führerschein fahren, ist strafbar. Wer ein Segelboot ohne einen Segelschein fährt, handelt den Gesetzen zuwider. Welche Prüfung braucht es, um Mutter und Vater zu werden und dies dann zu sein?

Nelia Schmid König hat im Rahmen ihrer therapeutischen Arbeit mit Hunderten von Kindern, Müttern und Vätern gesprochen und ihnen zugehört. Viele dieser Geschichten finden wir in diesem Buch. Es lohnt sich, sie zu lesen, hinzuhören auf diese Zeugnisse. Denn es ist ein Hineinhorchen in das Menschsein. Dabei findet man, falls man so etwas überhaupt sucht, kein allgemeines Urteil, keine Allgemeingültigkeit des Menschseins. Man findet kein eindeutiges „Wer?". Es gibt das missbrauchte Pflegekind in der frühen Nachkriegszeit, den verwöhnten Jungen, der unaufhörlich Nachrichten auf seinem Smartphone liest und beantwortet. So wie es sieben Milliarden Menschen gibt, die alle unterschiedlich und einzigartig sind, gibt es keine einfachen Erklärungsmuster, keine „zehn Tipps" zur perfekten Erziehung, keine Ratschläge, die man einfach umsetzen kann.

Dies ist auch kein Buch zum „Was?" der Erziehung, also kein Buch über DEN Heranwachsenden oder DIE Heranwachsende. Denn jedes Individuum ist das Ergebnis seiner Geschichte, seiner Bindungsfähigkeit, seines individuellen Erlebens.

Doch einen roten Faden gibt es in dem Buch. Es sind die Hinweise zum „Wie?" des Umgangs mit dem Elternsein: die Bedeutung des Respekts vor der Individualität des Kindes und des Partners, die Zentralität der Bindungsfähigkeit, der Wert der Aufmerksamkeit, die Bedeutung des Aufbaus und der Pflege des Vertrauens als dem Rohstoff der Liebe.

So erfährt der Leser zugleich etwas über die Komplexität individueller Psychogramme sowie über die scheinbare Einfachheit des Umgangs mit ihnen. Die Texte sind geprägt von einer faszinierenden Mischung aus psychologischer Analyse und der immer wiederkehrenden Rückbesinnung auf den gesunden Menschenverstand.

Die Positive Psychologie hat uns in den letzten 20 Jahren nahegebracht, welches Potential darin liegt, Stärken zu erkennen, bei sich und den anderen, und diese zu stärken. Davon zeugen viele der berührenden Schicksale, die Nelia Schmid König uns lebendig schildert.

Dieses Buch ist *wundenvoll.* Es legt die vielen Wunden bloß, die Eltern und Familien ihren Kindern zugefügt haben. Dabei benutzt Schmid König keine Schablonen und lässt den Leser erst mitdenken, bevor sie ein eigenes Urteil fällt. Wenn sie es fällt. Oft lässt sie das Urteil offen und erlaubt dem Leser eine Reflexion, eine Beteiligung. Sehr oft wiederum traut sie sich, ergreift Partei, nimmt kein Blatt vor den Mund und spricht schonungslos Fehler an, diejenigen vieler Eltern, aber auch ihre eigenen. Nicht selten in deutlicher Sprache, ohne sich hinter -ismen zu verstecken. Da gewinnt sie eine starke, solide Glaubwürdigkeit als Autorin und Psychoanalytikerin. Und man fühlt sich nicht belehrt, sondern beschenkt.

Insofern ist dieses Buch *wundervoll.* Es zeigt die Wunder geretteter Seelen, die Traumata begriffen haben, verwinden und in kreatives Leben verwandeln. Die Autorin sammelt erfrischende Zeugnisse junger Menschen aus Deutschland und der Schweiz, die Hoffnung geben.

Augenfällig werden die Parallelen zwischen dem Handeln erfahrener Führungskräfte und demjenigen weiser Eltern, wenn man die drei Pfeiler der Motivation nach Daniel Pink betrachtet, wie wir sie in der (neuen) Wirtschaft anwenden. Sie lauten: Exzellenz, Autonomie und Sinnhaftigkeit. So wie man das Potential von Mitarbeitenden entfalten und ihre Leistung und ihr Glücksgefühl steigern kann, so kann man Kindern Freiräume geben und die Verantwortung dafür übertragen, ihre eigenen Talente (Exzellenz) zu bewahren und mit einer Sinnhaftigkeit des eigenen Tuns, Heranwachsens, Lernens zu verbinden.

Gute Führung bedeutet: Zuhören, Befähigen, Ermächtigen, indem man Verantwortung überträgt und den Mut aufbringt, immer wieder in Vertrauen zu investieren. Besteht der Führerschein für das Eltern-Werden nicht vielleicht aus denselben Prüfungen, die man meistern muss, um eine gute Führungskraft zu sein?

Gute Führung erlaubt die Übergabe von Verantwortung, die Förderung von Selbstbestimmung. Dies wiederum erlaubt es den Menschen, das Projekt des eigenen Lebens in die Hand zu nehmen, es zu gestalten und damit zu besitzen. Nicht das Leben der anderen zu leben, sondern das eigene.

Laotse schreibt über Führung:

Der beste Führer ist der, dessen Existenz gar nicht bemerkt wird,
der zweitbeste der, welcher geehrt und gepriesen wird,
der nächstbeste der, den man fürchtet
und der schlechteste der, den man hasst.
Wenn die Arbeit des besten Führers getan ist, sagen die Leute:
„Das haben wir selbst getan."

Nelia Schmid König zeigt uns also eine Mutter, einen Vater, die wie die besten Führer dafür sorgen, dass die Kinder sagen können: „Das haben wir selbst getan." Gibt es einen besseren Beweis für eine gelungene Beziehung zu den eigenen Kindern als die Heranführung an die Autonomie in der Gestaltung des eigenen Lebensentwurfs durch die Heranwachsenden selbst?

Man wünscht sich, dieses Buch früher gehabt zu haben, wenn man schon erwachsene Kinder hat. Man freut sich, es jetzt lesen zu dürfen, wenn die Kinder noch klein sind. Den Führerschein für die Prüfung, die es erlaubt, Kinder großzuziehen, kann nur das Leben verleihen. Aber Nelia Schmid Königs Werk hilft Mutter und Vater, den wahren Herausforderungen ins Gesicht zu schauen, es gibt Mut und damit Hoffnung.

Emilio Galli Zugaro
Business Coach, Bruder, Ehemann,
vierfacher Vater und mittlerweile, ohne Mutter und Vater.

Einleitung

Die heutige Jugend ist eine unverstandene – von der Elternseite aus betrachtet. Vielen Eltern gibt sie Rätsel auf: „Die haben es so verdammt gut. Keine Kriege, keine Nöte, behütet, ernstgenommen. Warum haben die so große Probleme, ich kapier's nicht!" So der Aufschrei eines Vaters und Juristen, dessen Sohn wegen wiederholten Dealens Jugendarrest aufgebrummt bekommen hat.

Ich habe es auch lange nicht so richtig verstanden. Eine verwöhnte, gesättigte und in vieler Hinsicht gut genährte Jugend produziert Symptome wie am Fließband.

Als Psychoanalytikerin mit alltagspolitischem Bewusstsein beginnt man dann irgendwann nachzudenken: Ist es so schlimm mit der heutigen Jugend, wird nicht maßlos übertrieben? Wem dient denn die Problematisierung der heutigen Jugend, öffnen sich dadurch vielleicht neue Märkte? Etwa der Markt der Elternratgeber? Oder der Riesenmarkt an sportlichen Aktivitäten, die speziell auf junge Menschen ausgerichtet sind? Einige der älteren Jugendlichen unter meinen Patienten sind nicht ganz so regelmäßig in der Schule, doch ziemlich verlässlich im Wahrnehmen ihrer Fitnesstermine. Dann gibt es Modelinien, die den Geldbeutel der Zwölf- bis 16-Jährigen im Auge haben. Oder Jugendreise-Organisationen, die für nicht geringes Geld Portugal, Spanien oder Frankreich für „solche Jugendliche, die mal unter sich sein wollen", anpreisen. Ein Zelt fehlt bei solchen Jugendcamps nie: Nämlich das für Verhütungsfragen, in dem „Dr. Sommer" Antworten gibt. Mit einem kleinen Schmunzeln möchte ich hier anmerken, dass wir vor fast einem halben Jahrhundert auch ohne „Dr. Sommer" nicht schwanger aus dem Pfadfinderurlaub zurückgekehrt sind. Mit ziemlicher Gewissheit waren wir damals nicht so gut aufgeklärt, doch die Eltern haben uns mehr zugetraut. Und wir waren meistens imstande, auf uns aufzupassen. Oder waren wir schlichtweg zu anständig? Nein, nicht doch. Ich möchte hier keine Klischees aufbauen, weder in Richtung der Eltern und früherer Generationen, noch in Richtung der heutigen Jugend. Klischees setzen uns Menschen doch nur unter Druck. Entweder ertappen wir uns dabei, dass wir ihnen nicht entsprechen wollen, also weiterhin gegen sie protestieren müssen. Oder wir stellen fest, dass wir ihnen so sehr entsprechen, dass wir dabei unangenehm gesichtslos werden und deshalb beschämt um uns blicken, ob ja keiner unsere Überangepasstheit bemerkt hat.

Kein Jugendlicher will gesichtslos sein, alles, alles will und kann er sein – nur nicht übersehen darf man ihn. Denn ein Gesichtsloser wird nicht wahrgenommen. Er hat ja keine Augen, mit denen er einen anderen anziehen könnte.

Dieses Buch sucht die Jugendlichen von heute. Ich weiß nicht, ob ich sie finde. Einige unter ihnen gewiss, nämlich diejenigen, die in meine Praxis kommen. Doch reicht das, um für alle Jugendlichen zu sprechen? Als ich vor vielen Jahren ziemlich verzweifelt eine Veränderung in meinem Leben vornehmen wollte, doch nicht wusste, wo ich ansetzen sollte, hat ein Therapeut mein Leben sehr beeinflusst. Er sagte zu mir: „Anfangen ist das Schwerste, weil wir Menschen Gewohnheitstiere sind und uns nicht ungenauen und allzu offenen Wegen aussetzen wollen. Fangen Sie einfach mal an, auch ohne das genaue Ziel zu kennen."

Ich werde verschiedene Zugänge zu den Jugendlichen von heute suchen. Ein wesentlicher Zugang wird der Versuch sein, im Spiegelbild von Jugendlichen früherer Generationen die heutigen jungen Menschen besser erfassen zu können. Die Jugend von heute hat das Phänomen der Jugend nicht erfunden. Sie geht, wie die Jugendlichen aus früheren Generationen, einfach weiter auf ihrem Entwicklungsspfad, der ein großes Ziel hat: Nämlich erwachsen zu werden und ein selbstverantwortliches Leben führen zu können mit einem eigenen Beruf und guten Liebeserfahrungen. Oder, um es klar und gebündelt mit Freud zu sagen: „Gesundheit ist die Fähigkeit, lieben und arbeiten können."

Das Buch ist in drei Teile untergliedert. Zuerst wird allgemein der aktuelle Zeitgeist erörtert, der uns eben auch tüchtig auf den Geist und in die Seele fahren kann.

Im zweiten Teil erzählen mir sieben bekannte und unbekannte Menschen zwischen 57 und 93 Jahren ihre Kindheit. Zwei von ihnen, Michaela Lentz und Richard Marx, sind leider inzwischen verstorben. Das Merkmal, das mich in Bezug auf das Thema Kindheit in diesen sieben Erzählungen am meisten beeindruckt hat, versuche ich dann in eine Beziehung zur Gegenwart und den heutigen Kindern und Eltern zu setzen. Ich bemühe mich also, die Möglichkeiten und Unmöglichkeiten der Jugend von gestern mit den Möglichkeiten und Unmöglichkeiten der Jugend von heute zu verbinden. Wie haben Eltern früher erzogen? Was musste damals den Kindern in den Augen der Eltern unbedingt fürs Leben mitgegeben werden? Und welche Überzeugungen leiten heute die Eltern in ihrem Erziehungsverhalten? Wie ist ein junger Mensch mit dem Verlust seiner Heimat vor 60 Jahren umgegangen? Warum war für Hans Hopf vor 70 Jahren seine Großmutter wichtiger als die eigenen Eltern? Wieso wurde aus einer Schweizer Musikerin, die jetzt 64 Jahre alt ist, eine kreative Mutter und Frau mit kreativen Kindern? Und warum sind doch recht viele der heutigen Jugendlichen etwas garantiert nicht mehr – nämlich wild und eigensinnig?! Wie hat es sich angefühlt früher, ein Vertriebener oder Verfolgter zu sein, und warum macht einigen jungen Deutschen die große, weite Welt, wie sie über unsere Grenzen hereinströmt, gerade so große Angst? Es wird um Schule damals und heute gehen, um Erziehungsstile, um alte und neue Familienbilder, um Pragmatismus und Idealismus in der Zukunftsplanung für unsere Kinder.

Im dritten Teil versuche ich eine Auswertung dieser hier vorgestellten Kindheitsgeschichten und bemühe mich um einen hoffentlich für Sie, die Leser, fruchtbaren Ausblick mit hoffnungsvollen Antworten. Vielleicht finden wir im gemeinsamen Nachdenken – Sie, die Leser, und ich – ein paar Antworten. Denn ich kann mir das Leben nur dialogisch vorstellen. Deswegen ist mir im Mittelteil der Dialog – zwei Menschen im Gespräch und auf Augenhöhe – so wichtig. Auch wenn es hier, im Buch, kein physischer Dialog sein kann.

Zum Schluss dieser Einleitung noch ein persönliches Wort: Mein letztes Buch hat mich gelehrt, dass man sich auch als PsychoanalytikerIn zeigen muss. Ich weiß, dass einige Kollegen das anders sehen. Doch je länger ich praktiziere, umso mehr habe ich für mich entschieden: Es kommt nur zu einem Kontakt auf Augenhöhe mit meinen kleinen und großen Patienten, wenn diese das Gefühl haben können, dass in meinem Leben ebenfalls nicht alles geklappt hat. Also wenn sie der Wahrheit begegnen. Patienten neigen dazu, uns Therapeuten zu idealisieren. Wir, so glauben sie, haben, lapidar ausgedrückt, keine allzu großen Probleme mehr – wenn wir denn überhaupt je welche gehabt haben. Das stimmt nicht. Wir hatten und haben vielleicht immer wieder einmal Probleme. Aber wir müssen sie den Patienten nicht erzählen. Das interessiert sie nicht und deswegen kommen sie nicht. Sie suchen in einer schwierigen Lebenssituation unsere professionelle Hilfe. Auf so eine Haltung und Erwartung haben sie Anspruch. Sie dürfen erwarten, dass wir unsere Arbeit mit ihnen sorgfältig reflektieren. Das haben wir in unserer langen psychoanalytischen Ausbildung gelernt. Doch ob eine positive Bindung möglich wird, gespeist von Vertrauen und Lernbereitschaft, das hat nicht allein mit unserer guten und professionellen Ausbildung zu tun, sondern mit unserer Sicht auf Beziehung. Und meine Sicht ist: Ich muss greifbar sein, emotional erlebbar für mein Gegenüber. Dazu gehört meiner Meinung nach auch, dass ich mich, wenn es passt, mit einer eigenen Erinnerung, einem eigenen Gefühl von Angst, Glück oder Verzweiflung sichtbar mache. Deswegen sind in diesem Buch ein paar wenige persönliche Erfahrungen eingestreut. Ich kenne nur eine Geschichte inzwischen wirklich gut und in allen Schattierungen. Und das ist meine eigene. Den gescheiten Satz der amerikanischen Schriftstellerin Fanny Hurst, „es gibt nichts Qualvolleres als eine nicht erzählte Geschichte mit sich rumzutragen“, habe ich dahingehend abgeändert, dass es nichts Schöneres und Aufregenderes gibt, als seiner eigenen Geschichte im Verlauf des Lebens habhaft zu werden. Dann erst kann das eigene Leben sicher werden und jeder Einzelne von uns die gestaltende Kraft in seinem eigenen kostbaren Leben sein.

Erster Teil

1. Noch nie haben Eltern so viel gewusst – und so unsicher erzogen

Wir begegnen aktuell einer Situation, die die Menschen aus dem alten Griechenland unruhigen Schrittes zur Sphinx getrieben hätte mit der Frage: „Sag mir, warum ich so viel weiß von meinem Kind und es trotzdem nicht verstehe." Die Sphinx hätte wie Heraklit – wir fantasieren jetzt einfach einmal – verschlüsselt geantwortet: „Geh und finde dich selbst." Vielleicht hätten unsere Vorfahren durch diese Antwort zu einem Umgang mit ihren Kindern gefunden und mit ihr etwas anfangen können. Und wir heute?

Ich habe einem Vater genau diese Antwort gegeben auf seine Frage, wie er dem respektlosen Sohn begegnen könne. Seine Reaktion, ziemlich aufgebracht: „Geht es auch etwas klarer?" Ja. – „Sie sind ein kluger Mann, Sie haben einiges erreicht im Leben und trotzdem lassen Sie es zu, dass Ihr Sohn Sie ‚Arschloch' nennt!" Wir haben dann darüber gesprochen, dass es nicht um ein mit Härte formuliertes Verbot dieses Ausdrucks gehen könne – was der Vater schon x-mal erfolglos zur Anwendung gebracht hatte – sondern darum, zu verstehen, welche Instanz im Vater mit dieser Beschimpfung völlig einverstanden sei. „Sind Sie denn ein Arschloch?", frage ich weiter. – „Sicherlich nicht! (Lange Pause.) Na ja, manchmal schon." Und dann fallen diesem Vater Situationen ein, wo er „nicht auf dem üblichen Level operiert hat". Doch eine Erklärung dafür habe er jetzt nicht parat. Er raste aus, auch seinen anderen Kindern gegenüber, auch seiner Frau gegenüber, wenn die „was nicht kapieren wollen". Dann gehe das Temperament mit ihm durch. – „Das Temperament oder der kleine Junge, der Sie einmal waren und der bis heute nicht kapiert hat, warum es so schlimm war als Kind, wenn Sie damals etwas nicht sofort begriffen haben?“ Ihm fallen in dieser und den folgenden Stunden Situationen mit seinem Vater ein, in denen er gedemütigt wurde, weil er den Schulstoff nicht auf Anhieb verstanden hatte. „Sie glauben es nicht, ich habe diese Szenen völlig vergessen, ist so lange her.“

Wir vergessen nicht, was uns gedemütigt hat. Ich vergesse bis heute nicht, dass ich im Sport mit empfindlichen 16 Jahren immer übrig geblieben bin beim Zusammenstellen der Volleyball-Mannschaft. Keine der Auswählenden wollte mich, weil ich einfach den Ball nicht übers Netz brachte. Ich blieb sitzen und ging dann zu der Mannschaft, die das letzte Mädchen nehmen musste, damit beide Mannschaften gleich viele Mitspielerinnen hatten. Allerdings habe ich es dann beim Abschluss zur Grundschullehrerin den Mädchen „heimgezahlt“, die – so meine *subjektive* Wahrnehmung – schadenfroh bis mitleidig jahrelang Zeuginnen meiner Demütigung geworden waren. Bei dieser Prüfung habe ich eine Eins (in der Schweiz eine Sechs) in Geräteturnen geholt – im Gegensatz zu den meisten der eher „sportlichen“ Ballspielerinnen. Die Erinnerungen an diese subjektiv empfundene – und nicht reale! – Demütigung sind mit den Jahren natürlich verwischt, grau geworden und gnädig verblasst. Geblieben ist meine Ablehnung von Ballspielen, mit einer Ausnahme: Fußball. Den haben wir damals im Mädchensportunterricht nicht gespielt. Sonst hätte ich nicht einmal meinen Lieblingssport in die Zeitrechnung nach der Schule hinüberretten können.

Die Schule ist *eine* Zeitrechnung, das Leben nach der Schule eine ganz andere und, will mir scheinen, weit wichtigere. Das vergessen viele Eltern. Wie vielen Männern, und inzwischen auch immer mehr Frauen, begegne ich in meiner Praxis, die keine guten Schüler und Schülerinnen waren – und beruflich erfolgreich geworden sind. Noch sind es vor allem Männer. Man stellte sie damals noch nicht unter das Damoklesschwert von ADHS. Sie waren einfach nicht motiviert genug in der Schule. Sie waren schüchterne oder sperrige Buben, die keinen Sinn im Stillsitzen, Gedichtaufsagen oder Auswendiglernen ausmachen konnten und noch weniger Freude am disziplinierten, braven Lernen hatten. Die wahren Herausforderungen fanden für sie woanders statt, etwa auf dem Pausenhof oder in der Freizeit. Es war fürs Ego dieser Jungengeneration viel bedeutsamer, sich gegenüber anderen Jungs und Jungenbanden behauptet zu haben. So schildert es mir auch mein Mann und mit ihm andere Männer aus unserer Altersgruppe der Ü50-Jährigen.

Die Eltern wussten damals nicht genau, was ihre Buben und manchmal auch die Mädchen so trieben an den freien Nachmittagen. Doch beim Abendessen waren zumindest alle Zehn- und Elfjährigen wieder brav zu Hause.

Wieder zu Hause. Das gibt es heute, jedenfalls hier in Bayern, kaum noch. Die Eltern kennen den genauen Tagesablauf ihrer Kinder. Auch wenn diese unterwegs sind, sorgt das Handy für lückenlose Kontaktbereitschaft. Erst bei den 14-Jährigen bekommt diese Kontaktbereitschaft Risse – was die Eltern dann auch entsprechend beunruhigt. „Warum geht meine Tochter nicht ans Handy? Ich habe schwer den Verdacht, dass die sich irgendwo rumtreibt. Sie ging früher immer ans Handy, so kann ich ihr doch nicht mehr vertrauen!"

Die 14-jährige Nadine hat mir 2014 ihre „sieben Todsünden der Eltern" aufgeschrieben, die ich hier wiedergeben darf. Ich war von dieser Auflistung begeistert, weil ich durch sie spontan den Eindruck gewonnen habe, dass auch die heutigen jungen Menschen, die ziemlich abgelenkt wirken mit Whatsapp, Snapchat, Instragram und Twitter, doch sehr genaue Beobachter ihrer Eltern und der gemeinsamen Lebensumstände sind:

1) Vergleiche mit anderen Kindern oder Geschwistern
2) Der Blick der Mutter bei einer schlechten Schulleistung: so enttäuscht, so traurig
3) Abschieben der eigenen Sorgen auf die Kinder
4) Eindringen in die Privatsphäre des Kindes
5) Schuld zuschieben. Das heißt, man macht etwas, die Mutter schimpft und lässt einen nicht einmal zu Wort kommen.
6) Kontrolle des Facebook-Profils
7) Mangelndes Zutrauen und wenig Vertrauen

Auf einige dieser wahrhaftigen Todsünden der Elternschaft will ich gar nicht eingehen. Sie werden schon in meinem letzten Buch, „Damit Kindern kein Flügel bricht“, ausführlich besprochen, vor allem die Todsünden eins bis drei. Doch die vierte und vor allem die siebte Todsünde sollen hier viel Raum bekommen. Die wissenden und in Sachen Kindererziehung gut informierten Eltern trauen ihren Kindern aktuell so wenig zu wie schon seit vielen Generationen nicht mehr üblich. Hat es in den letzten zwei bis drei Generationen überhaupt Eltern gegeben, die ihren Nachwuchs dermaßen kontrolliert und überwacht haben? Mein Gefühl sagt eher nein.

2. Am Mittagstisch reden die Eltern

Christian von Weber (79), ein direkter Nachkomme des Komponisten Carl Maria von Weber, erinnert die Mittagstafel in der Familie und stellt trocken fest: „Als wir klein waren, haben mein Vater und meine Mutter sich unterhalten. Es wäre keinem von uns Kindern in den Sinn gekommen, mitzureden oder die beiden in ihrem Gespräch zu stören. Wir haben zugehört. War nicht sehr interessant. Aber so war es einfach.“ (Zitiert aus einer persönlichen Mittteilung.)

Bei mir und den meisten meiner dazu befragten Freunde aus der Schweiz und aus Deutschland war es ähnlich. Die Eltern haben sich über ihre Arbeit, die dortigen Probleme, über Aktienbewegungen, über Gewinne und Verluste unterhalten. Es war langweilig. Meine Schwester und ich haben nur auf den Moment gewartet, bis sich unser Vater endlich zum Mittagsschlaf zurückgezogen hatte. Beide stürzten wir uns sogleich auf die Hausaufgaben, denn danach waren wir frei, dann gehörten die Nachmittage uns. Jeder Nachmittag gehörte uns – außer Donnerstag, da hatte ich Ballett und Klavierunterricht. An zwei, und in den höheren Klassen drei Nachmittagen hatten wir Schulunterricht. Als ich dann älter wurde und in die Pubertät kam, eigene Gedanken und Ansichten entwickelte, entfaltete sich beim Mittagessen eine richtige Streitkultur: Meine Eltern waren pro Amerika, ich pro Mao Tse-tung, pro Sowjetunion (in bester Gesellschaft mit Philosophen wie

Jean-Paul Sartre – sogar ein Jean-Paul Sartre wusste damals nicht genug). Jetzt war es nicht mehr langweilig. Doch mitunter ärgerlich. Die Eltern standen politisch eher rechts, freisinnig-liberal hieß das damals in der Schweiz, ich stand links. Mein Vater war stolz auf seine argumentierende Tochter, meine Mutter betrübt über meine „rebellischen Ansichten. Wir haben doch Amerika so viel zu verdanken, wie kannst du nur?" Die empörte Tochter: „Was hat die Schweiz, bitteschön, Amerika zu verdanken, Mami? Also wirklich!" Diese entgegnete: „Ja, irgendwie schon etwas. Ach, bist du anstrengend. Amerika schaut, dass die nicht hinter dem Eisernen Vorhang hervorkommen, da, in der Sowjetunion." Worauf ich dagegenhielt: „Jetzt hör aber auf! Die Amerikaner sind die Guten, die Russen die Bösen – unser Geschichtslehrer hat gesagt, einem Gut-Böse-Schema müsst ihr immer misstrauen. Und ich weiß genau, Herr Wüthrich (der damalige von mir und vielen anderen Schülern so geschätzte und mit Leidenschaft unterrichtende Geschichtslehrer) hat Recht!" Meine Mutter hilflos zum Vater: „Jetzt sag' halt auch mal was! Das ist doch beunruhigend, der Wüthrich ist ein heimlicher Kommunist, auch wenn er bei den Sozis ist, und die Schüler glauben ihm alles. Da muss man doch was tun!"

Ich gebe diese Mittagsrunde so ausführlich wieder, weil sie zweierlei zeigt: Einerseits eine in den 1960er- und 70er-Jahren verbreitete politisierte Familienstreitkultur, egal, ob da Schweizer oder Deutsche am Mittagstisch sitzen. Andererseits wird hier der Scheinwerfer auf eine ganz gewöhnliche Familie gerichtet, in der die Kinder inzwischen Jugendliche sind und somit zu eigenen Sichtweisen aufbrechen – und damit auch am Tisch nicht mehr schweigen müssen.

Heute ist alles anders. Da sehen wir Kinder, bereits Drei- und Vierjährige, die die Worthoheit über den Esstisch haben. Das kann, laut genervter Patienteneltern, so weit gehen, dass der Vater seinen Teller packt und im Zimmer nebenan weiterisst: „Ich muss mich einfach erholen können", beklagt sich Herr B., „und dieser Stress beim Essen, das macht dich fertig! Unser Sohn mit seinem ADHS, nicht einen Augenblick sitzt er ruhig da. Er reißt seinem Bruder das Glas aus der Hand und schreit ‚es gehört mir'! Dann wirft er die Butter auf den Boden, zwickt die kleine Schwester beim Aufheben in das Bein, die heult los, meine Frau schreit: ‚Tu doch mal was! Wenn das so weitergeht, seht ihr mich bald nicht mehr, ich kann einfach nicht mehr!‘ Bis ich dann eben den Teller nehme und ins andere Zimmer gehe und so tue, als ob ich die Eskalation nebenan nicht mehr mitbekomme.“ Früher nannte man diese Jungen „Zappelphilipp“:

> „Ob der Philipp heute still
> wohl bei Tische sitzen will?“
> Also sprach im ernsten Ton
> der Papa mit seinem Sohn,
> und die Mutter blicket stumm
> auf dem ganzen Tisch herum.
> Doch der Philipp hörte nicht,
> was zu ihm der Vater spricht.
> Er gaukelt
> und schaukelt,
> er trappelt
> und zappelt
> auf dem Stuhl hin und her.
> „Philipp, das missfällt mir sehr!“

Philipps Vater verlässt zwar nicht den Familientisch, doch er büßt empfindlich an Autorität ein, weil er es nicht schafft, in einen persönlichen Kontakt zum Sohn zu treten. Er redet über den Sohn, erst zum Schluss zu ihm, anstatt mit ihm – von der stummen und genauso hilflosen Mutter ganz zu schweigen. Kein günstiger Erziehungsstil, nebenbei gesagt.

Herr B. ist keine Ausnahme. Er muss sich auch nicht dafür schämen, dass es in seiner Familie beim trauten kulinarischen Zusammensein drunter und drüber geht. Es geht heutzutage in vielen anderen Familien genauso zu. Und wer jetzt vorschnell vermutet, dass es sich hier um wenig strukturierte, wirtschaftlich schwache Familien handelt, täuscht sich. Gerade bei gut integrierten Migrantenfamilien finde ich oft etwas von der alten, „ordentlichen“ Essenskultur wieder, die diesen Namen noch verdient. Die Generationenschranke und der Respekt den Eltern gegenüber ist dort noch vorhanden.

Was im geschilderten Beispiel also nicht mehr funktioniert, ist diese Generationenschranke. Wir haben in den Sequenzen aus der Jugend der 1950er- und 60er-Jahre gesehen, wie fest die Generationenschranke da noch gestanden hat. Heute muss man sie oft mit der Lupe suchen.

Martina (acht Jahre alt): „Ich sag' der Mama beim Frühstück, was ich zu Mittag essen möchte."

Paul (zehn): „Der Papa hat gestern gesagt, er und die Mama können sich nicht entscheiden, ob wir aus der Wohnung ausziehen sollen oder nicht. ‚Was möchtet ihr denn', fragten sie (die drei Söhne). Wir haben gesagt: Ausziehen, wenn die andere Wohnung so groß ist, dass meine Brüder und ich ein eigenes Zimmer bekommen, wenn nicht, dann wollen wir nicht. Jetzt bleiben wir in der alten Wohnung."

Kirsten (elf): „Vier Gymnasien haben wir angeschaut. Die Mama hat gesagt, ich soll mich jetzt endlich entscheiden. Ich weiß aber nicht, in welche Schule ich gehen soll. Mir gefällt nur die eine, auf die meine Freundin geht. Doch die Mama sagt, davon soll ich es nicht abhängig machen. ‚Was, wenn ihr in einem Jahr nicht mehr Freundinnen seid? Dann hockst du auf der falschen Schule und bereust es, dass du keine andere ausgesucht hast', meint sie. Jetzt wissen wir nicht, was wir machen sollen."

Sebastian (14): „Mein Vater hat gesagt, ich soll mir Mühe geben in der Schule. Viel mehr Mühe, sodass ich mal keine Schulden auf dem Haus habe. ‚Schuldenhaben macht dich fertig', hat er gesagt, ‚schau mich an'".

Karin (18): „Die Mama möchte nicht, dass ich jetzt ausziehe. Dann ist sie ganz allein. Sie will mich schon gehen lassen, hat sie gesagt, aber es sei natürlich einfacher, wenn sie mal einen Freund hat, weil so allein sein, das ist nicht lustig. Ich glaube ihr, dass das scheiße schwer ist. Und sie hat ja schon mit der Trennung vom Papa genug zu tun. Ich mag jetzt noch nicht ausziehen. Der Papa würde mir zwar die Wohnung finanzieren, aber die Mami wäre ziemlich traurig, und ihr zahlt er ja auch keine Wohnung."

Wo sind da die Kinder? In keinem der genannten Beispiele besteht eine feste, unverrückbare Generationenschranke. Die ist in dieser Elterngeneration leise und unbemerkt von allen am Familienbiotop Beteiligten abgebaut worden. Kinder und Jugendliche übernehmen Elternfunktionen – und die Eltern leisten sich, erschöpft vom Gelderwerb in unsicheren, auch „globalisiert" genannten Zeiten, wenn sie nach Hause kommen, die Regression.

Im ersten Beispiel stellt die kleine Tochter das Essensprogramm zusammen. Was sie nicht isst, kommt nicht auf den Tisch. Im zweiten Szenario schaffen die Eltern eine von Eltern zu treffende Entscheidung nicht und delegieren sie kurzerhand an ihre Kinder. Im dritten Beispiel wird das einzige Kriterium außer Acht gelassen, das bei elfjährigen Mädchen zählt, nämlich, dass es die Schule sein muss, auf die die beste Freundin geht. Auf Sebastian lastet der ungeheure Druck, es mal besser machen zu müssen als der Vater. Karin wiederum traut sich nicht, der Mutter die Konsequenzen für deren Trennungsentscheidung zu überlassen. Mama ist so traurig. Jedes dieser Kinder ist überfordert, weil es Aufgaben der Eltern übernehmen muss. Diese Überforderung nennen wir Psychoanalytiker „die parentifizierte Generation". Ich glaube, dass es das erste Mal in der Menschheitsgeschichte geschieht, dass dieses Phänomen eine ganze Kindergeneration umfasst. Sicherlich gab es schon früher Kinderschicksale, bei denen die Kinder stärker als die Eltern sein mussten, wenn zum Beispiel die Mutter von der alleinigen Verantwortung für die Kinder in Kriegszeiten nervlich sehr belastet war oder der Vater kriegstraumatisiert oder überhaupt nicht heimgekehrt ist. Martin Miller schreibt in seinem Buch „Das wahre Drama des begabten Kindes" über seine kriegstraumatisierte Mutter, die berühmte Psychoanalytikerin und Bestsellerautorin Alice Miller: „Die Kinder werden Halt und Existenzgrundlage der Eltern. Sie müssen das emotionale Gegenüber repräsentieren, das in der schlimmen Zeit gefehlt hat [...]. Man nennt diesen Vorgang, die Umkehrung des Eltern-Kind-Verhältnisses, Parentifizierung. Eltern greifen, geplagt durch traumatisch bedingte Intrusionen, auf die emotionale Unterstützung durch ihre Kinder zurück." Doch dies betraf nicht alle Eltern. Viele, gerade die Trümmerfrauen, sind gestärkt aus der Kriegskatastrophe hervorgegangen. Was zwei Kriege und ihre traumatischen Auswirkungen im 20. Jahrhundert nicht geschafft haben, beobachten wir jetzt: eine Eltern**führungs**schwäche und Kinder, die erwachsen sein müssen – ohne es zu sein.

3. Die gut informierte Elterngeneration

Immer wieder beobachte ich bei Eltern Kopfschütteln. Zweifel. Große Nachdenklichkeit. Kummer, ziemlich viel Kummer. Ihre emotionale Befindlichkeit lässt sich vielleicht am ehesten in einer Frage zusammenfassen: Warum ist Erziehung so schwer geworden?

Die Eltern (v. a. die Mütter) lesen doch so viel. Sie wissen viel mehr über Kindererziehung und Kinderentwicklung als frühere Elterngenerationen. Sie gehören nicht mehr zu einer Generation, die noch gelernt hat, dass man Babys ruhig weinen lassen soll, weil es angeblich abhärtet, nach dem Motto: „Die beruhigen sich dann schon wieder und schaden tut es auch nicht, weil die dann gleich wissen, dass sie die Eltern nicht beherrschen können." Heute wissen wir alle viel mehr. Und dieses Mehr ist kein überflüssiges Wissen, sondern basiert auf der modernen Kleinkindforschung und Bindungstheorie. Als ich neun Monate alt war, kam ich wegen einer schweren Hüftluxation für einige Wochen in die Kinderklinik Balgrist in Zürich. Die behandelnden Ärzte waren dort noch auf dem Wissensstand, dass Mütter ihre Babys besser nicht besuchen sollten. „Das macht das Baby nur traurig, wenn Sie dann wieder gehen, also ersparen Sie das Ihrem Kind", so hieß es. Meine Mutter hat es ihrem Kind erspart. Und nach drei Wochen erhielt sie, die zu Hause fast täglich vor Sehnsucht und Schuldgefühlen geweint hatte, ein Baby mit einer schweren Säuglingsdepression zurück. Nicht erkannt von den behandelnden Ärzten in der renommierten Kinderklinik in Zürich. „Sie war sehr brav", sagten die dort nur, als meine Eltern mich abholten. Gott sei Dank diagnostizierte der intuitiv agierende Kinderarzt in Schaffhausen meinen Zustand sofort richtig: Hospitalismus-Syndrom. „Sie müssen Ihr Kind überall hin mitnehmen, ins Bett, in die Küche, aufs Klo. Dann kommen schon wieder Lebenszeichen. Körperlich ist alles in Ordnung", stellte er fest. Meine Mutter konnte nichts dafür – auch wenn sie sich danach furchtbare Vorwürfe gemacht hat. Mütter müssen keine Heldinnen sein. Meine Mutter hat einfach den Ärzten in der renommierten Kinderklinik geglaubt.

Heutige Mütter wären nicht mehr so autoritätsgläubig. Man weiß auch viel mehr. Alle – Mütter, Väter, Ärzte, Therapeuten. Eine meiner Klientinnen in der Paartherapie ist im Alter von drei Monaten ohne Betäubung operiert worden. Das war vor 64 Jahren. „Ein Baby spürt noch nicht viel, das schreit nur, ist aber noch in einer, wie wir sagen, autistischen Schale, die schreien zwar wie verrückt, es tut ihnen aber nicht weh", so sagte der damals behandelnde Oberarzt fachkundig zur Mutter meiner Klientin. Auch diese Mutter hat dem Oberarzt geglaubt. Sandra, die Tochter dieser im Babyalter operierten Frau, war später überhaupt nicht schmerzempfindlich und konnte mit gefährlichen Situationen, die für andere eine körperliche Bedrohung und Warnung wären, nicht umgehen. Sandras Mutter erklärte: „Ich bin taub, wenn es um Schmerzen geht, spüre nichts, einfach nichts. Deswegen konnte ich auch meine Tochter nicht schützen oder verstehen, wenn ihr was wehtat. Ich weiß nicht, was Schmerzen sind, sie scheint es auch nicht zu wissen, bis dann wieder was passiert." Die damals als Kleinkind empfundenen ungeheuren Schmerzen hatten die Mutter dermaßen traumatisiert, dass sie abgespalten werden mussten, und das Schmerzempfinden bis heute nicht zurückgekehrt ist. Zudem hat sie ihr Trauma an die Tochter weitergegeben. Wie es eben so geschieht, wenn eigene Traumata nicht aufgearbeitet werden.

Trotz des hohen Wissensstandards der Eltern in der jetzigen Kindererziehung beobachten Kindertherapeuten oftmals regressives Verhalten bei den Kindern. Den Begriff der Regression benutzen wir bei Kindern, deren Verhalten punktuell, also in einem bestimmten Lebensbereich, nicht ihrem Alter entsprechend ist. In anderen Bereichen, motorisch, geistig, taktil etc., können sie sehr gut entwickelt sein. Ein

Achtjähriger, der noch einnässt, zeigt eine deutliche Regression. Er wünscht sich unbewusst auf eine Kleinkindstufe zurück. Eine 14-Jährige, die jedes Nein der Eltern mit einem Tobsuchtsanfall beantwortet, verhält sich nicht altersentsprechend. Sie hat sich in der Trotzphase mit zwei bis drei Jahren und auch später nicht genügend abgrenzen dürfen oder keine Grenzen gesetzt bekommen. Vielleicht, weil die Mutter oder der Vater nicht belastbar war, die Eltern sich gerade getrennt hatten, keine Energie mehr hatten, der Tochter Widerstand zu leisten etc. Ein 18-Jähriger, der immer noch die Faust benutzt, um Konflikte zu regeln, hat kein positives Vorbild im Umgang mit Aggression verinnerlicht. Er hat nicht vorgelebt bekommen, wie man Aggression konstruktiv zum Ausdruck bringt ohne Einsatz von Händen und Fußtritten. Ein Zehnjähriger, der noch wie ein Kleinkind einkotet, möchte eigentlich seinen Eltern „was scheißen". Doch die Eltern übersehen seine Aggressionen, weil Aggression in dieser Familie Bösesein bedeutet und Abgrenzung etwas Schlechtes darstellt, das nicht gern gesehen wird in dieser anständigen und harmoniesüchtigen Familie.Viele Eltern erleben Aggression von Kindern als subjektive Kränkung. Wenn eine 16-Jährige magersüchtig wird, will sie wieder in das Kleinmädchenalter zurück, in dem die geschlechtliche Entwicklung noch nicht sichtbar angefangen hatte und „man einfach Kind sein konnte", und sich ohne Gefahr vor Liebesverlust behaupten durfte. So beschrieb es mir Suzanne, eine magersüchtige Patientin.

Die vorangegangenen Zeilen zeigen Kinder und Jugendliche mit regressiven Symptomen. Doch was hat das jetzt mit deren Eltern zu tun? Die Eltern, die eine kindertherapeutische Praxis aufsuchen, sind – im Gegensatz zum vorgestellten Kind – oft auf den ersten Blick unauffällig. Sehr häufig sind es „gestandene" Menschen mit guten Berufen oder sie befinden sich in Elternteilzeit, weil der andere Partner ausreichend verdient, oder es sind starke Alleinerziehende. Die Mütter wissen viel über ihr Kind, sie leiden mit ihrem Kind. Die Väter wissen inzwischen auch einiges über ihr Kind. Früher, noch vor 15 bis 20 Jahren – was für eine kurze Zeitspanne! – saßen die Väter da und begnügten sich im Erstkontakt mit der Feststellung, dass sie „eigentlich gar keine Probleme mit dem Sohn bzw. der Tochter haben." Natürlich wanderte dann der Blick der Therapeutin zurück zur Mutter. Heute wandert er nicht mehr zurück, sondern erfasst beide Eltern. Diese ‚unkomplizierte' Haltung früherer Väter hatte nämlich vor allem mit ihrer großen emotionalen Entfernung zum Familienalltag zu tun. Sie haben sich schlichtweg zu wenig bis gar nicht um die Erziehung und Entwicklung ihrer Kinder gekümmert. Nur wenn ein Kind nicht funktioniert hat, kam es zum großen Auftritt des Vaters. Der heutigen Therapeutin sitzen nicht mehr Mütter als Sündenböcke und psychisch abwesende Väter gegenüber, sondern Eltern, die verstehen möchten. Migrantenfamilien sind – zumindest in meiner Praxis – leider noch Ausnahmen. Da ist wahrscheinlich der soziale Druck, unter den sich diese Familien selber setzen, (noch) zu groß, um nötige Hilfe in Anspruch zu nehmen.

Die unauffälligen Eltern, die so reflektiert, differenziert und besorgt über ihre Kinder sprechen, entpuppen sich erst im Laufe der Therapie als Menschen, die theoretisch zwar viel wissen über die optimale Kindererziehung, doch denen in der Erziehung die eigene, oft nicht aufgearbeitete, komplexe Lebensgeschichte in die Quere kommt. Also mitunter eine Geschichte mit gravierenden Verletzungen. Diese schlimmen Verletzungen macht der Alltag oft unsichtbar. Ich will jetzt für diese Verletzungen nicht das Wort Trauma wählen, weil es zu sehr Hochkonjunktur hat – man geht mit diesem Begriff inzwischen ebenso verwässernd um wie mit dem Begriff Burnout: Alle kennen Burnout, alle haben Traumata. Diese Verletzungen der Eltern sind also oft gut überwachsen, die Zeit hat ihre Heilkraft wieder einmal unter Beweis gestellt. Was den finanziellen Status angeht, so geht es stetig aufwärts – abzulesen ist dies an der Wohnung, die bei jedem Umzug etwas größer wird. Wenn da nur nicht dieses Problemkind wäre, das mit Suizid droht, das immer dünner wird und das so gar nichts mehr reißt in der Schule. Das Kind, das sich am Wochenende mit harten Spirituosen volllaufen lässt oder schon lange nicht mehr nur am Wochenende kifft, sondern, wie es mir der 16-jährige Matthias berichtete, „eigentlich immer, wenn ich Stress habe. Und ich hab' halt eigentlich nur noch Stress."

Ich wurde vor etwa zehn Jahren hellhörig. Man neigt ja immer dazu, eine Entwicklung, ganz subjektiv, irgendwann für sich selbst zu orten und deren Beginn festmachen zu wollen. Und so erlebte ich in meiner Praxis vor elf Jahren zum ersten Mal, dass ein studierter, kompetenter Vater, er war Ingenieur bei Siemens, arbeitslos wurde. Ich kann mich an die Therapiestunde mit den Eltern erinnern, wie wenn es gestern gewesen wäre. Dieser Vater erzählte mir von seiner Befürchtung, arbeitslos zu werden. Im Ton inbrünstiger Sicherheit und Überzeugung wollte ich ihn beruhigen: „Das glaube ich nicht. Sie wirken sehr kompetent." Zwei Monate später war er arbeitslos. Dann kam, während ich noch an einen unglücklichen Zufall glaubte, der nächste Vater. Bei mir setzte Nachdenken ein. Inzwischen sind es mehrere Väter und Mütter geworden, die trotz guter Ausbildung ihre Arbeit verloren haben. Fast alle der mir bekannten Eltern haben wieder eine Arbeit gefunden. Doch die Sicherheit war den von Arbeitsverlust Betroffenen abhandengekommen. Für immer vielleicht oder sehr lange. Endgültig alarmiert wurde ich damals durch eine Frau, die bei „Kurz & Fündig" ein gebrauchtes Fahrrad anbot, weil ihr promovierter Mann seine Arbeitsstelle verloren hatte und sie tapfer alles verkaufte, was eben nötig war, um wenigstens das Haus halten zu können.

Der (ständig drohende) Verlust des Arbeitsplatzes ist die große Verletzung unserer globalisierten Welt. (Und die stark ausgebaute Leiharbeit in Deutschland kaschiert unehrlich die tatsächliche Zahl der arbeitslosen Menschen!) Sie erschüttert jeden Einzelnen dort, wo sie passiert – und gerade und besonders den Mikroorganismus Familie in seiner emotionalen Beschaffenheit und inneren Stabilität. Das ganze Wissen über Beziehung und Erziehung, das den heutigen Eltern theoretisch zur Verfügung steht, hilft bei solchen Erschütterungen wenig. Dann sind nur noch Fähigkeiten wie Aushalten, Zusammenhalten und Resilienz gefragt.

Ein Anliegen dieses Buches ist es, den Eltern den Boden für mehr Resilienz, also Widerstandskraft gegen solche emotionalen Erdbeben zu bereiten. Arbeitslosigkeit in der Mittelschicht kommt immer häufiger vor. Wer sich vorstellen kann, wieder eine Arbeit zu finden und trotz der Kündigung seine innere Würde und Selbstachtung nicht verliert, sein Zutrauen in sich selbst behält – und das bedeutet Resilienz in diesem Zusammenhang – der wird es schaffen, erneut eine Arbeit zu finden. Wer die Zuversicht hingegen verliert, rutscht unversehens in eine soziale Abwärtsspirale.

4. Die globalisierten Eltern

Vor 20 Jahren hatte ich es meistens mit aus der Gegend stammenden Eltern zu tun. Vielleicht kam der eine Elternteil aus dem Norden oder Osten Deutschlands. Inzwischen kommt der eine Elternteil aus Frankreich, der andere aus Marokko, die eine Mutter ist Spanierin oder Amerikanerin, der andere Vater Ire oder Afghane, Bosnier oder Inder. Meine Klientel ist von ihren Wurzeln her zumindest europäisch, wenn nicht sogar global geworden. Eine Freude und große Bereicherung, grundsätzlich und auf den ersten Blick. Doch dahinter stehen beträchtliche seelische Entwurzelungen sowie emotionale und intellektuelle Integrationsbemühungen, dahinter steht der Erwerb einer neuen Sprache, neuer sozialer Spielregeln, die beherrscht sein wollen und ihre Zeit brauchen. Im Moment (Stand März 2019) habe ich 22 Familien – und nur neun davon haben ausschließlich deutsche Wurzeln. Von den neun Familien sind drei aus dem Osten Deutschlands (der ehemaligen DDR) – und sechs der neun Familien haben in der Generation der Großeltern ein Vertriebenenschicksal (zumeist als Sudetendeutsche) erlebt. Es gibt also auch schmerzhafte Brüche in der deutschen Familiengeschichte. Abschiede, die nicht immer willentlich herbeigesehnt, sondern ökonomisch begründet waren und die man sich – war man erst einmal hier – oft auch schöngeredet hat. „Es ist ja viel besser hier, in den alten Bundesländern, als bei uns im Osten. Nicht nur das Einkommen, auch die Schulen, die medizinische Versorgung," befindet Herr P., der in der DDR aufgewachsen ist. Der gelehrige, trainierbare Kopfmuskel nickt. Doch das Herz ist vielleicht gar nicht mitgekommen oder nur in Stücken. Es zerbrach in Herzensfragmente, die diesseits und jenseits der ehemals innerdeutschen und gesamtdeutschen Grenze beheimatet sind.

Entwurzelung, ob geplant oder erzwungen, ist Stress. Wie viel Kraft wird in das notwendige Gefühl der Verbesserung gesteckt. Ich selbst kann ebenfalls ein Mini-Lied davon singen. Der Schweizerin wollte vor

31 Jahren in den Anfängen ihres Hierseins alles (Achtung: ein gefährliches, weil sehr pauschales Wort!) besser vorkommen. Na ja, so ein endgültiger Schritt hinaus aus der Heimat will gerechtfertigt sein und sinnvoll wirken. Man redet dann als Schweizerin gerne von der „Enge der Schweiz". Heute weiß ich, dass die geistige Enge nichts mit der Größe eines Landes zu tun hat. Sonst müssten ja Nordamerika, Russland und China wahre Schlaraffenländer in Sachen Freiheit sein. Wie hatte meine Mutter in Bezug auf Amerika gesagt: „Wir haben diesem Land so viel zu verdanken, unsere Freiheit." Ich antworte jetzt meiner 1985 verstorbenen Mutter mit einem Satz von Udo Jürgens: „Es gibt kein Leben aus altem Applaus." Auch Amerika kann sich nicht auf alten Erfolgen und Hilfestellungen gegenüber Europa und insbesondere Deutschland beim Wiederaufbau demokratischer Strukturen ausruhen.

Die globalisierte Elterngeneration wirkt dynamisch, doch – so behaupte ich aufgrund der mir begegnenden, mitunter regressiven Züge dieser Elterngeneration – ist in Wahrheit oft müde und überfordert.

Überhaupt ist es eine etwas übersehene Generation.

Ich überprüfe diese Beobachtung gern bei den Eltern meiner Therapiekinder. „Sehen Sie, die Eltern, Ihr Kind wirklich gut? Oder folgen Sie unbewusst vor allem Ihren eigenen heimlichen Bedürfnissen, die keinen Raum bekommen haben, wenn Sie Ihr Kind gierig nach möglichen Talenten durchforsten und diese dann fördern wollen, obwohl Ihr Kind es gar nicht gewünscht hat?" In der bitterbösen ARD-Komödie „Zur Hölle mit den anderen", aus dem Jahr 2016 soll die kleine dreijährige Tochter taff wie die vermeintlich erfolgreiche Controller-Mutter werden und darf deshalb nicht mit der ihr geschenkten rosa Barbieküche spielen.

Ich hatte in meiner Ausbildung noch Supervisoren, die die Elternarbeit in der Kindertherapie für unnötig hielten. Das sorge nur für Loyalitätskonflikte und beeinträchtige den Therapeuten in der Arbeit und Konzentration auf das Kind. Blödsinn! Doch wenn man jung und abhängig ist, glaubt man alles. Selbst während einer psychoanalytischen Ausbildung, gilt: Man will sich gut präsentieren und sichergehen, die Ausbildung hinzubekommen. Die Erfahrung hat mir das Gegenteil gezeigt: Es ist unabdingbar, die Eltern mitzunehmen. Ich kann mich noch so sehr bemühen, dass es einem sechsjährigen Kind voller Ängste besser gehen möge. Wenn ich mich nicht um die Ängste der Eltern kümmere, hält der erreichte Fortschritt beim Kind genau so lange an, wie die Therapie dauert. Erst die älteren Jugendlichen sind nicht mehr so abhängig von den individuellen Fortschritten und mitunter leider nicht immer möglichen psychisch-mentalen Verbesserungen aufseiten der Eltern. Ein 18-Jähriger ist ohnehin dabei, das Elternhaus über kurz oder lang zu verlassen. Also ist die Hauptaufgabe des Therapeuten, ihm die Trennung von der traurigen oder vielleicht gefühlsarmen Mutter, dem bedürftigen, aggressiven oder schwachen Vater zu erlauben, ohne dass der junge Mensch Schuldgefühle bekommt.

Doch allgemein gilt: Ein Kind kann sich genau so lange und gut in der Therapie und vor allem darüber hinaus entwickeln, wie die Eltern sich eine eigene Entwicklung gönnen. Wenn bei den Eltern keine Veränderung stattfindet, sind die therapeutisch erreichten Verbesserungen in der Entwicklung des Kindes von geringer Lebensdauer.

Je kleiner unsere Patienten sind, umso entscheidender ist die gleichzeitig progressive Entwicklung ihrer Eltern oder des verantwortlichen Elternteils, falls dieser alleinerziehend ist.

Deswegen schaue ich mir die Eltern gut an. Und ich sehe oft, wie mitgenommen sie sind. Und wie sie mitunter übersehen worden sind in dieser neuen Welt, die einfach über uns gekommen ist mit einer Geschwindigkeit und rücksichtslosen Heftigkeit, die ihresgleichen suchen in der Geschichte der Menschheit. Das globalisierte Leben hat viele Vorzüge – eine meiner Familien ist zwei Jahre in Amerika gewesen, dann ein Jahr in Frankreich, zwei Jahre in Hamburg, jetzt seit drei Jahren in München und ihr Sohn, mein Patient, ist gerade einmal neun Jahre alt. Unsere globalisierte und gleichzeitig digitalisierte Welt ist zusammengerückt. Man muss nicht mehr nach China reisen, um sich China vorstellen zu können. Man muss nicht mehr in New York gewesen sein, um durch die Straßen New Yorks zu schlendern. Das besorgt Street Viewing für uns. Mir muss keiner Flohsamen aus Indien mitbringen – sie sind schon da, in jedem Bioladen. Man muss nicht mehr nach London reisen, um nach der Schule gut Englisch sprechen zu lernen. Das haben schon längst die Musik, die in Deutschland gehört wird, und die Werbung an der Litfaßsäule übernommen. Sogar beim Eurovision Song Contest ist der Schweizer Beitrag nicht mehr auf Deutsch zu hören, sondern auf Englisch. Sonst wären die Chancen für die Schweiz auf eine Teilnahme noch geringer. Die Online-Spiele „League of Legends", „Fortnite" sowie immer noch „World of Warcraft" laufen im Jugendzimmer und es ist dabei selbstverständlich, mit oder gegen Spieler aus der ganzen Welt zu spielen, auf Englisch, versteht sich. Die Internetwelt hat uns alle einfach überrollt, nur kommen unsere Kinder damit besser klar. Sie sind ja mit dieser modernen Technologie fast gesäugt worden. Der Name dieser neuen Generation – so hat mich meine Tochter vor zwei oder drei Jahren informiert: Digital Natives. Wie oft begegnen wir jungen Müttern, für die der Spielplatz zum Chatroom wird oder die beim Stillen noch schnell eine SMS abschicken. Als mich in Südfrankreich eine nette Mitarbeiterin in einem Supermarkt angesprochen hat, ob ich nicht selbst einscannen wolle, statt an der Kasse Schlange zu stehen, habe ich wie aus der Pistole geschossen gesagt: „Nein, da warte ich lieber." Weil ich bis letzten Sommer, also 62 Jahre lang, immer in der Schlange gestanden habe – und nicht ständig meine Gewohnheiten wechseln, mich häuten will. Jetzt also sogar schon im Supermarkt. Nein, nein. Ich will mal etwas beibehalten. Nicht immer nur Veränderungen, überall, ständig und ganz ungefragt. Inzwischen übernehme ich das Scannen an meinem Allgäuer Wohnort allerdings freiwillig. Und sogar mit Lust.

Mein Sohn hat mir vor einigen Jahren, als ich Smartphone, iPad und iPhone wieder einmal durcheinandergebracht habe, mit nachhaltigem Druck erklärt: „Mama, du solltest dich schon etwas für diese Unterschiede interessieren, sonst verlierst du den Anschluss an unsere Generation." Das hat mich dermaßen aufgerüttelt und erschreckt, dass ich ab diesem Zeitpunkt den Unterschied kapiert hatte. Ich sage jetzt auch nicht mehr: „Wofür sind denn alle diese Apps, brauche ich doch nicht!" Sondern ich frage leidlich interessiert nach den sich daraus ergebenden Vorteilen und entscheide mich anschließend. Doch im Grunde genommen ist mir das alles zuviel. Ich anerkenne zwar die Vorteile einer solch digitalisierten Welt und fange auch an, mich ihrer recht intensiv zu bedienen, doch kann ich darin keine Steigerung meiner Lebensqualität erkennen. Und wenn ich dann mitbekomme, wie gestresst Eltern reagieren, wenn sie zwei Stunden nichts von ihrem zwölfjährigen Sohn an einem schulfreien Nachmittag gehört haben, bin ich versucht, etwas süffisant anzumerken, dass ich mit einem Hund, einem Esel und zwei Pferden (gehörten alle den zwei Nachbarsmädchen) an den schulfreien Nachmittagen zwei Stunden von zu Hause entfernt durch Wälder und Hügel gestreift bin. Jedes von uns drei Mädchen hatte ein Schweizer Taschenmesser dabei („Für Würste grillieren", so mein Vater zur zehnjährigen Tochter), Zeitungen fürs Feuermachen und viel Mut und Abenteuergeist. In der Fantasie waren wir mal Indianermädchen, die eine Verabredung mit Winnetou hatten (wobei es manchmal schon auf dem Weg dorthin Streit gab, weil jede diejenige sein wollte, in die Winnetou sich dann verliebt). Mal waren wir Kinder, die von zu Hause abhauen, weil sie von den Eltern ganz furchtbar geschlagen werden, mal Prinzessinnen auf der Suche nach einem verschollenen Prinzen und vieles andere mehr. Taschengeld gab es wenig bis überhaupt nicht, wenn man Blödsinn gemacht hatte und deswegen etwas davon abgezogen wurde oder, noch schlimmer, wenn der Vater so was von verärgert war wegen des Blödsinns, dass das Taschengeld kurzerhand gestrichen wurde. Wenn wir also Geld für Süßigkeiten brauchten, suchten wir auf der großen Wiese hinter dem Haus Blumen, die wir dann zusammenbanden und vor dem Haus auf einem wunderschönen bunten Tuch präsentierten und an die vorübergehenden, von soviel persönlichem Einsatz sichtlich gerührten Erwachsenen für 20 bis 50 Rappen verkauften. Und das alles ohne Handy und Störung durch die Eltern. Diese Kindheit – und so verlief nicht nur unsere in Schaffhausen, einer Kleinstadt mit damals 37000 Einwohnern – war für gewöhnlich entspannt und eben Kindheit. Meine Ballett- und Klavierstunden wurden von den Eltern an einem Nachmittag hintereinandergelegt, sodass die anderen Nachmittage für unsere Kinderinteressen und -träume genutzt werden konnten. Im Klartext: fürs Spielen mit Freunden. Ich kann mich übrigens nicht erinnern, dass ich noch als Schulkind zum Ballett oder Klavierunterricht begleitet worden wäre. Ein bisschen mulmig war mir schon, als ich mit sieben Jahren allein durch die ganze Stadt hinunter zum Rhein gehen musste, wo in einer dunklen, schlecht beleuchteten und etwas heruntergekommenen Häuserzeile der Schulzahnarzt und die Ballettschule von Kitty Leclerc lagen. Heute entdeckt man dort unten am Rheinufer wunderschön renovierte Häuser. Gerade weil mir als Siebenjährige mulmig war, hatte ich mich irgendwann dafür entschieden, keine Angst mehr zu haben.

Solche Kindheitsschilderungen höre ich in meiner Praxis kaum noch. Da jagt ein Termin den nächsten. Letzthin kam eine neue Familie. Als es um die Terminvereinbarung für den Sohn ging, meinte die Mutter, sie habe ihren Terminkalender nicht dabei. „Es geht ja jetzt vorerst einmal nur um einen Termin für Ihren Sohn, nicht um Ihren" sagte ich zu ihr. – „Ja, schon, aber ich habe seine Termine in meinem Kalender eingetragen." – „Sind es denn so viele oder haben Sie sie im Kopf?" – „Ja, er hat einige. Ich rufe Sie an." Der Sohn ist fünf Jahre alt und spielt Tennis, macht einen Schwimmkurs und „Yoga für Kinder". Im darauffolgenden Herbst sollte er zum Schulbeginn mit „spielerischem Selbstbehauptungstraining" anfangen. Das ist keine Kindheit. Das ist organisierte Lebenszeit.

Mein Mann erzählte mir, dass er als Junge auch in den Wäldern unterwegs war, mit einer Zange ausgestattet: „Damals war die Tollwut sehr verbreitet. Also hat mein Vater mir eine Zange gebastelt, mit der man den tollwütigen Fuchs hätte niederringen können. Und übrigens hättet ihr nicht streiten müssen, wer Winnetou kriegt, es gab ja auch noch Old Shatterhand. Ihr hättet mir begegnen können, ich war bei unseren Streifzügen immer Old Shatterhand und – Selbstverteidigung haben wir auch ohne Anleitung erfolgreich praktiziert, damals im Kampf um eine Waldhütte gegen eine andere Jungenbande."

Nostalgie? Simple Romantizismen, die im Rückblick immer etwas verklärt, kitschig oder gar peinlich wirken? Eher nicht, einfach eine entspannte Kindheit mit ziemlich entspannten Eltern und deren klaren Ansagen.

Die heutigen Eltern sind nicht mehr entspannt. Der Zeitgeist – Digitalisierung und Globalisierung – hat sie unruhig und gestresst werden lassen. Einige unter ihnen – wahrscheinlich sogar die Mehrheit – fühlen sich insgeheim abgestoßen von der Fratze der Moderne, die den

Namen Beschleunigung und unsichtbare Informationsflut trägt. Die publik gewordene Überwachung durch den US-Geheimdienst NSA hat die Hoffnung auf Kontrolle, wenigstens über das eigene Leben in den eigenen vier Wänden, endgültig zunichte gemacht. Die Orwellsche Überwachungskamera, wie sie zuerst aus dem „freien Amerika" auf uns gerichtet wurde und jetzt im Zuge der allgegenwärtigen Terrorbedrohung überall in Europa installiert wird, hat für einen Geist der Entfremdung und Unbehaustheit in der westlichen Hemisphäre gesorgt. Und sie lässt die riesigen, unbewussten Anstrengungen des Einzelnen und seiner Familie im Sand verlaufen, wenigstens die Illusion von Kontrolle und Überblick zu retten – und sei es nur den eigenen Kindern und deren Tun gegenüber. Die heutige überkontrollierende Elterngeneration ist erschöpft von ihren fruchtlosen Bemühungen und ihrer unbewussten Sehnsucht nach Überblick. Dieser angestrengte Versuch, den Überblick zu bewahren – ist nichts anderes als das Resultat einer gefährdeten emotionalen Beheimatung in der globalisierten Welt.

5. Symptome am Fließband

Im OECD-Bildungsbericht 2014 ist zu lesen, dass etwa 30 Prozent aller Schüler an Verhaltensauffälligkeiten leiden. Bei so einem beachtlichen und erschreckend hohen Prozentsatz darf man zuerst einmal nicht gleich alles Gedruckte glauben.

Ich bin inzwischen bei Studien vorsichtig geworden, weil sie oft nicht „absichtslosen" Ursprungs sind. Wir werden uns gleich Beispiele anschauen, bei denen Wirtschaft und Politik unheilvolle Allianzen eingegangen sind – und dies alles im Namen neuster wissenschaftlicher Erkenntnisse. Also frage ich mich als Erstes: Wer ist der Urheber dieser neuesten Forschungsergebnisse, aus welcher Interessensecke ertönt es so schrill, dass 30 Prozent unserer Kinder verhaltensgestört sein sollen? Wer könnte da profitieren? Soll da gerade ein Trend vorbereitet werden? Einem neuen Medikament der rote Teppich ausgerollt werden, über den jetzt möglichst viele aufgeschreckte Eltern stolpern müssen, um ja nichts bei ihrem Kind zu übersehen.

5.1 Modediagnosen und Trends

5.1.1 ADHS – Die erfundene Krankheit

Vor knapp sechs Jahr habe ich an einer Grundschule im Rahmen einer Lesung das erste Mal Eltern und Lehrern die Entstehungsgeschichte von ADHS erzählt. ADHS (**A**ufmerksamkeits**d**efizit-**H**yperaktivitäts-**s**yndrom) ist einer der häufigsten Gründe, warum Eltern mit ihrem Kind einen Therapeuten aufsuchen. Jeder fünfte Junge bekommt heute die Diagnose ADHS, weil er in der Schule nicht stillsitzen kann, sich zu wenig für die Stoffvermittlung interessiert, weil er Konzentrationsmängel bei den Hausaufgaben aufweist und allgemein nicht entspannen kann. Sogenannte ADHS-Jungen fallen in der Klasse durch wenig Gemeinschaftssinn auf, durch starke Ich-Bezogenheit, unruhiges, fahriges Verhalten, wenig Freunde etc. Ich nenne sie die kleinen Orkanjungen. Sie hinterlassen dort, wo sie ihre Bahn ziehen, eine Spur der Verwüstung.

Wie sich bei jener Lesung zeigte, waren einige betroffene Eltern unter den Zuhörern. Während der Debatte, die zunehmend hitzig geführt wurde, stellte sich heraus, dass sowohl einige der Eltern als auch vereinzelte Lehrer das Gefühl überkam, ohne ADHS würde ihre Welt wieder komplizierter. Die Kritiker meiner Auffassung, dass ADHS eine erfundene Krankheit sei, waren allesamt Befürworter der Lösung des Problems durch das Medikament Ritalin und verschiedener Nachfolgerpräparate. (Es hatte sich gezeigt, dass Ritalin immer öfter nicht gut vertragen wird.) Ich weiß aus der therapeutischen Praxis sowie von betroffenen Eltern und Lehrern, dass ein unruhiges Kind mit den oben genannten Symptomen für seine soziale Umgebung Stress bedeutet. Nur: Die Lösung ist weder ein Medikament noch eine Ausgrenzung des Kindes, wie sie die „Krankheit" ADHS mit sich gebracht hat. Doch die Eltern und die Lehrer, die am Symptom festhalten und es möglichst schnell beseitigen wollen, haben diese Krankheit ja nicht erfunden. Erfunden haben sie andere.

Was nun folgt, ist die Geschichte eine der bizarrsten Allianzen, die je auf Kosten unserer Kinder eingegangen worden ist. Viele der Leser kennen die Entstehung dieses ADHS-Märchens inzwischen. Doch sie ist so unglaublich, dass sie gar nicht oft genug erzählt werden kann. In den 1950er-Jahren erfand ein Schweizer Chemiker (damals angestellt beim Chemiekonzern Hoffmann-La Roche, heute Novartis) das Medikament Ritalin. Er nannte es so, weil er damit seiner Frau Rita helfen wollte, die im Tennis von einer unerfreulichen Leistungsschwäche erfasst worden war. Mit Erfolg, wie er und sie ziemlich bald feststellen konnten. Sie spielte wieder konzentrierter und die alte Leistungsform kehrte nicht nur zurück, sondern hatte sich auf wundersame Weise verbessert. Dann geriet das Medikament in Vergessenheit. Erst als in Amerika der angesehene Kinderpsychiater und Hochschulprofessor Leon Eisenberg (1922-2009), Professor an der Harvard Medical School, aufgrund seiner Beobachtungen die These vom hyperkinetischen Kind entwarf, erinnerte man sich an entsprechender Stelle an Ritalin. Eine großangelegte Werbekampagne verhalf Ritalin daraufhin zu einem bisher einmaligen Siegeszug durch die Kinderarztpraxen, Kinderzimmer und Klassenzimmer. Auch die Medien spielten mit, indem sie die Rolle des Multiplikators übernahmen und ADHS endgültig zur Jungenkrankheit hochschrieben.

Jörg Blech, Redakteur beim „Spiegel", veröffentlichte 2012 allerdings einen maßgeblichen Artikel, in dem zu lesen war, dass sich der „Erfinder" von ADHS im Angesicht seines baldigen Todes von einer ihn bedrückenden Last befreien wollte. Im Jahr 2009, wenige Monate, bevor er starb, hatte Eisenberg nämlich Blech nach Amerika kommen lassen, um ihm zu gestehen, dass es sich bei ADHS „um das Paradebeispiel einer fabrizierten Krankheit" handle. Er, so Eisenberg weiter, bereue inzwischen, dass er in den 1980er-Jahren maßgeblich daran beteiligt gewesen war, dass ADHS in den ICD-10-Diagnose-Schlüssel aufgenommen wurde. Wenn er gewusst hätte, was diese Diagnose bewirkte, hätte er seine Mitarbeit verweigert. Schon früh waren Eisenberg nämlich erste Zweifel gekommen, die schnell größer wurden:

Im „American Journal of Orthopsychiatry" schrieb Leon Eisenberg bereits 1969: „Das Grundproblem ist die moralische Fragwürdigkeit, mit Medikamenten an normal entwickelten Kindern zu experimentieren. […] Darüber hinaus muss man die Frage stellen: Wird das Kind als ‚Patient' bezeichnet, weil die Kindesmutter über ein Verhalten besorgt ist, das eigentlich im Normbereich liegt? Wird das Kind behandelt, weil sein Lehrer über ein Verhalten verärgert ist, durch welches er seine Autorität bedroht sieht? [...] Unser Ziel ist eine gesunde Entwicklung von Kindern, Stimulanzien können hilfreich sein, Symptome zu unterdrücken – die Medikamente tun jedoch nichts weiter, als dem Kind zu ermöglichen, zu lernen – sie können dem Kind jedoch niemals etwas lehren. Und ein Jahr später schon sann er im „New England Journal of Medicine" erneut darüber nach, ob man „das, was wir als ‚hyperkinetisch' bezeichnen, nicht doch eher als ‚nonkonformes Verhalten' oder sogar als ‚Kreativität' von Kindern bezeichnen sollte."

2014 wurden an die 1000 Kinderärzte in den USA angezeigt, weil sie sich von der Pharmaindustrie hatten kaufen lassen und ihren unruhigen jungen Patienten Ritalin verschrieben hatten.

Es hat schon vor Jahren, gerade in den Reihen der deutschen Kinderpsychoanalytiker, viele warnende Stimmen gegeben, denen diese auffällig boomende Diagnose ADHS sehr merkwürdig vorkam. Ich selbst habe die Diagnose insgesamt nur zweimal in meine Kassenanträge der letzten 25 Jahre hineingeschrieben – und beide Therapien sind gescheitert, weil ich wider besseres Wissen mich von Eltern und Lehrern unter Druck setzen ließ, schnell die Symptome anstatt die Ursachen zu bekämpfen. In allen anderen Fällen, bei denen ich ebenfalls die zahlreichen ADHS-Symptome beobachten konnte, doch von anderen familiendynamischen Phänomenen mehr beeindruckt war und mich in der Arbeit mit Eltern und Patient darauf konzentrieren durfte und eine andere Diagnose gewählt hatte (s. mein Kapitel über ADHS in «Damit Kindern kein Flügel bricht»), verschwanden die Symptome mit der Zeit – weil sie nicht mehr gebraucht wurden. Weder vom Patienten noch von den Eltern und auch nicht von den Lehrern.

Der renommierte Kindertherapeut und Kinderpsychoanalytiker Hans Hopf wird nicht müde zu betonen, dass die sogenannten ADHS-Jungen unverstandene Jungen seien. Sein Buch „Die Psychoanalyse des Jungen", sei auch der Versuch, „den Jungen die Seele zurückzugeben".

Physisch sind sie oft kerngesund. Hopf und mit ihm Josef Christian Aigner, Frank Dammasch, Peter Riedesser, Hans-Geert Metzger u. a. betonen und warnen unermüdlich, dass Ritalin (oder Medikinet,

Equasym, Strattera und, seit Neuestem Evanse) keine harmlose Pille sei, sondern ganz aktiv in den Gehirnstoffwechsel des heranwachsenden Kindes eingreife. Die Nebenwirkungen der unscheinbaren kleinen Pille sind zahlreich: Schlafstörungen, Angstzustände, Panik, Appetitlosigkeit, Ticks. Ritalin ist ein Psychopharmakum und wird unter die Gruppe der Betäubungsmittel eingeordnet, genauso wie Kokain und Morphium. Leider ist die „Krankheit", die keine ist, meistens wieder da, wenn das Medikament abgesetzt wird. Leon Eisenberg empfiehlt mit Inbrunst am Ende seines Lebens, man solle doch die psychosozialen Faktoren besser untersuchen, die zu den Verhaltensauffälligkeiten der Jungen führen würden, statt zur Pille zu greifen: Gibt es Kämpfe mit den Eltern, gibt es Probleme in der Familie, in der Ehe der Eltern usw.? Vielleicht noch eine Bemerkung zum Schluss, die die ökonomischen Interessensschwerpunkte beim Thema ADHS sichtbar werden lässt: Der Pharmariese Novartis machte mit Ritalin 464 Millionen Dollar Umsatz im Jahr 2012.

5.1.2 Essstörungen und der Kult um den Körper

Nachdem die Magersucht als psychische Krankheit erkannt worden ist und sogar bekannte Modelabels anfangen, sich von zu dünnen Models zögerlich zu distanzieren und gleichzeitig Plus Size Models mehr und mehr en vogue sind, verlagert sich die Essstörung in weniger gefährliche, doch immer noch fragwürdige Umgangsformen mit Nahrung. Psychogene Essstörungen (also Essstörungen, die psychische Erklärungsmodelle brauchen) sind nach wie vor sehr „beliebt" unter Jugendlichen – und leider auch zunehmend unter Erwachsenen. Bulimie, die Heißhungerattacke mit anschließendem Erbrechen, ist, so mein Eindruck, etwas rückläufig – was vielleicht auch einer besseren medialen Aufklärung geschuldet ist. Bei den meisten Menschen in den westlichen Industriestaaten hat sich inzwischen herumgesprochen, dass Anorexie und Bulimie psychische Erkrankungen darstellen, was sie in den Augen der jugendlichen Mädchen seit Kurzem weniger attraktiv macht. Eine 15-Jährige, die wegen Magersucht mehrere Monate in der Klinik war, sagte missvergnügt zu Beginn der Therapie: „Es nervt, dass alle in der Klasse glauben, sie wissen genau, was Magersucht ist und mich beobachten, als ob ich psychisch wirklich einen an der Klatsche hab'! Das ist ein Grund, dass ich wieder normal essen will. Ich komm' mir jetzt vor wie ein exotisches Zootier, alle gucken und passen auf, Scheiße! Eine Mitschülerin hat mich doch wirklich gefragt – ich mochte die noch nie – ob es denn stimmt, dass ich wirklich geglaubt hab', ich sehe gut aus, als ich so mager war, stellen Sie sich vor!" Ich rate ihr, genau diese unangenehmen Gefühle, exotisches Zootier, überwachende Mitschüler etc. in der Klasse anzusprechen. „Sabina, ich versteh' die aber auch. Die hatten Angst, dich zu verlieren. War ja auch knapp und, vergiss nicht, es hat ihnen selbst Angst gemacht, was mit dir passiert ist." Die Konfrontation mit den Mitschülerinnen hat Sabina dann sehr entlastet, nachdem sie den Mut dazu über Wochen gesammelt hat und zu ihrer großen Überraschung auf ein gutes Verständnis in ihrer Klasse gestoßen ist. Eine Mitschülerin hat daraufhin, ermutigt durch Sabinas Offenheit, ihr eigenes Problem eingebracht.

Was Kollegen von mir ebenfalls auffällt, sind Jugendliche, die einen immer energischer gehandhabten Körperkult betreiben, ihren Körper wie einen Juwel behandeln, ihn als Kunstwerk präsentieren und im Fitnessraum zur Vervollkommnung treiben wollen. Damit einher geht ein hoch wählerisches Ernährungsverhalten. Sie beschreiben sich als Vegetarier oder Veganer, praktizieren einen übermäßigen Wasserkonsum. Die Wasserflasche ist überall dabei, auch in der Therapiestunde. Beni lässt mich wissen: „Ich trinke nicht, weil ich durstig bin, sondern weil es gut ist." Aha. Sie erzählen von zahlreichen Allergien, von ihrer Glutenunverträglichkeit. Diese oralen Empfindlichkeiten oder Spielformen sind bedeutend harmloser als Anorexie und Bulimie. Sie mögen auch durch unsere mit Jauche getränkten Böden begünstigt werden. Der Nahrungskreislauf ist durch Antibiotika verseucht. Trotzdem ist da eine ungute Übertreibung im Spiel. Vor allem hat der Körperkult einen neuen Wirtschaftszweig geschaffen, der ohnegleichen boomt. Ich sehe dahinter auch eine übersättigte Generation, die zu wenige wirkliche Herausforderungen kennt. In einem zunehmend dekadent werdenden Essverhalten tobt sich Übersättigung aus, mental und physisch. Der durchtrainierte Körper gilt als gesunder Körper. In einem gesunden Körper wohnt ein gesunder Geist, „mens sana in corpore sano". Diese Gleichung wird bei den schweren Essstörungen wie Anorexie, Bulimie, Adipositas aufgegeben. Doch will mir scheinen, dass die aktuell propagierte Gleichung „trainierter Körper = trainierter Verstand" auch nicht ohne Weiteres zutrifft.

5.1.3 Das hochsensible Kind

Das hochsensible Kind begegnet uns dieser Tage überall. Auf dem Buchmarkt, in der Kinderarztpraxis, in den „Tagesthemen", im Gespräch unter betroffenen Müttern und Vätern. Plötzlich ist es da. Und gleich will es vielen einleuchten, dass es so etwas geben muss. Eine gewisse Euphorie ist unter betroffenen Eltern nicht zu übersehen. „Unser Kind ist gar nicht schwierig oder daneben. Es ist hochsensibel, haben wir jetzt erfahren," so ein junges Elternpaar im ersten Gespräch.

Dieser Kult um das hochsensible Kind erinnert mich stark an eine andere „Auszeichnung": die der Hochbegabten. Eine fragwürdige Variante des hochsensiblen Kindes ist übrigens der „Empath". Ein scheußliches Wort. „Empathie bedeutet", so erklärt der Begründer des Begriffs „Empath", Joannes Essential, auf seinem YouTube-Kanal, „mit den Augen des anderen sehen, mit den Ohren des anderen hören, mit dem Herzen des anderen fühlen und noch vieles mehr." Und dann fährt er fort: „Hier sind meine fünf wichtigsten Tipps, um als Empath glücklicher durchs Leben zu kommen […]."

Einfühlung ist etwas Wunderbares, und jeder sollte an seiner Empathiefähigkeit arbeiten. Doch die Kategorisierung in Empathen und Nicht-Empathen finde ich arrogant und – überflüssig. Empathie ist eine Grundvoraussetzung dort, wo es um Beziehungsfähigkeit geht, und das war schon immer so. (Empathie kommt vom englischen „empathy", das aus dem spätgriechischen „empatheia" stammt und Leidenschaft meint.) Empathiefähige Personen sind keine neue Menschengruppe!

Manche Eltern tragen die Charakterisierung ihres Kindes als „hochbegabt" wie ein unsichtbares Elternkrönchen auf dem Kopf. Und genau so erlebe ich den neu aufgekommenen Kult um die Hochsensiblen.

Wofür brauchen wir Hochbegabte und Hochsensible? Damit sie nicht schwierige Kinder oder Außenseiter sind? Auf jeden Fall können

Eltern ein hochbegabtes oder hochsensibles Kind mit anderen Eigenschaften in ihrer Wahrnehmung besetzen als ein minderbegabtes oder sozial schwieriges Kind. Sie können es besser lieben. Insofern müsste ich die Ausbreitung dieser Diagnose, die keine sein will, eigentlich begrüßen. Und doch wird mir etwas mulmig dabei.

Ausgerechnet der Bademeister meines neuen Wohnortes im Allgäu, ein 4000-Seelen-Dorf, hat mich auf die Spur meines Magengrummelns gebracht. „Wissen Sie, da sind Kinder, die kippen Sand ins Schwimmbecken. Und wenn man sie dann anspricht und es ihnen verbietet, werde ich von den Eltern angeschnauzt mit den Worten: ‚Also die dürfen ja gar nix mehr, die armen Kinder, schauen Sie mal, wie er jetzt weint, jetzt ist er für den Rest des Tages eingeschnappt.' Gewisse Kinder darf man nicht mal mehr streng anschauen." Ich muss vielleicht hier anmerken, dass es kein böser Bademeister ist, der Kinder hasst, sondern ein gutmütiger und ruhiger Mann.

Die hochsensiblen Kinder sind, bevor sie und ihre Eltern die Bezeichnung „hochsensibel" erlöste – eigentlich wollte ich gerade sagen „adelte"! – oft verschreckte, überempfindliche, anstrengende und nervige Kinder. Sie ticken etwas unberechenbar im Kontakt. Sie wollen viel kontrollieren und sind nicht gut zu beruhigen, – was vor allem die berufstätigen und dadurch verständlicherweise oft erschöpften Mütter schwer aushalten. Solche Kinder sind schnell aufgelöst, verlangen viel Aufmerksamkeit. Es sind selten Kinder, die sich einem Spiel absichtslos hingeben können und das Zeitgefühl verlieren. Sie kontrollieren schon relativ früh die Umwelt mit ihren Unverträglichkeiten und Überempfindlichkeiten. Ein achtjähriger Patient konnte fünf Minuten lang kein Wort mehr sagen, wenn davor das Telefon geklingelt hatte. Wobei ich hier anfügen muss, dass die Kinder alle die Erfahrung machen, dass ich nie ans Telefon gehe während der Therapiestunde. „Ich mag nicht, dass das Telefon klingelt. Kannst du nicht den Stecker rausziehen?", forderte er mich auf. Ein anderer Hochsensibler, sieben Jahre alt, bat mich zu Beginn der Stunde, ihn nicht anzuschauen, „bis ich hier angekommen bin." „Wer sagt denn sowas, ‚bis du hier angekommen bist'", fragte ich etwas überrumpelt und ungeschickt. Doch zu meiner Überraschung antwortete er sofort: „Die Mama. Sie sagt allen Leuten, dass ich Zeit brauche, bis ich ankomme." – „Und woher weiß sie das, ich meine, dass das überall so ist?" – „Sie weiß es einfach." Ja, klar. Blöde Frage.

Im Berner Tagblatt wird eine hochsensible junge Frau interviewt. Sarah Urscheler. Sie hat zur Überraschung des Interviewers ein angesagtes Musikbistro als Treffpunkt ausgesucht. „Es kommt darauf an, welchen Reizen ich tagsüber ausgesetzt war und wie gut ich sie verarbeiten konnte", berichtete sie dem Journalisten. „Hab' sofort abgecheckt, wer außer uns noch da ist. Im Moment sind es nur die zwei dort drüben. So weiß ich, von wo zwischenmenschliche Reize kommen können." Auf die Frage, wann sie ihre Hochsensibilität erkannt habe, antwortete sie: „mit 24." Nachdem eine Freundin ihr vor sieben Jahren ein Buch in die Hand gedrückt habe, hätte sich ein Aha-Erlebnis nach dem anderen eingestellt. Sie habe unter anderem begriffen, warum sie als Kind keine Hosen mit Etiketten mochte, warum sie keine kratzigen Wollpullover tragen konnte. Die Mutter habe damals nur gesagt, sie solle nicht so empfindlich sein. In der Schule habe sie schlecht stillsitzen können, habe dann unheimlich komplizierte Strategien fürs Lernen entwickelt, sich übermäßig angepasst. „Ich denke, dass sich anzupassen die Strategie vieler Kinder ist", erklärte die junge Frau in dem Artikel weiter. „Von denen, denen das nicht gelingt, bekommen wohl einige fälschlicherweise die Diagnose ADHS." Ihr Lösungsvorschlag im Umgang mit Hochsensiblen: „Man müsste (sie …) sowohl in der Schule wie auch in der Arbeitswelt so unterstützen, dass sie ideal lernen und arbeiten können. Man müsste erkennen, dass in ihrer Zartheit eine Kraft steckt. So ließe sich ihr riesiges Potential ausschöpfen." Eine gewöhnliche Stelle komme für Hochsensible nicht in Frage. Bemerkenswert und beruhigend ist, dass Sarah Urscheler selbst vor dem Hype warnt, der um das Thema Hochsensibilität veranstaltet wird: „Da gibt es natürlich auch Leute, die die Chance sehen, damit Geld zu verdienen – die Zahl von teils nicht über jeden Zweifel erhabenen Beratungsangeboten für Hochsensible explodiert geradezu."

Ich sehe bei den Hochsensiblen eine Kontaktunsicherheit, die einer Angst vor Selbstverlust entspringt. Ihre Anpassungsbereitschaft ist tatsächlich zu groß. Frau Urscheler hat recht, dass viele der Betroffenen, wenn sie sich nicht anpassen, dann leider in der zu Unrecht diffamierten Gruppe der ADHSler landen. Weil ihre Bereitschaft, sich an andere anzupassen so groß ist, verlieren sie schnell den Überblick über die eigenen Gefühle und Empfindungen. Sie fühlen sich bedroht in ihrem Selbst. Das Wegdrücken des Eigenen macht sie empfindlich, allergisch. Das Kind sehnt sich tief in seinem Inneren nach einem sicheren Kontakt zu den wichtigsten Bezugspersonen, doch die Erfahrung hat ihm gezeigt, dass dieser Kontakt nicht so ausfällt, dass es seine eigenen Gefühle behalten kann. Um sich nicht zu verlieren, schaltet das Kind unbewusst, doch sehr aktiv (!) eine große Empfindlichkeit und Animosität zwischen sich und den anderen. Es ist eine Sehnsucht nach Kontakt und gleichzeitig eine verhüllte Kontaktallergie.

Die Antwort auf einen hochsensiblen Menschen könnte so aussehen, dass er in einem verlässlichen, konstanten Kontakt die Erfahrung machen kann, dass er nicht manipuliert wird und nichts von ihm erwartet wird im Sinne von Potentialbezeugungen. (Die unbewussten Erwartungen der Eltern ihrem hochsensiblen, „besonderen" Kind gegenüber sind hoch.) Stattdessen soll er lernen, sich mit seinen tatsächlich vorhandenen Gefühlen einzubringen – und nicht mit den von ihm explizit oder implizit erwarteten. Andernfalls erfolgt nämlich der Rückzug in Besondernisse, oder, anders gesagt, in Sonderregelungen, in die Sonderbarkeit, in Umständlichkeiten und Sonderrechte. Was mich regelmäßig positiv beeindruckt bei hochsensiblen Kindern ist ihre Hartnäckigkeit. Sie werden nicht depressiv, nicht aggressiv, sondern verweigern sich aktiv und basteln sich unter oft mütterlicher Mithilfe ein ganz auf sie zugeschnittenes Universum, ohne dass sie dabei Störmanöver zuließen.

Doch hier beginnt das Problem. Wer von uns kann in einer ganz auf ihn zugeschnittenen Welt unterwegs sein? Zu einem verantwortungsvollen Lebensentwurf gehört auch soziale Anpassung, Rücksichtnahme auf andere, der partielle Verzicht auf ideale Zustände und das Aushalten und Durchstehen unvollkommener Verhältnisse. Verhältnisse, die bisweilen kränken, wehtun, verletzen, verunsichern können.

Wie geht man mit einem Hochsensiblen als Eltern, Lehrer oder Arbeitgeber um? Man sollte ihn nicht in seinen zahlreichen Empfindlichkeiten bestärken und ihm alle Hindernisse und Störungen aus dem

Weg räumen, doch ihn ernst nehmen und auf ihn eingehen. Der Kontakt darf nicht damit enden, dass man ihm die monierte Störung aus dem Weg räumt, sondern mit ihm zusammen überlegt, wie diese erlebte Störung erträglicher gestaltet werden kann. Diejenigen Eltern, die sich entschlossen haben, sich ganz auf ihr hochsensibles Kind einzustellen, werden die Erfahrung machen müssen, dass die Empfindlichkeiten nicht weniger werden und ein kompliziertes Nischendasein im Erwachsenenalter das Ergebnis ist.

Als der achtjährige Maximilian sich wünschte, dass ich den Stecker rausziehe, damit das Telefon keine Lärmquelle mehr darstellt, hatte ich zwei Möglichkeiten. Ich hätte den Stecker ziehen können – doch damit hätte ich ihn in seiner Wahrnehmung bestätigt, dass Außenkontakte Störfaktoren darstellen und schnellstens beseitigt werden müssen. Und ich hätte zudem die Kontrolle oder Schlüsselgewalt über meinen Raum an ihn abgegeben. Ganz heikel, wenn die Kinder solche Kontrolleinbußen der Erwachsenen kompensieren müssen! Ich habe Maximilian gesagt, dass ich mir seine große Enttäuschung vorstellen könne, wenn uns jemand mit einem Anruf stört, wo wir doch gerade so schön miteinander spielen. Der Junge schaute mich ganz aufmerksam an und sagte: „Ist nicht so schlimm. Der weiß das ja nicht, dass er stört." Etwa in der zehnten Stunde fragte ich ihn, es klingelte gerade wieder einmal, ob es ihn noch störe. Er war in den Aufbau einer Schießanlage vertieft und hob nur kurz den Kopf: „Ist egal, hab es nicht gehört." Der Kopf ging wieder runter, seine geschickten Hände bauten weiter.

„Wer bist du? Sag' und zeig' es mir, bitte. Und ich zeige dir, was ich mag und wo meine Grenzen sind." – Diese nonverbale Haltung auszustrahlen, ist im Kontakt mit Hochsensiblen wichtig. Auch und gerade bei Eltern. Es sollte überhaupt eine Elternhaltung eingenommen werden, die darauf abzielt, über das eigene Kind nicht ständig alles zu wissen, sondern es zu entdecken – und das gilt für viele Eltern, nicht nur für die Eltern hochsensibler Kinder. Und es ganz oft in Ruhe zu lassen. D. H. Lawrence sagt: „Gebt euren Kindern ein Dach über dem Kopf, was zu essen und zu trinken – und lasst sie ihn Ruhe)." Ich würde noch ergänzen: Gebt ihnen euer Vertrauen und eure Liebe. Mit dieser Elternhaltung werden viele Symptome überflüssig.

6. Die symbolische Handlungssprache

Ich habe mir angewöhnt, die Symptome meiner Patienten symbolisch zu verstehen. Und ich sehe immer mehr, dass die Psychoanalyse als Behandlungsinstrument hervorragend geeignet ist, diese symbolische Handlungssprache lesen zu lernen. Leider musste sich die Psychoanalyse im Zuge der Verwissenschaftlichung psychologischer Erkenntnisse naturwissenschaftlicher gebärden als sie ist – Gelder gibt es nur, wenn „objektive“ (dabei leider oft tendenziöse, d.h. aus einer Verflechtung politischer und wirtschaftlicher Interessen resultierende) Forschungsergebnisse vorgelegt werden! Auch sie ist ein spätes Opfer unserer aufklärerischen Geisteshaltung geworden. Nur was experimentell erforscht und dokumentiert ist, bekommt öffentliche Gelder. Und man muss leider im transparenten dritten Millenium erkennen, und investigative Journalisten leisteten dabei einen großen Beitrag, was wirtschaftlich alles an Unsinnigem und Fragwürdigem bezuschusst wird und dabei eine Förderung gar nicht verdienen würde. (Der Konzern Novartis bringt im Rahmen der Krebsforschung zum Beispiel gerade ein Krebsmedikament auf den Markt, das über 400.000 Euro kostet!)

Psychoanalyse „verkommt“ gerade ziemlich. Verhaltenstherapie ist in. Und dies, weil die Psychoanalyse zu wenige empirische Daten liefern kann? Nein, weil sie – wieder einmal, wie in ihren Anfängen – nicht dem Zeitgeist entspricht. Damals wandte sich der Zeitgeist gegen die Entdeckung Freuds, dass das „Ich nicht Herr im Haus ist“, sondern dass wir alle von unbewussten Begierden und Wünschen ganz schön umgetrieben und blockiert werden können. Heute wird die Psychoanalyse durch die Politik der Krankenkassen ins Abseits gedrängt, weil mit kürzeren und schnelleren Therapien scheinbar Einsparungen möglich sind. Oder sollte ich von Umsatz sprechen? Man könnte auch mit zarter Lästerzunge sagen: Lange Therapien, wie sie in der Psychoanalyse üblich sind, machen die Menschen zu gesund. Diese brauchen nach einer erfolgreichen Psychoanalyse weniger Fachärzte als vorher, was zunehmend dokumentiert und belegt ist. Ich kann diesen Zusammenhang schon bei den Kindern unter meinen Patienten beobachten: Viele der Kinder, die in Therapie kommen, waren vorher häufig beim

Hausarzt, Kinderarzt, in der Klinik zur Abklärung, bei der Homöopathin, in der Logopädie, in der Ergotherapie und zusammen mit den Eltern ständige Kunden in der Apotheke. Wenn die Therapie zu Ende ist, braucht so ein Kind oft viel weniger ärztliche Betreuung. Einfach weil es sich stabiler und besser verstanden fühlt und selbstbewusster verständigen kann. Ein Umstand, wie wir inzwischen aus der Neurobiologie wissen, der ganz entscheidenden Einfluss auf das Immunsystem des Kindes hat und damit auch auf seine Abwehrmechanismen. Ein zufriedenes Kind ist körperlich gesünder. Ein zufriedener Erwachsener übrigens ebenfalls.

Georg Groddeck (1866-1943), Arzt und Psychoanalytiker, war der Erste, der erkannt hat, dass der Körper symbolisch handelt im Entwerfen seiner Krankheiten. Groddeck gilt als Vater der Psychosomatik. Den Begriff hatte 1818 der Arzt und Psychiater Johann Christian August Heinroth geprägt.

Die heutige Lektüre der Groddeckschen Schriften zählt zum Erfrischendsten, was ich in den letzten Jahren in die Finger bekommen habe. Und, was noch maßgebender ist als diese zauberhafte Frische: Man spürt, dass da ein ganz gewissenhafter und verantwortungsbewusster Arzt und Psychoanalytiker am Werk ist, respektive am Patienten. Damals, zur Blütezeit seines Wirkens in den 1920er- und 30er-Jahren des letzten Jahrhunderts, reisten die Menschen aus der ganzen Welt zu ihm nach Baden-Baden. Er hatte mit seiner Überzeugung, dass im Körper die Seele spricht – und also neben der körperlichen Behandlung die Seele unbedingt mitbehandelt gehört –, enormen Erfolg. Allerdings nicht in den medizinischen Fachkreisen und ebensowenig unter seinen psychoanalytischen Kollegen. Freud gehörte zu den wenigen, die ihm zeitlebens ihre Wertschätzung ausgesprochen haben. Groddeck hat vielen Menschen, die als austherapiert zu ihm kamen, helfen können. Diese Menschen haben anhand seiner ganzheitlichen Heilmethode gelernt, sich als eine körperlich-seelisch-geistige Einheit zu verstehen. Jegliche Esoterik war Groddeck ein Gräuel. Er verstand sich auch zu keinem Zeitpunkt als Heiler. Dazu war er zu gewissenhaft, zu wissenschaftlich – und zu sehr ein Mensch, der in Beziehung denkt.

„Der Mensch denkt, Gott lenkt", das war nicht sein Denkstil. Sondern: Arzt und Patient gehen eine Beziehung ein – einfach als eine weitere in ihrem beziehungsreichen Leben. Doch diese Beziehung ist eine besondere, sie hat einen einzigen Inhalt und ein Ziel – die Heilung des Patienten. Beide, Arzt und Patient, tragen dafür die Verantwortung.

Eine Nebenbemerkung sei mir hier erlaubt: Der Grund, warum die psychosomatische Medizin der klassischen, organorientierten Schulmedizin in den kommenden zehn bis 20 Jahren endgültig den Rang ablaufen wird, liegt genau im Groddeckschen Verständnis vom Menschen begründet. Die Menschen wollen nicht mehr auf ein „böses" Organ reduziert werden, etwa die vom Krebs befallene Brust, die entzündete Magenschleimhaut, die verunstaltende Aknehaut, das rheumatischschmerzende Handgelenk, die ständige Bronchitis etc. Sie wollen – zumindest viele unter ihnen – gelesen werden, sei es in ihrem verborgenen Schmerz, ihrer unbewussten Angst, ihrer überbordenden Furcht vor verletzenden Kontakten.

6.1 Psychosomatische Ausdrucksformen

Die 20 häufigsten körperlichen Symbolisierungen von psychischen Erkrankungen bei Kindern und Jugendlichen in meiner Praxis sind – in der Häufigkeit ihres Vorkommens:

- „ADHS" (läuft bei mir, je nach Ausprägung, unter depressiver Entwicklungsstörung, Bindungsstörung, Lernstörung etc.)
- Einnässen
- Depression (resp. depressive Entwicklungstörung)
- Ritzen
- Kiffen
- Internet-/Handy-Sucht
- Unfallneigung
- Neurodermitis
- Bauchschmerzen ohne Befund
- Kopfschmerzen ohne Befund
- Konzentrationsstörungen

- Aggressionshandlungen
- Zwänge (v. a. Waschzwang und Ordnungszwang)
- Stottern
- Einkoten
- Magersucht
- Elektiver Mutismus
- Ticks (v. a. motorisch)
- Schlafsucht
- Epilepsie
- Dementielles Syndrom (bei den Großeltern in der Mehrgenerationen- und Paartherapie)

6.1.1 Einnässen

Im Einnässen erlebt das Kind einen Kontrollverlust. Und zwar im Schambereich, einem Körperbereich also, der in seiner Aktivität normalerweise dem Auge des anderen entzogen wird. Urinieren, Stuhlgang (defäkieren), Sex, Pupsen (meistens), Gebären – diese fünf sichtbaren Handlungen vollziehen wir nicht in der Öffentlichkeit. Wir kontrollieren Ort und Zeit dafür. Beim Einnässen rinnt uns im wahrsten Sinne des Wortes etwas zwischen die Beine. Nur das Kleinkind lässt „es einfach laufen." Das vier- bis fünfjährige Kindergartenkind hat langsam gelernt, seinen Blasenmuskel zu betätigen, seine Ausscheidungsfunktionen zu beherrschen. Warum gelingt das einigen Kindern dennoch nicht? Vor allem Grundschulkindern ist es bereits sehr peinlich, wenn ihnen tagsüber etwas in die Hose läuft oder sie am Morgen aufwachen – und die Matratze ist wieder ganz nass. Bei den Kindern, die tagsüber einnässen, spricht der Volksmund in der Schweiz vom „Angschtbrünneli". Und genau so würde ich das sehen: Bei den tagsüber einnässenden Kindern (enuresis diurna) läuft die Angst über und äußert sich im Überlaufen der Blase. Diese Angst kann abgespalten sein, im Stress gar nicht wahrgenommen werden und völlig unbewusst sein. Doch sie hat sich über die Fähigkeit des Kindes gestülpt, seine momentane Situation im Griff zu haben. Die Angst hat die Herrschaft übernommen und sich gegen „alle Vernunft" (du bist nicht auf der Toilette, du wirst gesehen, Zeit und Ort stimmen nicht) durchgesetzt. Bei den nachts einnässenden Kindern (enuresis nocturna) geht es um eine andere Symbolisierung. Zwar haben wir es auch hier mit einem Kontrollverlust zu tun, jedoch mit einem unverantworteten. Denn das Kind schläft ja und ist somit nicht im Besitz seiner herkömmlichen Regulierungsmechanismen. Es ist sozusagen auf Energiesparflamme, was sein Bewusstsein anbelangt. Dementsprechend sagt die achtjährige Anna wiederholt zu ihren Eltern: „Am Abend sage ich mir immer, du machst nicht ins Bett. Am Morgen hab' ich es doch wieder getan, dabei verbiete ich es mir doch!" Das ist keine, wie die Eltern ihrer Tochter am Anfang vorgeworfen haben, mangelnde Kooperationsbereitschaft, sondern scharf und richtig beobachtete Kinderlogik. Anna hat es ihrem Bewusstsein verboten – doch Einnässen in der Nacht ist ein unbewusster Vorgang. Die achtjährige Anna ist tagsüber mindestens acht Jahre alt, von ihren Fähigkeiten her sogar ein bis zwei Jahre älter, die nächtliche Anna hingegen fühlt sich in Wahrheit viel, viel kleiner. Doch das soll keiner merken. „Du sollst nicht merken", fällt mir hier unwillkürlich ein. Eines der besten Bücher, das die Psychoanalytikerin Alice Miller in den 1980er-Jahren geschrieben hat. (Auch wenn sie sich aus einer persönlichen Enttäuschung im fortgeschrittenen Alter von der Psychoanalyse losgesagt hat.) Und ein Buch, das bis heute nichts von seiner Stimmigkeit verloren hat. Es gibt Bücher, die kein Verfallsdatum haben. Wenn Eltern nicht nur intellektuell, sondern vom Herzen her verstehen, dass ihr einnässendes Kind sich tagsüber größer machen muss, als es sich das eigentlich zutraut und wirklich ist, dann hört das Einnässen in der Grundschule oder schon davor auf.

6.1.2 Einkoten

Um einkotende Kinder wird oftmals ein großer Bogen gemacht. Sie stinken. Auch bei vielen Therapeuten sind Kinder mit diesem Symptom nicht sehr erwünscht. „Dann musst du danach immer so lüften. Ich nehm' jetzt keine mehr mit dieser Diagnose," sagt eine sonst sehr engagierte Kollegin. Denn natürlich machen sie auch in der psychotherapeutischen Praxis in die Hose. Nicht sogleich, doch irgendwann, falls wirklich ein Prozess in Gang gekommen ist, eben auch dort. Eine Mutter hat mir einmal erklärt, dass sie sich jetzt nicht mehr aufrege, wenn ihrem Sohn dies passiere: „Ich ignorier' es jetzt einfach. Allerdings wird es davon auch nicht besser. Bis zu dreimal am Tag scheißt er die Hose voll. Ich hab' so eine Wut manchmal." – „Warum zeigen Sie ihm dann Gleichgültigkeit? Stimmt doch überhaupt nicht, wütend sind Sie." Wir sprechen darüber, dass sie ihm ihre Wut zeigen soll, „ohne ihn damit zu zerstören. Doch das Allerwichtigste ist eine Frage, die Sie ihm stellen sollten, und schon lange gestellt haben sollten." – „Warum denn eine Frage?" – „Weil er Ihnen schon lange etwas mitzuteilen versucht, auf eine extrem verkleidete Art. Fragen Sie ihn, warum er scheißt, ob er Angst hat – wir kennen doch alle Redewendungen wie ‚ich hab' mir vor Angst in die Hose geschissen' oder ‚ich hab eine Scheißangst' und ähnliche Aussprüche. Oder hinterfragen Sie, was er Ihnen ‚scheißen' möchte, aber sich nicht traut und darum die passiv-erleidende Form dafür wählt."

Kinder, die einkoten, haben fast immer eine Riesenwut auf eine oder mehrere Bezugspersonen. Eine Wut, die ihnen ganz viel Angst bereitet und die sie deswegen hilflos, ungeschickt und selbstdestruktiv mit und in der eigenen Scheiße verbergen – und damit das Risiko eingehen, dass keiner etwas mit ihnen zu tun haben will. Einkotende Kinder sind oft unterdrückte Kinder oder Kinder, die nur Schönes und Gutes zu Hause abliefern dürfen, aber keinesfalls weniger schöne Innensichten nach außen tragen dürfen wie Wut, Angst, Neid, Hass. „Ich scheiße nicht, ich bin nicht schlecht", so kann der pschodynamische Zusammenhang bei einkotenden Kindern gesehen werden.

Alles, was wir, ob wir groß oder klein sind, abspalten müssen, haben wir nicht mehr unter Kontrolle. Das Abgespaltene beginnt, ein Eigenleben zu führen. Eine Qual für den Betroffenen.

6.1.3 Magersucht

Eine Freundin hat letzthin zu mir gesagt: „Gräm' dich nicht, wenn du ein paar Kilos zu viel auf den Rippen hast. Dann sieht man dich besser." Was habe ich für kluge Freundinnen! Tatsächlich sieht man Menschen, die ein paar Kilos mehr wiegen, besser als Menschen mit Untergewicht. Übergewichtige Menschen nehmen gezwungenermaßen mehr Raum ein. Magersüchtige Jugendliche sind am Verschwinden. Zuerst verschwinden sie in ihren Kleidern, dann aus ihren sozialen Kontakten, dann in der Klinik und zuletzt, wenn es ganz schlecht läuft, von dieser Erde. Warum handeln sie so, warum wollen sie sich auslöschen? Sie wollen sich nicht auslöschen, sie wollen die Abhängigkeit von anderen tilgen und aufheben. Diese Abhängigkeit macht es ihnen unmöglich, sie selbst zu werden, und steht zwischen ihnen und dem ersehnten Leben wie eine unüberwindliche Schranke. Sie glauben, dass das, was sie zeigen, nämlich ihren Körper, nicht richtig ist. Sie brauchen nur den richtigen Körper – dann wird alles, was sich jetzt so falsch und leer anfühlt, richtig und gut. Wenn sie den richtigen Körper haben, einen, den sie selber entworfen und modelliert haben, wird die Welt sie in ihrer ganzen Schönheit endlich erkennen. Sie haben zu viel fremden Willen erdulden müssen, was sie „aufgedunsen" werden ließ – so umschrieb eine 15-jährige Magersüchtige ihr Gefühl. Aber jetzt gilt nur noch ihr Wille, nach der Devise: „Mein Wille geschehe. Ich erschaffe mich nochmals neu. Von außen dringt nichts mehr ohne mein Einverständnis in mich hinein." Magersüchtige unterwerfen den ganzen Körper, den sie zur Projektionsfläche für alles Schlechte machen, was man ihnen real angetan hat, einer rigorosen Abmagerungskur. Von dem in ihren Augen nicht ausreichend liebenswerten, weil fremden, dicken Körper wollen sie jedes falsche Gramm verbannen. Die Mitverantwortung (nicht Schuld!) bei diesem verzweifelten Kampf um Leben und Tod haben die Eltern, die ihrem Kind nicht vermitteln konnten, dass es in Ordnung ist und in seinen Grenzen geachtet wird. Magersüchtige gehen gewaltsam mit sich und ihrem Körper um. Doch diese Gewalt haben nicht sie in ihr Leben gebracht. Jede und jeder Magersüchtige hat Gewalterfahrung, entweder psychischer oder physischer Natur. Meistens ist sie psychischer Natur: „So wie du bist, mein Kind, bist du nicht schön genug. Du hast anders zu sein, nämlich schlank oder einfach so, wie ich es will."

6.1.4 Ritzen

Irgendwann hat jeder von uns im Laufe seines Lebens einmal etwas in die Baumrinde, den Sand, eine schon verunstaltete WC-Tür geritzt. „Lustvolle Sachbeschädigung im Namen einer reinen Idee", so könnte man das nennen, oder „Ritzen im Dienste der Liebe".

Seit wann aber gibt es das andere Ritzen, nämlich jenes im Dienste der Selbststimulierung, bei der dann das eigene Blut fließt?

Winnetou und Old Shatterhand haben mit dem tapferen Ritzen und anschließenden Vermischen ihres Blutes Blutsfreundschaft geschlossen. Beim heutigen Ritzen steht nicht das warme Blut, das notgedrungen fließt, im Vordergrund, sondern der Schmerz. Ritzen passiert in der Regel auch nicht in Gegenwart anderer. Wer ritzt, ist allein. Sehr allein.

Blut ist unser Lebenssaft. Genau von diesem kostbaren Saft fühlt sich der oder die Ritzende getrennt. Derjenige ist vom Lebendigsein gleichsam abgeschnitten – wie Betty, eine künstlerisch begabte Jugendliche: „Ich spür' mich nicht mehr. Ich bin wie eine Halbtote. Der Körper ist da, doch mit nichts verbunden, das macht mir Angst. Wissen Sie, was eine taube Seele ist? Genauso fühle ich mich, bevor ich die Klinge nehme. Wenn ich dann den Schmerz spüre beim Schneiden, die Wärme meines Blutes und die Blutstropfen kommen sehe, dann fühle ich mich gleich wieder anders, viel besser. Die Seele ist nicht mehr taub, dieses empfindungslose Stück Fleisch, das ich eben noch war, ist wieder ein Mensch geworden. Ich bin wieder zurück, wieder da, auf der Welt, wie andere auch." Wenn wir die symbolische Botschaft, wie sie im Ritzen verborgen sein kann, dekodieren, müsste sie heißen:

Beim Ritzen bringe ich mir mich selber wieder in Erinnerung. Da ist etwas, eine dunkle Kraft, die mich auslöschen will, mich zur automatisierten Puppe macht – doch der Schnitt der Klinge bringt mich wieder auf meine eigene Spur. Es tut zwar weh, sehr weh, weil ich mich nur noch unter Schmerzen denken und wiederfinden kann, doch lieber das als gar nicht mehr existieren. Und mein Blut wird zur Wärme, die mir fehlt.

Die fehlende Wärme und eine große Einsamkeit sind die Einfallstore für das Ritzen. Fast immer finden wir diese Selbstverletzung in Kombination mit einer schweren Selbstwertstörung. Dem Betroffenen wurde in der Kindheit kein verlässliches Gefühl vermittelt von „du bist wertvoll". Die narzisstische Spiegelung ist ausgeblieben, sei es, weil die Mutter selbst über kein kohärentes, gutes Selbstbild verfügte, sei es, weil der Vater das Kind nicht mit Respekt behandelt hat. Das Kind hat sich notdürftig angepasst an seine Umwelt, vielleicht sogar eine unauffällige und problemlos wirkende Hülle aufgebaut. Doch es spürt sich nicht. Da, wo bei den Gleichaltrigen die Emotionen sitzen, ist oft Leere. Ein grausamer Zustand für einen jungen Menschen. Kiffen und schneller Sex sind notdürftige Pflaster. Sie bringen vorübergehend Ablenkung und Entspannung in eine gestresste Seele und in einen angespannten, ruhelosen Geist. Doch sobald eine Enttäuschung oder Kränkung erfolgt, kriecht sie wieder heran, diese hässliche Kröte, genannt Gefühlsnarkose oder einfacher und doch so unvorstellbar schmerzlich: Leere.

6.1.5 Kiffen

Die Geschichte des Kiffens ist lang. Mit bewusstseinserweiternden Drogen sind wir Menschen wohl seit Beginn unseres Daseins vertraut. (Ihre Geschichte reicht von ihrem Einsatz durch Medizinmänner, Schamanen und Heiler über ihre Verwendung als Genussmittel und Partydroge bis hin zu ihrem Missbrauch durch die Kiffergeneration). Noch nie hat eine junge Generation in Deutschland so zahlreich und in solcher Intensität gekifft wie heute. Seit dem Jahr 2017 ist Kiffen ganz offiziell eine Diagnose. Wer täglich kifft, sollte sich behandeln lassen.

In meiner Generation war Kiffen unter Studenten durchaus verbreitet. Bei jedem Fest war einer dabei, der einen Joint oder auch mehrere rumgehen ließ. Doch mit dem Uniabschluss endete meistens auch die Zeit des Kiffens. Wir, zu diesem Zeitpunkt 25- bis 28-Jährigen, zogen aus den Wohngemeinschaften aus, verließen Zürich, etablierten uns in den kommenden Lebensjahren und fühlten uns dabei etwas verlegen – waren wir doch alle links und materiell bedürfnislos gewesen. Wir bekamen eine erste Stelle, fanden eine nette kleine Wohnung etc., das Kiffen vergaßen wir schlichtweg. Wir ließen es hinter uns wie eine charmante Anekdote aus unbeschwerten Studententagen. Zumindest bei mir und meinen engsten Freunden trug die Kifferbiografie also recht harmlose Züge. Sie war überschaubar. Und, im Unterschied zu den heutigen Konsumenten, waren wir keine Alltags-, sondern Partykiffer. Samstagabend- und Wochenendkiffer. Einmal hatte ich versucht, eine gefürchtete Hausarbeit in Romanistik mit einem Joint zu schreiben. Und was mir beim beschwingten Durchlesen am selben

Abend wie eine wunderbar glitzernde Kette glückseliger Inspiration vorkam, landete am nächsten Tag, ich war wieder auf Normalniveau geschrumpft und nüchtern, im Müll. Der Text war grottenschlecht.

Kiffen kann Spaß machen wie ein guter Film, guter Sex, gute Gespräche. Doch wenn Kiffen keine Wahl mehr ist, sondern ein tägliches Muss, dann wird es zum Symptom. Und zum Symbol für – eine Alltagsflucht. Beim Kiffen werden die Rezeptoren im Gehirn angesprochen, die mit Emotion zu tun haben. Marihuana wirkt wie ein Sinnesverstärker. Farben, Gerüche, alles wirkt kräftiger. Grautöne verschwinden, Langeweile ebenso. Angst meistens auch. (Nicht immer jedoch. Ich hatte zum Beispiel keine guten Trips, deswegen war Gras nie eine attraktive „Option" für mich.) Entspannung ist dabei ein schönes Nebenprodukt. Kiffende Menschen sind selten aggressiv. Allerdings auch nicht besonders kreativ. Dafür müsste man schon Kokain oder andere Drogen nehmen. Mehrere jugendliche Kiffer in meiner Praxis zeichnen sich vor allem durch große Passivität aus. Im Chillen sind sie kleine Meister. Auch beobachte ich bei regelmäßigem Konsum eine zunehmende emotionale Indifferenz – und zwar Anforderungen Dritter gegenüber. Der 17-jährige Chris sieht es folgendermaßen: „Die Mama nervt wieder so, will, dass ich mehr tue in der Schule. Ich reg' mich nicht mehr groß auf, lass' sie einfach reden, sie muss halt einfach. Die Schule will mich rauswerfen, wenn ich nochmals bekifft komme." – „Und, was macht das mit dir, diese Drohung?" – „Ach, ehrlich gesagt nicht viel. Irgendwie geht schon was, meine Eltern lassen sich immer was einfallen." (!) – „Wie wäre es denn, wenn du dir mit 17 Jahren selbst was einfallen lassen würdest?" – „Oh, oh, oh, Frau Schmid König, was sind denn das für Töne! Ich find' Sie ziemlich cool, aber wenn Sie mir so kommen, das ist ja jetzt Mama im Originalton. Das kann ich auch zu Hause haben, oder nicht?" Das sagt Chris alles ziemlich entspannt und gelangweilt. Super locker eben.

Regelmäßiges Kiffen bringt zum Ausdruck, dass die Realität zuwenig Anreize bietet. Realitätsfremde Stimulanzien müssen her, weil die alltägliche Wirklichkeit kaum Aufforderungscharakter besitzt. Ich sehe Kiffen vorwiegend als Ausweichen vor der eigenen Aktivität und damit Verantwortlichkeit.Wer kifft, ist nicht ganz berechenbar – und darum ist mit ihm auch nicht zu rechnen im Zweifelsfall. Tageskiffer sind keine bösen Menschen, doch sie sind leider sehr passiv. Und je mehr sie kiffen, umso passiver werden sie und desto geringer werden ihre Ansprüche an eine selbstverantwortete Existenz.

6.1.6 Depression

Ein Mensch mit einer Depression kann oft den Blick des anderen nicht halten. Kontakt auf Augenhöhe ist ihm kaum möglich, weil eine schwere Kraft in seinem Inneren ihn hinunterzieht, in die Knie zwingt sozusagen. Hinunter in die Niederungen und erbärmlichen Abgründe seiner Seele, wie er felsenfest glaubt. Wir wissen inzwischen ziemlich genau, an welchen Botenstoffen es im Hirn eines Depressiven mangelt: Serotonin, Dopamin, Adrenalin. Diese drei für das Wohlbefinden und den Selbstschutz so wichtigen Hormone sind ungewöhnlich stark reduziert. Der Hormonspiegel dieser drei Hormone ist auf Tauchstation gegangen oder nicht mehr vorhanden. Deswegen gibt es ja all diese Antidepressiva, die den Serotoninspiegel wiederaufbauen sollen. Die ganze Körperhaltung des Depressiven ist symbolische Ausdruckssprache: Es zieht ihn förmlich runter, der Blick ist auf den Boden gerichtet, die Schultern sind schwer, die Brust wird eingezogen, der Gang ist langsam. „Der schwarze Hund“ ist wieder unterwegs und treibt den Depressiven vor sich her – so das Bild, das Winston Churchill für seine Depressionen gewählt hat. Der Depressive wird innerlich wie äußerlich kleiner, er empfindet seine geistige Potenz als kümmerlich, seine physische als unattraktiv und „verschwindend gering“, wie es eine 18-jährige Patientin ausdrückte. Er möchte eigentlich nur noch wieder ein „Kleiner“ sein, von „dem keiner was will. Und weil das nicht geht, kann ich nicht mehr leben“, fasst Moritz, 18 Jahre alt, seine Situation zusammen. So wie der Magersüchtige sich physisch verschwinden lassen will, will der Depressive sich psychisch verschwinden lassen, weil er sich so, wie er sich in der Depression wahrnimmt, als Versager und Gescheiterter erlebt. Gescheitert woran? An den in frühen Kindheitsjahren unerfüllbaren, laut oder schweigend formulierten Vorgaben der Bezugspersonen. An Kontaktabbrüchen und, in seiner aktuellen Situation, an den nun schon jahre- oder jahrzehntelang verinnerlichten Vorgaben und den daraus resultierenden großen Maßstäben, die er selbst an sich legt. Jetzt sind es nicht mehr Mama, Papa, Opa oder wie sie alle heißen. Jetzt ist er es selbst, der so viel von sich verlangt, dass er scheitern muss. Jetzt ist er es, der sich nur perfekt gelten lässt. Alles andere als Perfektion wäre und ist Anlass, sich in Grund und Boden zu schämen.

Groddeck weist in mehreren seiner Schriften unermüdlich darauf hin, dass unser Körperzustand schon alle notwendigen Hinweise auf Krankheit oder Krankmachendes enthält und aufs Schönste symbolisiert. Gerade bei der Depression können wir dadurch viel erkennen. Groddeck schreibt: „Das Impotenzgefühl begleitet alle Menschen durch das Leben. Solange der Gedanke der Minderwertigkeit sich mit der Hoffnung verbindet, befördert er das Leben [...], macht in Ehrgeiz, Lernbegier, Streben nach Ausgleich der mangelnden Gaben seelische und körperliche Kräfte frei. Gesellt sich ihm der Zweifel oder gar die Verzweiflung zu, so sinkt die Fülle des Lebens [...], Ermattung, Müdigkeit [...] lässt ihn krank werden [...].“. Wolf Büntig wiederum betont, dass viele Menschen heutzutage in einer Haltung „der normalen Depression“ leben – und es nicht einmal merken. Ihr Körper spricht davon, „sie halten sich zurück, halten alles drin, damit ihnen keiner was vorhalten kann, halten alles unten, auch die Schultern, halten alles aus, halten sich abseits, raus, weg.“

6.1.7 Komasaufen

Viele Jugendlichen haben schon einmal gekifft oder waren schon einmal betrunken. Viele meiner Patientinnen nehmen in der Pubertät an Gewicht zu oder ab, machen willentlich herbeigeführte Phasen eines geringen oder gehäuften Kalorienverbrauchs durch. Grundschüler und erst recht ältere Schüler neigen zu großen Schwankungen in ihren Schulleistungen. Das sind keine Krankheiten. Es sind Ausdrucksmittel psychischer Befindlichkeiten, also kein Grund für elterliche Aufregung. Aber hinschauen und dieses Verhalten beobachten sollten die Eltern und anderen Erwachsenen schon.

Wenn das Saufen am Wochenende jedoch die Norm und Hauptsache an der Wochenendentspannung wird, dann sind elterliche Aufmerksamkeit und elterliches Ernstnehmen gefragt.

Die neusten Umfragen unter Jugendlichen verraten Gutes: Das Komasaufen nimmt unter den jungen Menschen ab!

Trotzdem möchte ich hier ein paar Gedanken dazu äußern. Eine Jugendliche, Miriam, 16 Jahre, 10. Klasse Gymnasium, sagte mir als Erklärung ihres enormen Alkoholkonsums am Wochenende: „Ich hau' mir damit die Birne weg. Zuerst schleppe ich mich durch die Woche, und dann will ich abschalten. Das ist der einfache Grund." Miriam hatte manchmal mehrstündige Erinnerungslücken, die mir stellvertretend für sie, der es zu Beginn ziemlich egal war, Angst bereiteten. Große Angst sogar. Einmal entdeckte sie am nächsten Tag Blutspuren an ihrem Slip. Ich habe sie dann gebeten, dass sie sich zumindest unter ihren Freundinnen eine „Aufpasserin" organisiert, mit der sie vereinbart, dass die sie im Auge behält, sobald sie wieder das zügellose Saufen an den Isarauen anfängt. Es gibt in jeder Clique ein Mädchen, das nicht so viel trinkt, doch natürlich in der Peergroup dabei sein möchte. Die „Aufpasserin" ist eine undankbare Rolle, ganz klar, auch im sozialen Kontext einer Peergruppe. Und Ziel muss es in der Therapie natürlich sein, dass die Jugendlichen mit der Zeit selbst Besorgnis und Selbstfürsorge entwickeln können und keine AufpasserInnen mehr benötigen.

Im Saufen sind Wegtauchen und Vergessenwollen die wesentlichen Elemente. Die Jugendlichen trinken im Alkohol ihre Lebensängste weg, die ihnen übrigens oft nicht bewusst sind. Sie haben nur ein diffuses Gefühl von Langeweile. „Das Über-Ich ist im Alkohol löslich", besagt ein Sprichwort. Es sind die Ängste, die unter der Woche aufgebaut werden, Ängste, an den schulischen Anforderungen, den elterlichen Erwartungen oder den selbst gesetzten hohen Erwartungen zu scheitern. Im Alkoholrausch verflüchtigen sich die Schamängste ebenso wie die Alltagssorgen. Jetzt ist es natürlich interessant zu verstehen, warum diese Ängste vor dem Scheitern – viele Jugendliche sprechen lieber von der „Langeweile" als Motiv – so viel größer geworden sind in den letzten zehn Jahren und sich gerade im Symptom des Betrinkens – im Grunde genommen sage ich lieber „Saufen", weil es dem Geschehen gerechter wird – entladen. Vor etwa zwölf Jahren ist das Komasaufen erstmals als sozial organisiertes Phänomen von Alkoholmissbrauch ins Auge der Öffentlichkeit gerückt. In Österreich wurde 2007 der Begriff „Komasaufen" zum Unwort des Jahres gekürt.

Alkoholsucht ist eine orale Sucht. Komasaufen versucht also ein orales Bedürfnis zu befriedigen. Die orale Phase ordnen wir im ersten Lebensjahr ein. Wenn der Säugling nicht genügend Geborgenheit und Bindungssicherheit aufbauen konnte, entwickelt er eine Frühstörung, d. h. die Selbstwert-Organisation eines solchen Kindes bleibt dann im Verlauf des späteren Lebens extrem verletzbar. Novalis suchte sein kurzes, begabtes Leben lang nach der „blauen Blume" als einem Symbol für die Verschmelzung mit der Geliebten, der Alleinheit, der Natur, dem Kosmos. Wir Psychoanalytiker würden etwas weniger romantisch von einer gelungenen Symbioseerfahrung mit der Mutter sprechen. Alkohol ist vergiftete Muttermilch, sagt der Volksmund. Er hat Recht. Ich habe in meinen Praxisjahren kaum Kinder zu Gesicht bekommen, die lange gestillt worden sind und dabei eine Frühstörung entwickelt hätten. Solche lang gestillten Babys können als Schulkinder alles Mögliche haben, auch tyrannische Züge. Doch sie sind belastbarer. Jetzt möchte ich aber keinem Stillmythos hier die Hand reichen. Die einfache und liebevolle Zuwendung mit Fläschchen erzielt dasselbe Ergebnis. Die Sehnsucht bei Novalis, poetisch auf das Bild der blauen Blume übertragen, ist, in eine moderne Sprache übersetzt, die nicht gestillte Sehnsucht nach einer liebevollen und beschützenden Mutter. Offenbar haben viele der heutigen Jugendlichen als Kleinkinder und im Kindesalter davon etwas wenig abbekommen. Doch es sind die wirtschaftlichen Verhältnisse, die einen großen Anteil daran haben! Die jungen Mütter müssen ja arbeiten gehen, um überleben zu können. Zumindest in Ballungsräumen wie München mit seinen horrend hohen Mieten.

6.1.8 Internetsucht

Die Internetsucht ist natürlich eine neue Diagnose im internationalen Diagnoseschlüssel ICD-10, der inzwischen jährlich aktualisiert wird. (Ebenso wie etwa Kiffen, psychogene Essattacken, Entwurzelungssyndrom, Nikotinabhängigkeit, Missbrauch von Opioiden, pathologisches Spielen, Pädophilie, Pornographiesucht, Prüfungsangst, Schreibkrampf, sexuelle Reifungskrise, Transsexualismus, Umweltneurose etc.) Im Abstand von etwa zehn Jahren erscheint seit 1955 eine umfassende, modernisierte Version des Diagnoseschlüssel für psychische und körperliche Krankheiten. Es ist sehr interessant zu beobachten, wie sich die gesellschaftlichen Veränderungen und Bewertungen darin widerspiegeln.

Wann spricht man nun von Internetsucht? Die Onlinesucht betrifft in Deutschland etwa eine Million Menschen, wobei die Schätzungen von 500.000 bis 1,5 Millionen reichen. Also sind etwa ein bis drei Prozent der Bevölkerung davon betroffen. Es gibt logischerweise mehr Internetsüchtige unter den jungen Menschen als in der älteren Bevölkerung. 2,4 Prozent der 14- bis 24-Jährigen werden als internetabhängig eingestuft. Nur bei den 14- bis 16-Jährigen ist die Verteilung zwischen Jungen und Mädchen in etwa gleich. Danach nimmt sie bei den Jungen und jungen Männern wesentlich zu. Die Mädchen und jungen Frauen bevorzugen dabei die sozialen Netzwerke wie Facebook, Instagram, Snapchat, Whatsapp, sie chatten und mailen am liebsten. Die Jungen und jungen Männer hingegen bevorzugen Computerspiele und Portale mit pornografischen Inhalten. Südkorea hat prozentual die meisten Onlinesüchtigen unter den Jungen, wobei verläßliche Zahlen aus den europäischen Ländern und Amerika schwer zu bekommen sind.

Von einer pathologischen Internetnutzung wird erst gesprochen, wenn soziale Kontakte vernachlässigt werden, Grundbedürfnisse wie Schlafen, Essen, Trinken vergessen werden, die Körperhygiene vernachlässigt wird, der Freundeskreis an Bedeutung einbüßt, keine Zeit mehr für sonstige Aktivitäten vorhanden ist. Die Entzugserscheinungen sind dann Nervosität, übermäßige Reizbarkeit, Schlafstörungen, Schweißausbrüche, Appetitlosigkeit, Übellaunigkeit. Eine Mutter schildert mir das Verhalten ihres Sohnes mit den Worten: „Er ist sofort auf 180, wenn ich was will. Ich störe permanent, er will gar nichts mehr, igelt sich ein, interessiert sich für nichts mehr außer für seine ‚Ruhe', wie er es nennt. Er kapselt sich seit über einem Jahr ab. Ich denk' dann immer, vielleicht ist es wirklich nur die Pubertät und wir gehen ihm einfach auf den Geist. War ja bei uns früher auch so. Doch dann sehe ich seine Tränensäcke, sein ungesundes Aussehen, seine vielen Fehltage in der Schule – was wir immer erst im Nachhinein erfahren, mein Mann und ich arbeiten ja tagsüber – seine Unduldsamkeit jedem und allen gegenüber. Dann weiß ich, es ist nicht die Pubertät." Max, dazu befragt im Beisein seiner Eltern, meint nur mit gleichgültiger und monotoner Stimme: „Lasst mich doch einfach in Ruhe. Ihr interessiert mich alle nicht, ja und? Dann heißt halt meine Familie ‚Computer'. Jetzt seid ihr aber angepisst, stimmt's?" Sein Abdriften in die virtuelle Welt hat natürlich eine Vorgeschichte und hat mit vielen Enttäuschungen und erlittenen Verletzungen im familiären und schulischen Kontext zu tun.

Die Sucht tritt nicht immer so klar zutage wie bei Max. Es gibt viele Jugendliche (und Eltern!), die ihre Internetsucht herunterspielen und geschickt verbergen. Da heißt es dann: „Ich muss ein bisschen runterkommen, kann so am besten chillen. So ein Computerspiel beruhigt mich, wenn ich gerade Stress habe. Ist gut zum Abreagieren. Da kann ich mich nachher wieder so richtig konzentrieren." Doch es sei hier nochmals gesagt: Oft geht dieses exzessive Spielen wirklich vorbei. Es ist als eine extreme Ablösungshandlung zu sehen, vor allem dann, wenn die Jugendlichen es mit Eltern zu tun haben, die überfürsorglich sind und ihnen in den Jahren davor wenig Raum für Selbstwirksamkeit zur Verfügung gestellt haben.

Wenn eine wirkliche Internetsucht vorliegt, also die oben erwähnten Merkmale wie Isolation, Vernachlässigung der schulischen Pflichten oder Kontaktlosigkeit auffallen, ist unbedingt eine therapeutische Behandlung nötig. Es tut immer weh, wenn Eltern sich eingestehen müssen, dass ihr Kind nicht mehr erreichbar ist, doch ein Verleugnen der Internetsucht würde bedeuten, dass die Eltern ihr Kind – nochmals? – im Stich lassen. Ich wiederhole hier gerne: Eltern müssen nicht alles richtig machen, doch sie sollten ihr Kind wahrnehmen.

Zweiter Teil

1. Aurelia (64 Jahre, Violinistin)

Aurelia (Pseudonym), ist in Deutschland „meine Schweizerfreundin". Die Herkunft aus demselben Land verbindet, auch wenn dieses Land nur um die Ecke liegt. Als sie mir das erste Mal im Gittner-Kindergarten gegenüberstand, hatten die Worte der Kindergartenleiterin, Chris Gittner, sofort einen besonderen Klang: „Aurelia ist auch aus der Schweiz". – Oh, ein Stück Heimat! Ihre beiden ältesten Kinder waren bereits nicht mehr im Kindergarten, nur die jüngeren zwei. Ihre ruhige Freundlichkeit und große Natürlichkeit nahmen mich für sie ein. Und außerdem, ich verhehle es nicht, das Gefühl, dass die Leiterin des Kindergartens, der uns gleich von mehreren Seiten so ans Herz gelegt worden war, sie mehr schätzte als uns andere Mütter. Mit Aurelia brauchte Chris nie zu „sprechen" wegen des Kindes. Ihre Tochter und ihre Söhne schienen in das dortige Betriebsklima wie hineingeboren zu sein. Es sollte noch etwa 20 Jahre dauern, bis ich begriffen hatte, warum zwischen diesen beiden Frauen, der jüngeren und der älteren, so etwas wie eine tiefe Übereinstimmung bestanden hat – und noch besteht. Diese Übereinstimmung hatte, wie ich jetzt weiß, auch mit ihren biografisch-geografischen Wurzeln zu tun. Von Chris und ihrem einzigartigen Kindergarten wird hier noch die Rede sein. Damals neidete ich Aurelia diese Gefühlssymbiose zwischen den beiden Frauen ein wenig, die nicht künstlich rüberkam, sondern einfach da war. Ich kam mir mit meinem Erstgeborenen überhaupt nicht gelassen und abgeklärt vor. Und ich glaube, dass alle jungen Mütter dort von Chris so etwas wie eine „Zusprechung des Mutterseins" im Sinne von Heiligsprechung erwartet haben, nach dem Motto: „Sag' mir bitte, Chris, dass ich eine gute Mutter bin."

Aurelia schien alles ohne große Anstrengung unter einen Hut zu bekommen: Mutterschaft, Geigenunterricht, Ehefrau, Gastgeberin bei den Hauskonzerten ihres Mannes. Und Freundin, gute Freundin zu sein, schaffte sie auch noch. Ich glaube nicht, dass ich damals die Einzige war, die Aurelia insgeheim bewunderte. Wenig schien sie aus der Ruhe zu bringen. Sie überwachte ihre Kinder nicht, die stellten trotzdem keinen Blödsinn an wie unsere Jungen, ohne dass sie deswegen Musterkinder gewesen wären. Aurelia selbst, ihre Erziehung, alles wirkte natürlich und unverkrampft.

1.1 Ihre Kindheitsserzählung

Wir haben im Englischen Viertel in Zürich gewohnt. Ein Zimmer neben dem anderen. Eine große Wohnung. Ein Raum gehörte nur meinem Vater. Es war sein Reich, mit dem Flügel darin. Dort hat er seine Schüler empfangen. Eine repräsentative Wohnung. Gefühlsmäßig hatte ich den Eindruck, dass ständig ganz viele Menschen bei uns gewohnt haben. Schüler meines Vaters, Mitarbeiter meiner Mutter, wir drei Kinder. Und dann noch M., mein Halbbruder. Mein Vater war in erster Ehe mit einer jungen Pianistin verheiratet gewesen. Sein Sohn M. ging bei uns ein und aus. Er war mein Sommerferien-Bruder.

Das war damals eine junge und inspirierte Generation. Mein Vater saß oben am Tisch. Rauchschwaden. Da war noch eine Köchin. Ich saß beim Kaffeetrinken auf den Schultern meines Vaters. War eine Vater-Tochter, durfte bei ihm vieles. Die Kaffeemaschine, das war ein Spiritusbrenner, darüber eine Glaskugel. Darin hat man das Wasser erhitzt. Der Kaffee ist runtergetropft. Ich sehe es jetzt noch aus der Kinderperspektive. Ein Ritual: Ich durfte einen Würfelzucker in den Kaffee tauchen. Alle hatten Zeit. Es gab kein Fastfood, sondern Zeit. Unsere Köchin war Frau B., weiße Schürze, gedrehte Locken. Sie hatte sich eine Ehre daraus gemacht, für uns alle immer etwas Feines zu kochen. Doch dann hab' ich eines Tages zu ihr gesagt: „Frau B., ich find' es viel schöner, wenn nicht Sie da sind, sondern meine Mama." Daraufhin hat sie gekündigt. Das Personal war für mich ein Ausdruck davon, dass meine Mutter nicht da war. Unsere Mutter hat ihre Mutter- und Hausfrauenfunktionen durch das Personal vertreten lassen. Wir Kinder waren gemein zum Personal. „Frau W., warum hast du so ein hässliches Gesicht?" Sie hat daraufhin geweint. Wenn die Mutter sich verabschiedet hat von uns, hab' ich mich an ihr Bein gehängt. Mein Bruder und ich haben uns verbündet, oh, so oft, und dem Personal Böses nachgerufen. Das Personal konnte nichts dafür. Ich wollte die Mama. Das Zimmer meines Vaters war wie eine Art Heiligtum. Er war Pianist und Professor am Konservatorium. Er war unendlich gütig. Hätte nie geschimpft. Das kam eher von meiner Mutter. Er selber hatte alle Privilegien eines Hausherrn.

Meine Mutter war voller künstlerischer Ideen und wollte auch gerne mit Kindern etwas kreieren. An Silvester gab es immer eine Party im ganzen Haus. Alle kamen in Kostümen. Um Mitternacht haben wir das Fenster zum Hof geöffnet. Kirchengeläut. Und unten, im Garten, hat unsere Mutter ein Glockenballett mit Kindern aufgeführt. Die Mädchen trugen Röcke, die wie Glocken aussahen.

Richtig kultiviert wurden bei uns die Sommerferien. Nizza. Mein Vater war befreundet mit dem adligen Nachkommen eines Schlossbesitzers. Dort, in der Nähe von Nizza, stand mitten im Olivenhain ein einfaches Häuschen für uns. Es war wie in der Wildnis. Die Gastgeberin war eine große Musikliebhaberin. Sie hat sich Musiker wie einen Hofstaat gehalten, hat sich dort umgeben mit jungen Musikern wie meinem Vater. Bis sie gestorben ist, durften wir, auch noch mein späterer Mann und unsere Kinder, dort die Sommerferien verbringen. Es war ganz abgelegen, vom Meer umspült.

Eigentlich war mein Vater ein großer Bergliebhaber. Doch er war lungenkrank. 1955 war eine schwere Operation notwendig. Mein ganzes Leben über hatte ich einen Vater mit einer halben Lunge. Er durfte also einfach nicht in die Berge. Also waren wir halt sechs Wochen am Meer. Jeden Frühling haben die Eltern einen sehr gepflegten Urlaub im Tessin verbracht. Allein. Wir waren noch klein, mein Bruder war vier, ich war zwei Jahre alt. Und wir wurden dann einfach von ihren Freunden betreut. Da hatten sie noch kein Gespür für solche Dinge. Zwar hat unsere Mutter viele Jahre später gesagt, es sei ihr schwer gefallen, die kleinen Kinder abzugeben, von Säuglingen hat sie sogar gesprochen. Doch gemacht haben sie es trotzdem. Wir haben immer Kinderfrauen gehabt. Meine kleine Schwester, die vier Jahre jünger war als ich, ist, sie war jetzt ein Jahr alt, von unserer Kinderfrau verlassen worden, weil die in die Familie eines Neugeborenen wechselte. Diese Trennung hat bei meiner Schwester zu einer Säuglingsdepression geführt. Meine Eltern sind dann zur führenden Kinderpsychologin ihretwegen gegangen, zu einer Frau Meierhofer.

Ich war als Kind rebellisch und frech. Gegen jeden habe ich mich gewehrt, der uns betreuen sollte.

Meine Mutter hat gesprüht vor Ideen. Mit 25 Jahren hat sie sich entschlossen, eine Kinder-Kulturwerkstatt zu gründen. Tänzerische Bewegung und darstellendes Spiel. Sie hat mit den Kindern aus der Nachbarschaft angefangen. Die Gruppe hat sich sehr schnell vergrößert. Unser Vater hat alle Projekte meiner Mutter musikalisch begleitet. Er hat sie immer unterstützt, war der ruhende Pol bei diesen Theateraufführungen. Meine Geschwister und ich hatten auch immer Rollen. Ich war mit vier Jahren eine Elfe in „Zwerg Nase". Das war eine unglaublich beeindruckende Welt, die unsere Mutter uns mit ihren Kulturprojekten geboten hat. Und es war eine Art Entschädigung für ihre häufige Abwesenheit. Sie war 25 Jahre alt, als mein Bruder zur Welt kam. Ich kam zwei Jahre später. Als unsere Mutter 32 war, kam noch unsere jüngere Schwester. Mein Bruder hatte „noch mehr Mutter" als ich damals.

Das jährliche Weihnachtsspiel. Unser Vater hat die Musik dazu geschrieben, das hatte einen großen Zauber. Dieses Weihnachtsspiel war der Durchbruch für unsere Mutter. Es hat ja damals nichts gegeben für Kinder. Sie war eine Pionierin. Sie fuhr mit einem Bauwagen durch Zürich, der von Pferden gezogen wurde. Es entstand eine Art von Wanderzirkus. Obwohl sie blutjung war, wurde unsere Mutter überall respektiert. Sie hat hochdeutsch gesprochen, ihr Leben lang. Allerdings war sie auch manchmal umstritten, denn sie war sehr streng. Bevor sie mit ihrer Kinder-Kulturwerkstatt in Zürich angefangen hat, war sie in München an den Kammerspielen mit „Emil und die Detektive" beschäftigt. Für diese Inszenierung hatte sie einfach Kinder auf der Straße angesprochen, um herauszufinden: Sind die geeignet? Dann folgten Gespräche mit den Eltern. Die Kinder sind, wenn sie nicht gehorcht haben, auch angeschrien worden. Das war damals so. Meine Mutter war ein Energiebündel, von einer Vision getrieben. Sie wollte immer sehen, was sie sich vorgestellt hatte. Sie hatte so starke Bilder und für deren Umsetzung hat sie gekämpft. Davor hat sie keine Ruhe gegeben. Die Kinder waren wie in ihrem Bann. 60 Kinder, Gruppenszenen mussten geprobt werden. Das ging nur, wenn sie Disziplin zeigten.

Es war auch ein Privileg, ihre Tochter zu sein. Ich wurde nie angebrüllt. Ich durfte die schönsten Rollen spielen, da kam auch die Mutter durch bei ihr. Wenn sie zu Hause war, war sie eine intensive Mutter. Sie konnte wunderbar mit uns blödeln. Für uns hat sie ein Puppen-Weihnachten organisiert. Jedes eingeladene Kind durfte seine Puppen mitbringen. Sie hat uns viel, viel vorgelesen. Das war ein großes Element ihrer Erziehung. Was sie in ihr Leben alles reingepackt hat! Sie hat unsere ganze Kindheit gefilmt. Das gibt es alles noch.

Ich hatte eine sehr farbige frühe Kindheit. Mein Bruder wusste früh schon, dass ihn die Kinder-Kulturwerkstatt nicht interessiert. Das machte nichts, die Entscheidung wurde ihm überlassen. Wir hatten viel Freiheit, großen Freiraum. Schon mit sechs Jahren ist er allein auf dem Trottinet (einem Kinderroller) zu einem Freund durch die Stadt gefahren. Da hat sich keiner Sorgen gemacht. Mein Bruder hatte schon als Schulkind viele Interessen, die er ausgelebt hat.

Mutter hatte ganz in der Nähe unseres Hauses ihr Studio, Vater war am Konservatorium. Mittags sind sie alle zum gemeinsamen Essen nach Hause gekommen. Auch die Schwester meines Vaters war eine Powerfrau. Sie war das Patenkind von Hermann Hesse. Sie war eine der ersten Frauenärztinnen in der Schweiz. Sie hat uns drei auf die Welt gebracht. Sie war sehr musikalisch, hat hervorragend Klavier gespielt. Goblin gestickt. Neue Sprachen gelernt. Patience gelegt. Sie hat in einem alten verwunschenen Haus im Zentrum gewohnt. Am Donnerstag war bei ihr „Offenes Haus". Es waren sicher um die 25 Leute, die dort zum Mittagessen kamen, dann meine Eltern, wir drei Kinder. Auch mein späterer Mann war schon dabei. Leider ist meine Tante dann 1992 gestorben. Ich hab' mit 21 bei ihr gewohnt. In der Mansarde. P., mein späterer Mann, hat sich damals heimlich hochgeschlichen. Wir waren ja noch sehr jung. Sie war wie eine Mutter zu uns. Hat alle aufgefangen.

Wir hatten also zwei Familienzentren, eines bei der Schwester meines Vaters, eines bei uns zu Hause. Oder eines beim Papa, eines bei meiner Tante. Dann war da noch die fünf Jahre jüngere Schwester meiner Mutter. Sie hält die Familie bis heute zusammen. Ganz anderer Typ als meine Mutter. Sie hat Mama sehr verehrt. Sie war unersetzlich für meine Mutter. Sie hat selber zwei Kinder, eines von ihnen führt jetzt die Kinder-Kulturwerkstatt weiter. Sie war ein genauso starkes Zentrum. Sie ist meine Patin. Hat mich verwöhnt mit Zuneigung. Ich telefoniere oft mit ihr und fühl' mich bei ihr aufgehoben. Wir sind 13 Enkel, davon acht Mädchen. Und alle haben einen guten Draht zueinander. Wir Cousinen haben einen großen Zusammenhalt und sind in der Familie fast schon legendär. Genauso wie unsere gemeinschaftlichen Beiträge, wie beim Begräbnis meiner Mutter, du hast es ja erlebt.

Als ich sieben Jahre alt war, habe ich im Unterricht meiner Mutter ein Mädchen kennengelernt. Ihre Mutter, C.-L., wurde die beste Freundin meiner Mutter. Das letzte Gedicht, das meine Mutter geschrieben hat, ist ihr gewidmet. Sie war Malerin und Bühnenbildnerin. Sie hat Masken und Requisiten hergestellt. Meine Mutter und sie hatten viel Respekt voreinander. Sie haben sich gegenseitig verehrt und einander unglaublich befruchtet. C., die Tochter dieser Freundin, wurde meine beste Freundin. Sie und ich waren im Theater meiner Mutter ein Team. Ich habe oft bei ihr übernachtet, in ihrer Familie gelebt. Ihr schönes Landhaus war wie ein zweites Zuhause. Im Atelier ihrer Mutter lagen alle Materialien, die man sich vorstellen kann. Ich hatte dafür ein Faible, war glücklich dort. Damals war ich eher gestalterisch als musikalisch unterwegs. C. und ich haben dort extrem viel Raum für unsere kreative Entfaltung bekommen. Wir haben Puppenkleider genäht.

Doch dann hatte C. mit zwölf Jahren eine schwere Operation. Krebs. Ich hörte, wie meine Mutter gesagt hat: „Man muss ihr das Bein abnehmen [...], nein, ist keine Chance mehr." Man hat nicht darüber geredet. Ich durfte als Einzige noch zu ihr gehen. Sie kam noch einmal mit nach Südfrankreich. Man behandelte uns wie mit Samthandschuhen, hab' schon was gemerkt. Sie durfte nochmals im Weihnachtsspiel mitmachen. Ich war wie das gesunde Element in ihrer Familie. Am Anfang ihrer Krankheit haben C. und ich noch eine Zeitschrift gegründet mit

Geschichten, Rätseln. Es entstand ein Abonnentenkreis. Jeder durfte eigene Geschichten reinschreiben. Ein Jahr hat C. noch gelebt. Ich war gerade frisch ins Gymnasium gekommen. Besonders eine Mitschülerin, M. – sie sollte nach C. meine beste Freundin werden – hat C.s Erkrankung mitbekommen. Sie und andere aus der Klasse haben viele Beiträge für unser Magazin geschrieben. Nach C.s Tod habe ich noch drei Ausgaben gemacht. Es war ursprünglich die Idee meiner Mutter gewesen, dass C. und ich doch so eine Zeitschrift gründen könnten. Es war eine gute Idee gewesen. So traurig es auch war, ich war für diese Familie wie der Bote von außen, der ein Stück Normalität reingebracht hat. Ich hatte eine wichtige Rolle. Dabei war ich doch erst zwölf. Und es war ein Privileg, dieses Vertrauen. Nach C.s Tod wurde ihre Mutter mir in der Pubertät eine ganz wichtige Freundin. Sie war anders als meine Mutter. Sie war häuslich und hatte Zeit. Sie wusste alles von mir. Sie hat mir so geholfen bei der Ablösung von meiner Mutter. Hab' dort so viele Stunden und Tage verbracht. Bei ihr hab' ich viel geschimpft über meine Mutter. Meine Mutter hat diese Freundschaft zu C.-L. ohne jedes Wenn und Aber unterstützt. Bei C.-L. habe ich viel für das Theater meiner Mutter gemacht. Requisiten und Bühnenbilder.

Dann kam also M. Ich kannte sie schon lange, weil sie bereits mit sieben Jahren in die Kinder-Kulturwerkstatt meiner Mutter gekommen war. Als C. im Sterben lag, hat sie mich sehr aufgefangen. Das hat uns tief verbunden. Im Sterben meiner Freundin hab' ich entdeckt, wenn auch noch nicht bewusst, dass im Sterben Neues entstehen kann. So war es dann wieder beim Tod meiner Mutter vor vier Jahren. M. und ich sind beste Freundinnen geworden. Unzertrennlich. Durch Dick und Dünn unterwegs.

Ich hab' meinem Mann P. gesagt: Ich bin nie abgewiesen worden von einer Freundin. Durch M. bin ich zur Musik gekommen. Musik war bis dahin nur Beiwerk für mich gewesen. Etwas, das beim kreativen Spiel mit Kindern hilft. Es ging ja immer ums kreative Spiel in meiner Kindheit und Jugend. M. hat sehr gut Klavier gespielt. Und wir haben auch Kammermusik gemacht zusammen. Ich hatte Geigenunterricht, seit ich sieben war. Doch unser Vater war nie ehrgeizig gewesen in Bezug auf seine Kinder und Instrumentalmusik. M. war in der Pubertät eine

Art Regieassistentin meiner Mutter. M. und ich haben dann etwa mit 18 Jahren ein Musikensemble gegründet. Es ging dabei nie darum, wie begabt jemand ist, sondern Musik war Mittel zum Zweck. Und der Zweck war: gemeinsam musizieren. M. war eine so inspirierende Freundin. Wir hatten beide auch eine unglaublich inspirierende Gymi-Klasse. *Es ging für uns alle nicht um* Noten. *Wir hatten begeisternde Lehrer.* Wir waren eine reine Mädchenklasse. Griechisch und Italienisch. Bei jedem Klassentreffen denke ich wieder: Was für beeindruckende Frauen.

Musik war immer nur ein Standbein, kreatives Spiel das andere. Es war nicht eindeutig bei mir. Und die Eltern haben *keinen Einfluss auf unsere Berufswahl* genommen. Ich hab' mich dann doch für Musik entschieden. Vielleicht, weil es einfach das Vertraute war. Musik, da war noch nicht dieser Hype wie heute. Musik als Spitzensport hat mich nie interessiert. Es ging mir darum: Was kann ich zu der Stimmung in der Gemeinschaft beitragen mit meiner Musik. Als ich erwachsen wurde, stand die Welt meines berühmten Großvaters und Vaters nicht mehr so im Vordergrund. Diese Art von Musizieren empfand ich sogar eher als abgehoben.

Als ich zehn war, sind wir weggezogen. Das Ende meiner Kindheit, irgendwie. Ich musste nach Zürich ans Gymnasium pendeln. Hat mir nichts ausgemacht. Meiner Schwester schon. Sie war unglücklich. Auch am neuen Wohnort hatten wir noch Kindermädchen. „Mama, wir brauchen doch keines mehr, sind groß genug, ich mach' das jetzt", entschied ich. Mit zehn Jahren hab' ich dann das Kochen angefangen. Meine Mutter hat nie Kuchen gebacken oder „Guetslis" mit uns gemacht. Doch ich hatte C.-L., M. und – meinen Vater. Mit ihm konnte man wunderbare Gespräche führen. Allerdings nicht, wenn die Mutter dabei war. Dann war sie der Mittelpunkt. Im Alter zwischen 14 und 19 Jahren habe ich meinen Vater immer zum Mittagessen neben dem Zürcher Kunsthaus getroffen. Ich kam vom Gymi runter, er kam von der Musikhochschule nebenan.

Ich konnte alles, was meine Mutter nicht konnte. Improvisieren, nähen, Programme gestalten. Ich konnte alles flicken. Es ging mir gut in dieser Position. Ich war wichtig, konnte mich gut ausleben, hab' unglaublich viel Freiheit gehabt und sie auch gefüllt.

Meine Mutter, die ja im Süden Deutschlands ganz nah an der Schweizer Grenze groß geworden ist, hatte, als sie selbst Kind war und Krieg geherrscht hat, immer Sehnsucht nach der Schweiz. Ich lebe in München und habe genauso immer etwas Sehnsucht nach der Schweiz. Hat es damit zu tun, dass die vier Kinder (auch der vierte ist jetzt in der Schweiz), jetzt, da sie ausgezogen sind, allesamt in der Schweiz gelandet sind?

Ich hab' soviel Raum bekommen, um mich auszuprobieren und zu experimentieren. Das ganze Jahr über waren so viele Aufführungen. Zuhause war vieles nicht so ordentlich aufgeräumt. Woher hätte meine Mutter denn die Zeit nehmen sollen? Doch das hab' ich ja dann „gelöst". Papa konnte zuhören. Er war auch ein väterliches Element für unsere Mutter.

Ich hab' dann Musikpädagogik studiert. Mit 20 Jahren bin ich ans Konservatorium gegangen. Es hat meine Vielseitigkeit schon eingeschränkt. Doch jetzt, mit 64, bin ich wieder so vielseitig wie damals. Mit 21 habe ich meinen späteren Mann P. kennengelernt. Am Konservatorium in Zürich. P. wurde Cellist. Doch auch er hat, wie mein Vater, Musik gefunden, die er für Musikorchester arrangiert. Jetzt ist er glücklich als Cellist und Komponist, ich als Geigenlehrerin und als vieles andere.

1.2 Die heutige Eltern-Kind-Bindung

Nach dem Aufzeichnen der sieben Kindheitserzählungen, die mich teilweise heftig berührt und teilweise ziemlich erschüttert haben, wurde mir klar, dass ich in diesem Buch beim Leser nicht den Eindruck erwecken möchte, dass alle diese Kindheiten wie eine andauernde Katastrophenerfahrung abgelaufen sind. Dann könnten mir meine Leser vorhalten, die Kindheitserzählungen vor 1970, also diejenigen von etwa 1930 bis 1970 mit einem Schwerpunkt der Erinnerungen an die Kriegs- und Nachkriegsjahre, die Wirtschaftswunderjahre und die konsequent gegen die Verdrängung der Nazigräuel aufbegehrende 68er-Generation, seien einfach die Ausnahme gewesen, der berühmte moralisch-ethische Supergau in der modernen Menschheitsentwicklung. Doch dieser Tiefpunkt würde dann ja immerhin seinen eigenen Terminus konterkarieren. Ein 40 Jahre anhaltender Tiefpunkt? Natürlich sind 40 Jahre vor dem Horizont der evolutionären Entwicklung nur ein Pünktchen. Mehr nicht. Doch dieses Buch versucht nicht etwa, sein Schweinwerferlicht auf die gesamte Geschichte der Menschen zu richten. Es will nur über eine Zeitspanne von zwei, drei Generationen berichten, und beleuchten, wie sich in diesen 80 Jahren das Bild der Familie und des Kindes in der Familie verändert hat.

Mir wurde klar: Am Anfang sollte eine Familiengeschichte stehen, die wie eine mögliche Antwort auf die noch folgenden Fragen des Buches wirken kann – ohne dass in ihr schon genauer die „Zutaten" für ein förderliches Familienleben analysiert würden.

Die in ihren eigenen Worten wiedergegebene Kindheitserzählung von Aurelia, an der sie uns gerade teilhaben ließ, hat für mich etwas Exemplarisches, wenn es um die nährende Familie geht. Also um so etwas schwer Greifbares wie ein „Familiengefühl". Ihre Kindheits-Geschichte **musste** deswegen den Anfang bilden.

1.3 Jeder hat zu tun

Was mir als erstes an Aurelias Schilderungen aufgefallen ist: In ihrer Familie sind Klein wie Groß beschäftigt mit eigenen Interessen und Vorlieben. André Stern übrigens, ein, wie es heute heißt „Freelearner" und Autor des wunderbaren Buches „...und ich war nie in der Schule", merkt in seinen Vorträgen immer wieder augenzwinkernd an, dass er gar keine Zeit für die Schule gehabt hätte. Auch in Aurelias Bericht fällt auf, wie wenig sie von der Schule erzählt. Sie war eine gute Schülerin, wie ihre Geschwister auch. Doch die Schule lief in dieser Familie als gewöhnlicher Bestandteil eines Kinderalltags mit. Man machte kein Aufhebens darum. Sie fand einfach statt. Und so war es in Ordnung. Sie spielt dort, wo es um wesentliche Bausteine des eigenen Lebens geht, nicht die alles bestimmende Rolle, wie es heute so viele Familien leidvoll erleben müssen. Die Hausaufgaben wurden gemacht, so schnell und selbstständig wie möglich, unspektakulär, ohne großes Tamtam. Damit man sich dann den außerschulischen Interessen zuwenden konnte. Und das Mädchen Aurelia hatte genug davon. In Aurelias Erinnerung an die ersten 20 Lebensjahre begegnen wir ihr als kleiner Schauspielerin in den Aufführungen ihrer Mutter, sie schneidert Kostüme, entwirft Masken. Sie spielt Geige, musiziert bei den Aufführungen ihrer Mutter, übernachtet bei Freundinnen. Mit zehn Jahren bringt sie sich das Kochen bei, um der Familie und vor allem sich selbst und den Geschwistern die ungeliebten Hausmädchen und Köchinnen zu ersparen. Sie räumt zu Hause auf, putzt. Mit zwölf Jahren gründet sie eine Zeitschrift. Aurelia hat zu tun, ob als Kind oder als Jugendliche. Sie ist beschäftigt – wie ihre Eltern!

Doch – und ich glaube, dass mir dieser wichtige Umstand am meisten Eindruck gemacht hat – die Familie ist eng aufeinander bezogen. Die berühmte Mutter ist tagsüber nicht unterwegs, – oder vielleicht doch! – weil es für sie Erfüllenderes gibt als Mutter- und Hausfrauenpflichten, sondern weil sie Visionen hat, weil sie den Kindern der 1960er-Jahre Inhalte vermitteln möchte, mit denen sie schon in Deutschland ganz selbstverständlich aufgewachsen ist.

In dieser erzählten Kindheit fällt auf, wie gut und respektvoll alle in der Familie miteinander umgehen. Jeder unterstützt den anderen, so gut er kann. Jeder aus der Familie trägt zum erfolgreichen Gelingen der Familienhomöostase, also des Gleichgewichts innerhalb der Familie, bei. Jeder interessiert sich für die „Projekte" des anderen. Und wenn Aurelias Bruder sich nicht anstecken lässt von den mütterlichen Visionen des kreativen Spiels, so wird er deswegen in der eigenen Familie für sein Desinteresse nicht bestraft und sanktioniert – etwa mit Ignoranz oder emotionalem Ausschluss –, sondern in seinen eigenen Leidenschaften unterstützt. Auch der erfolgreiche Musiker-Vater erwartet nicht, dass seine Kinder erfolgreiche Musiker werden. In der Vater-Tochter-Beziehung finden wir ebenfalls diesen ungemein toleranten Spielraum. Mein Interesse muss nicht deines sein. Finde du selbst heraus, was dich erfüllt – ich helfe dir dabei. Wir stellen dir nur den entsprechenden Rahmen zur Verfügung. Vertrauensvoller kann eine Eltern-Kind-Beziehung nicht sein, als sie hier abgebildet ist. Das heißt beileibe nicht, dass diese Familie perfekt war!

Jeder in dieser Familie, und jetzt kommen wir zu einem ganz wesentlichen Punkt, scheint das zu tun und überdies gerne zu tun, was ihm wesenseigen ist. Eine goldene Familienregel, deren Einhaltung sich übrigens auch unter Aurelias Kindern wiederfinden lässt. Keinem ist bei seinen Berufsplänen reingeredet worden. Ich selbst konnte über Jahre verfolgen, wie alle vier Kinder Aurelias auf unsere üblichen, nicht sonderlich originellen Erwachsenenfragen bei den Hauskonzerten ihrer Eltern nach der beruflichen Zukunft ganz locker antworteten, dass Verschiedenes in Frage käme, und dass die Zukunft es zeigen werde. Und das tat sie bei jedem von ihnen dann auch. Im Gegensatz zu den Eltern, die beide Musiker sind, hat keines der vier Kinder den Berufsweg der Eltern eingeschlagen, obwohl alle vier musikalisch sind und der Drittgeborene etwa mich mit seiner einstigen Jugend-Band „Angaschämeng“ (bestehend aus vier Rockcellisten) über Jahre begeistert hat.

Noch ein zweites Merkmal zieht sich wie ein roter Faden durch Aurelias Kindheitserzählung: Man hat Aurelia etwas zugetraut. Natürlich ist der elterliche Umgang mit den Kleinkindern, Aurelias Mutter spricht von den „Säuglingen“, nicht zur Nachahmung empfohlen. Einen Säugling sollte man, auch wenn es akute Gründe, etwa medizinischer Art etc., gibt, einfach nicht allein lassen. Ein Säugling kann von der hirnorganischen Entwicklung her gesehen, eine Trennung über mehrere Tage noch nicht verarbeiten. Er verliert nach etwa sechs Tagen sein Mutterbild, so wie ich es damals nach dreiwöchiger Trennung von meiner Mutter verloren habe. Der Verlust des Mutterkontakts und -bildes ist wie der Auftakt zu einem kleinen Sterben. Trotz guter physischer Betreuung beginnt die Seele abzusterben. Das wissen wir heute. Heute – nicht aber in den 1950er- oder 1960er-Jahren. Ein Säugling, der tagelang ohne die Mutter auskommen muss, ist enorm gestresst und von der hirnorganischen Entwicklung her einfach noch nicht ausgerüstet, mit diesem Stress, den wir uns wie einen Tsunami im kindlichen Nervensystem vorstellen müssen, umgehen zu können. Sein Schreien hört irgendwann auf, was katastrophalerweise von Eltern und Betreuungspersonal auch heutzutage noch oft als Entspannung fehlinterpretiert wird. Diese scheinbare Entspannung – Weinen ist jetzt nicht mehr zu hören und es kehrt auch nicht wieder – ist der Eintritt des Babys in die Säuglingsdepression. Für diejenigen, die ins Babybettchen schauen, ist nur ein ruhiges, nicht mehr anstrengendes, etwas in sich gekehrtes

Baby zu sehen – das allerdings keine aufmerksame Augentätigkeit mehr zeigt. Es nimmt keinerlei Kontakt mehr auf, weder mit den Augen, noch mit dem Körper. Doch dafür ist die Ruhe im Babysaal oder im Kinderzimmer mit solchen Babys garantiert wiederhergestellt. Das hört sich jetzt etwas zynisch an, doch wenn man selbst einmal Opfer solcher Umstände war, steht einem, wie ich finde, diesbezüglich ein Leben lang das Recht auf etwas Sarkasmus zu.

Aurelias Mutter war nicht recht wohl bei dem Gedanken, ihre kleinen Kinder allein zu lassen – wenn auch von vertrauten Freunden gut betreut. Doch ihr Wunsch, mit ihrem Mann allein in Urlaub zu gehen, hat die Bedenken weggewischt. Wie gesagt: Aus kinderanalytischer Sicht mag es hier als bedenklich angesehen werden beim geringen Alter des einen Kindes (wenige Lebensmonate), doch aus paarpsychologischer Sicht ist eine solche Haltung grundsätzlich zu begrüßen. Nur sollte sie zu einem späteren Zeitpunkt stattfinden, selbstverständlich.

Eltern, die kein Liebespaar mehr sind und trotzdem zusammenbleiben, sind selten gute Eltern (s. mein letztes Buch : „Damit Kindern kein Flügel bricht"). Wenn Paare den Paartherapeuten aufsuchen, weil ihnen im 20-jährigen Familienleben die Liebe abhandengekommen ist, gestaltet es sich oft erstaunlich mühsam, bei den Eltern eine Bereitschaft für einen Urlaub zu zweit zu erwecken. Obwohl in diesen Familien die Kinder schon länger keine Säuglinge mehr sind – und also durchaus ein Wochenende oder eine Woche von Freunden der Familie betreut werden könnten – scheitert der Vorschlag der Therapeutin, einen Urlaub zu zweit wieder einmal zu wagen, am Widerstand der Eltern.

Ein Paar kam zu mir, als die einzige Tochter zehn Jahre alt war. Die Idee eines Paarurlaubs wurde von der Frau abgelehnt mit der Begründung, die Tochter sei ihr „dafür einfach noch zu klein." Sechs Jahre später kam das Paar wieder. Jetzt war die Ehekrise in ein nicht mehr zu verdrängendes, dramatisches Stadium gerutscht. Trennung stand im Raum. Trotzdem wollten beide nochmals einen Versuch miteinander wagen. Wir kamen wieder auf einen Paarurlaub zu sprechen. Frau M.: „Also unsere Tochter ist 16. Da lass' ich sie nicht gern allein. Was glauben Sie, was der alles einfällt in unserer Abwesenheit!" Jetzt war die Tochter also nicht mehr zu klein, jetzt war sie zu groß und zu einfallsreich. Was würde hingegen die Mutter in weiteren sechs Jahren sein? Zu einsam, zu traurig, zu unzuverlässig?

Weil mir dieses erneute Ausweichmanöver so ins Auge sprang, habe ich die Eltern direkt darauf angesprochen: „Vor sechs Jahren stand Ihrem gemeinsamen Urlaub das Alter Ihrer Tochter im Wege. Jetzt ist es ihre von Ihnen vermutete Unberechenbarkeit. Was könnte es denn in sechs Jahren sein?“ Der Vater sagte spontan: „Dann ist sie weg!“ Die Mutter blickt ihren Mann entsetzt an: „Bist du verrückt, warum sollte sie denn mit 22 schon ausziehen! Willst du sie loswerden? Warum sollte sie dann schon weg sein?“, und schon befand sich das Paar mitten in einem vorwurfsvollen Streit.

„Vielleicht möchte Ihr Mann dann weg sein, **Sie** loswerden?“, fragte ich mit ruhiger Stimme nach. Stille. Daraufhin flossen Tränen, zahllose. Frau M. sagte mit erstickter Stimme: „Wir hätten uns doch schon vor sechs Jahren trennen sollen, nichts hat sich verbessert.“ Herr M. fühlte sich sichtlich unbehaglich, warf mir einen entschuldigenden Blick zu: „Sie hängt einfach so an unserer Tochter, sie kann nicht anders.“ – „Und was können Sie, was haben Sie in den sechs Jahren unternommen in Sachen Ehe?“ – „Ich häng' ja auch an unserer Tochter“, antwortete er etwas verlegen.

„Wissen Sie, dass mir Ihre Tochter leidtut?“ Beide waren sofort vereint und gestärkt in ihrer Empörung über meine Worte. Doch vielleicht waren sie auch nur verwirrt. Frau M. hörte auf zu weinen.

„Sie benutzen Ihre Tochter wie ein Feigenblatt für Ihre eheliche Passivität. Sie ist Ihnen beiden wichtiger als Ihre Ehe, Ihre Liebesbeziehung. Glauben Sie wirklich, dass ein Kind das mag, dieses grauenhafte Gefühl von Bedeutung angesichts der bedeutungsarmen Beziehung, die die Eltern miteinander führen? Kinder, die den Eltern wichtiger sind als sie selbst, sind keine glücklichen Kinder. Es sind überforderte Kinder!“

(Die Tochter dieses Paares ist übrigens mit 19 Jahren ausgezogen. Und die Eltern sind auch ohne die Anwesenheit der Tochter wieder ein ziemlich entspanntes Paar geworden.)

Solche Kinder müssen ja den „Verzicht“ der Eltern auf eine eigene glückliche Beziehung belohnen, und zwar mit guten Schulleistungen, einem guten Abi, einem erfolgreichen Studium. Tochter oder Sohn bleiben unbewusst bei solchen Elternkonstellationen ein Leben lang in der Schuld der Eltern. Eine Schuld, die sie so nie wollten. Ich kenne kein einziges Kind, keinen einzigen Jugendlichen, der von seinen Eltern den Verzicht auf ein eigenes Leben verlangen würde, doch kenne ich viele Kinder, die genau so aufwachsen.

„Meine Mutter hat sogar auf ihren Freund verzichtet, damit sie ganz für mich da sein konnte", berichtete meine Patientin Mira. – „Mein Vater hat diese neue berufliche Herausforderung doch nur angenommen, damit er mir das Studium finanzieren konnte. Er hat einfach den Stress deswegen nicht mehr ausgehalten (sein Vater hat sich das Leben genommen)", erzählte mir Patrick. „Meine Eltern sind nur zusammengeblieben, damit es mir an nichts fehlt und ich kein Scheidungskind werden muss, denn ‚die reißen schulisch nichts mehr', behauptet mein Vater", ließ mich Lisa wissen.

Wenn ich solche Sätze von meinen jugendlichen Patienten höre, würde ich am liebsten losschreien. Die Eltern anschreien und ihnen sagen: Hört doch auf, eure Kinder anzulügen. Warum sagt ihr ihnen nicht die Wahrheit? Nämlich,
- dass ihr im Moment nicht die nötige Kraft habt, um an der Beziehung zu arbeiten,
- dass ihr nicht den Mut habt, eine neue Beziehung auszuprobieren,
- dass ihr nicht den Mut zur Trennung habt, auch wegen der damit verbundenen wirtschaftlichen Einschränkungen,
- dass ihr selbst glaubtet, euch mit dem erneuten Karrieresprung etwas beweisen zu müssen und dass ihr den neuen Posten nicht nur aus wirtschaftlichen Gründen annehmen musstet, wegen der hohen Schulden auf dem Haus,
- oder dass ihr so verletzt wart durch die Trennung, dass ihr nie über die Kränkung hinweggekommen seid und Jahre nach der erfolgten Trennung immer noch den Vater/die Mutter eurer Kinder mit Hass verfolgt.

In der Kindheitserzählung von Aurelia gibt es diese Lügen nicht. Wenn es an Liebe gemangelt hat, hat man sich (wie der Vater) voneinander getrennt und einer neuen Liebe geöffnet. Aurelias Eltern haben sicherlich nicht alles richtig gemacht, weil das uns Menschen nicht möglich ist, weder im eigenen noch im gemeinsamen Leben. Doch sie hatten ein großes und tiefes Interesse aneinander. Wie erinnerte sich Aurelia: „Wenn die Mama kam, gab es für unseren Vater nur noch sie. Deswegen hab' ich es genossen, wenn sie mal nicht da war, dann bekam ich seine ganze Aufmerksamkeit."

Das ist normal. Das wäre normal. In wie vielen Familien dürfen Kinder denn erleben, dass für die Mutter oder den Vater ein bisschen die Sonne aufgeht, wenn der geliebte Partner durch die Haustür tritt? Sehr oft höre ich das Gegenteil. Die Sonne geht noch etwas schneller unter. Oder, noch schlimmer, die Heimkehr des Vaters wird mit einer Drohung verknüpft: „Wart' nur, bis der Papa nach Hause kommt!"

Auch ich habe zu solchen Formulierungen gegriffen, wenn ich wütend, erschöpft oder hilflos war. Doch es waren Ausnahmen und nie die Regel. Ich habe mich in diesen Augenblicken mütterlicher Hilflosigkeit gleich noch etwas erbärmlicher gefühlt, wenn ich meinem Sohn gegenüber den Vater als Angstfigur ins Spiel gebracht habe. Keine Mutter und kein Vater operieren immer auf der Höhe ihrer Möglichkeiten. Manchmal bleiben wir Eltern schon recht unter diesen Möglichkeiten. Doch das ist und bedeutet Erziehung: Die Niederungen unserer wiederholt geballten Hilflosigkeit durchstehen zu können, bis wieder mehr Kraft und Geduld zurückkehren und uns im normalen, doch recht hitzigen Geschäft der Erziehung beistehen.

Das erfolgversprechende Merkmal einer gelungenen Erziehung, nämlich dem eigenen Kind etwas zuzutrauen, wird in Aurelias Kindheitserzählung sehr schön sichtbar. Beide Eltern sind erfüllt von ihrer eigenen Aktivität – und können sich für ihre Kinder gar nichts anderes vorstellen, als dass diese es genauso machen wie ihre elterlichen Vorbilder. Wobei hier zu beachten ist, dass weder Mutter noch Vater sich um ihre Vorbildfunktion sonderlich bemühten. Sie waren sich einfach ihrer Verantwortung als Eltern bewusst. Beide Eltern lebten nicht das Leben ihrer Kinder mit – was ich heute sehr oft beobachte! –, sondern die Kinder hatten sich und ihre Bedürfnisse entlang dem Leben der Eltern zu organisieren. Dort gab es allerdings viel zu holen, zu lernen und mitzunehmen in den eigenen Kinderalltag. Schon sehr früh, nämlich mit zehn Jahren, hatte die kleine Aurelia kapiert: Wenn ich etwas verändern will, muss ich der Mutter mit einer Idee kommen. Und ihre Idee war es, statt dem ungeliebten Personal den Haushalt zu überlassen, ihn selbst zu erledigen! Und die Mutter ging darauf ein.

Aus heutiger Sicht könnte man an dieser mütterlichen Haltung herummäkeln. Man kann doch eine Zehnjährige nicht kochen und sogar den Haushalt führen lassen! Warum nicht, wenn es der Wunsch des Mädchens ist, und dieses Mädchen dadurch Selbstbewusstsein und ein tief befriedigendes Gefühl von Kompetenz gewinnt. Dieses Mädchen war nicht zufrieden mit der häuslichen Situation und traute sich zu, diese zu verändern. Und die Mutter ging darauf ein, weil sie ihr eigenes Defizit im häuslichen Bereich spürte, aber vielleicht auch sah, wie die Tochter unter der Anwesenheit des Personals litt. Wie stolz muss es ein Kind machen, wenn die Mutter ihm so viel zutraut! Aurelias Mutter hätte ebensogut beleidigt reagieren können, ihre aufbegehrende Tochter als undankbar (etwa mit den Worten: „Jetzt habt ihr so nettes Personal. Ich sorge doch dafür, dass es euch in meiner Abwesenheit an nichts fehlt“ etc.) beschimpfen, das Verhalten der Tochter als Kritik an ihren wohl bescheidenen hausfraulichen Qualitäten missverstehen können.

Wie oft habe ich Mütter vor mir sitzen, die schon auf einen eigenen interessanten Berufsweg zurückblicken können, und jetzt, mit gegen oder über 40 Jahren, von sich erwarten, dass sie alle Zufriedenheit und Erfüllung in ihrer Rolle als Mutter finden müssten. Wenn ich dann trocken und einfühlsam zugleich (ja, das geht) zu bedenken gebe, dass „Sie 38 Jahre lang doch auch ohne Kinder ganz lebendig waren“, und frage, „nehmen Sie Ihre Hausfrauen- und Mutterrolle nicht etwas zu wichtig, muss es denn so viel Mutter sein?“, dann höre ich oft Protest. Das gehe doch gar nicht anders, sie wolle doch ihre Sache gut machen, sie sehe doch, wie andere Mütter sich „pausenlos“ um ihre Kinder kümmerten. Sicherlich, so ein bisschen Mutter sein, etwa in Gestalt einer „schönen Gutenacht-Mutter“, wie sich eine taffe Bankerin schmunzelnd bezeichnete, das geht nicht. Das ging nie. Doch was fürchten diese Frauen, wenn ich gerade versuche, sie zu entlasten, ihren Blick wieder vermehrt auf eigene Bedürfnisse zu richten? Es ist Angst. Eine Mutter sagte es ganz deutlich: „Wenn ich da mehr loslasse, habe ich Angst, dass ich keinen Bock mehr habe auf das ewig Gleiche jeden Tag. Jeden Tag dieses Theater mit der Schule, den Hausaufgaben, die ganze Ungewissheit, ob meine Kinder es schulisch schaffen, man wird ja so verunsichert."

Frau B. hat eben das zweite von drei Kindern eingeschult. Die Lehrerin ihres ersten Kindes habe gesagt, so erinnert sich Frau B., die Eltern sollen nicht mit den Kindern zu Hause arbeiten. Die neue Lehrerin ihres Sohnes habe jetzt hingegen gesagt, die Eltern sollten jeden Tag bezüglich der Hausaufgaben Bescheid wissen und gegebenenfalls bei den Hausaufgaben helfen. „Ja, was jetzt, helfen oder nicht?!" – „Was würden Sie denn gerne tun?" – „Natürlich nicht jeden Abend noch Hausaufgaben mit dem Sohn machen, wäre ja gelogen, wenn ich jetzt behaupte, ich hätte Spaß daran." Sie sei doch abends auch müde, weil sie wieder angefangen habe zu arbeiten. Aber das musste sein, ihr sei ja jetzt fünf Jahre lang fast die Decke auf den Kopf gefallen. „Ich erkenn' mich kaum wieder. Ich war früher so eine lustige Person, jetzt seh' ich überall nur Probleme. Es war falsch, mit dem Arbeiten aufzuhören, als meine Älteste zwei Jahre alt und ich wieder schwanger war." (Frau B. ist Übersetzerin.) Sie habe die Kinder nicht in die Krippe geben wollen.

1.4 Krippe, ja oder nein?

Zu dem Zeitpunkt, als meine Kinder vor bald 30 Jahren im Krippenalter gewesen wären, hat sich mir diese Frage gar nicht gestellt. Meistens haben nur Frauen in wirtschaftlicher oder sozialer Notlage ihre Kinder in die Krippe gegeben. Es war selbstverständlich, dass wir Mütter uns um die Kinder kümmerten, bis sie das Kindergartenalter erreicht hatten. Einige Mütter, unter anderem auch ich, arbeiteten stundenweise. An vier Abenden in der Woche war ich mit meiner Weiterbildung zur Kinderpsychoanalytikerin beschäftigt und mein Mann übernahm die Kinderbetreuung. War das schön, wenn ich am Abend die Tür hinter mir schließen und ins Institut fahren konnte! Jetzt durfte ich mich wieder mir zuwenden, es ging wieder mal um mich und meine persönlichen Pläne und Interessen. Ich habe keine Durststrecke erlebt, musste nicht pausieren, wenn es um meine eigene Lebensplanung ging, auch wenn ich einige Jahre lang die Haupterziehende war, weil mein Mann der Hauptverdiener war. Und ich behaupte inzwischen, nach vielen Begegnungen mit Müttern, dass wir Frauen uns in diesem Punkt überhaupt nicht von unseren Männern unterscheiden. Unsere Männer, die Väter unserer Kinder, pausieren ja auch nicht in ihrer Berufsplanung! Niemand, keine Regierung dieser Welt, würde den Männern abverlangen, was uns Frauen über Generationen als selbstverständlich suggeriert worden ist: der Verzicht auf ein eigenes Leben zugunsten der Familiengründung.

Im Internet kursierten vor Kurzem wieder die Regeln für Frauen, die 1955 eine „gute Ehefrau" sein wollte. Der Kuriosität halber einige Punkte daraus:

- Bereite das Essen vor, sodass es fertig ist, sobald der Mann nach Hause kommt. So zeigst du ihm, dass du während seiner Abwesenheit an ihn gedacht hast, und du kümmerst dich um seine Bedürfnisse.
- Unterbrich die Arbeiten 15 Minuten, bevor er zurückkehrt, sodass du dich zurecht machen kannst. Zieh etwas Sauberes an, schminke dich und steck' dir eine Schleife ins Haar.
- Mache den Abend zu seinem Moment. Sei nicht aufgebracht, wenn er spät kommt oder außerhalb isst, anstatt seine Zeit mit dir zu verbringen. Versuche zu verstehen, dass sein Leben voll von Stress ist und er sich entspannende Momente verdient hat.

Den Verzicht auf ein eigenes Leben kenne ich persönlich allerdings nicht aus meiner Familie. Weder meine Großmutter noch meine Mutter wären auf die Idee gekommen, nicht zu arbeiten, sich nicht ihr eigenes Geld zu verdienen. Trotzdem hatten beide ein natürliches Gespür dafür, dass ein kleines Kind eine Hauptbezugsperson braucht.

1.5 Zwei Frauengenerationen ins Private verbannt

In der entstehenden Wohlstandsgesellschaft Ende der 1950er-Jahre des letzten Jahrhunderts zogen sich die Frauen, die Mütter wurden, ins Private zurück. Plötzlich war eine Mutterrolle angesagt, die es so nie gegeben hatte, zumindest nicht in der breiten Bevölkerung: Die Frau wurde auf die Rolle als Hausfrau und Mutter reduziert. Vorher arbeitete frau entweder auf dem Hof mit, alle Tage des Jahres und selbst noch kurz vor der Entbindung eines weiteren Kindes, oder sie war, im Stadthaushalt, im Geschäft des Mannes beschäftigt.

Im Zuge der boomenden Wirtschaft verdienten die Männer nun besser als vor dem 2. Weltkrieg, ein zweites Einkommen war in den Wirtschaftswunderjahren nicht nötig. Der zunehmende materielle Wohlstand sorgte dafür, dass die Frau aus dem Arbeitsleben allmählich verschwand, ohne dass sie selbst es bemerkt hätte. Sie war einfach irgendwann nicht mehr vorhanden. In vielen Unternehmen wurde die berufstätige Frau überflüssig, die in Deutschland gerade noch die bewunderte Trümmerfrau gewesen war. Die deutsche und westliche Arbeitswelt wurde männlich. Von einigen weiblichen Exoten in der Rechtssprechung, in der Medizin, im Bildungswesen (Fräuleins unterrichteten mich meine ganze Grundschulzeit über) abgesehen, besuchten wir Frauen einen Gynäkologen, keine Gynäkologin, ließen uns bei rechtlichen Streitigkeiten durch einen guten Anwalt vertreten, gewöhnten uns daran, dass Vorstandsetagen gar nichts anderes sein konnten als männlich.

Diese altvertrauten Bilder sind gerade dabei zu verblassen. In einigen Jahren werden sie für die wie selbstverständlich in den Berufsalltag aufbrechenden jungen Frauen nur noch wie Vergangenheitskolorit wirken. Denn die junge Frauengeneration denkt sich gar nicht mehr ohne Beruf. Und es könnte durchaus passieren, dass die modernen jungen Mütter dann genauso denken, wie der Ich-Erzähler im autobiografischen Roman „Lieben“ von Karl Ove Knausgard: „Ich, dem es völlig egal war, in welchen Kindergarten Vanja ging, der nur wollte, dass dieser sie für mich betreute, damit ich täglich ein paar Stunden in Ruhe arbeiten konnte, ohne zu erfahren, was ihr widerfuhr und wie es ihr ging, ich, der ich keine Nähe in meinem Leben wollte, der gar nicht genug Distanz bekommen, nicht lange genug allein sein konnte, musste dort auf einmal eine Woche als Angestellter verbringen und mich intensiv mit allem beschäftigen." Der Ich-Erzähler hat seine Kinder in einem Elterninitiative-Kindergarten untergebracht, in dem jeder Elternteil ab und zu mitarbeiten musste. Was Knausgard da in der verhüllenden Figur des Ich-Erzählers offen zugibt, ist – ehrlich. Mehr nicht. Diese Ehrlichkeit steht nicht nur Vätern gut, sondern auch den heutigen Müttern. Die Erfahrung zeigt, dass mit denjenigen unter den Eltern am besten zu arbeiten ist, die zu ihren ungenormten Gefühlen stehen. Die Norm wäre: Es interessiert mich alles, was mit meinem Kind zu tun hat. Ich will immer wissen, wie es meinem Kind geht.

Ich selbst kann mich gut erinnern: Wenn die Kinder im Schullandheim waren, war mein erster Gedanke: Toll, dass ich mal ein paar Tage für mich habe – und mein zweiter Gedanke: Hoffentlich ruft niemand an!

Es ist doch erst eine Generation her, dass die jungen Mütter sich gar nicht mehr ohne Beruf denken **wollen**! Wir wollten nicht mehr vor 20 Jahren, die jetzigen jungen Frauen und zukünftigen Mütter können es sich gar nicht mehr vorstellen, ohne eigenen Beruf zu sein. Und das gefällt mir. Zu den Implikationen dieses anderen, noch so frischen neuen Frauen-Selbstbildes kommen wir im dritten Teil.

2. Chris Gittner (81 Jahre, Kindergartengründerin)

Chris leitet seit 50 Jahren den Gittner-Kindergarten in München. Es ist meines Wissens der einzige Kindergarten in München, der keine Vorschule anbietet. „Wozu Vorschule? Es haben noch alle Kinder lesen und schreiben gelernt. Manche lesen schon im Kindergarten, manche später, mehr gibt es dazu nicht zu sagen," so Chris in ihrer lakonischen Art dazu. In meinem letzten Buch habe ich ihr Verständnis davon, dass ein Kindergarten nicht zufällig diesen Namen trägt, sondern ein Garten für Kinder sein sollte, bereits beschrieben. Also konzentriere ich mich jetzt in meinem Kurzporträt auf diese eigensinnige und unerschrockene

Frau selbst, die nun seit elf Jahren schon ohne ihren nicht minder kreativen Mann Bernd an der Seite zurechtkommen muss.

Die 81-jährige Chris ist eine Institution in Grosshadern, im Münchner Süden. Wir jungen Mütter hatten damals, vor 25 Jahren, einen gehörigen Respekt vor ihr. Wenn wir unsere Kinder in ihren Kindergarten gebracht haben, sah sie immer und aussschließlich die Kinder. Die Kinder wurden begrüßt. Kein Kind konnte reinschlüpfen, ohne dass Chris es wahrgenommen hätte. Wir Eltern waren nicht wichtig. Meine zwei Kinder, die im Abstand von zwei Jahren zu ihr kamen, waren schon nach kurzer Zeit an dem Punkt, dass sie mir vor der Tür sagten: „Brauchst nicht reinzukommen." Ich kann mich nicht erinnern, dass es Phasen gegeben hätte, in denen sie nicht in den Kindergarten wollten. Natürlich gab es auch hier mal einen „Ich-geh-heut-nicht-in-den Kindergarten-Tag", wenn gerade der beste Freund oder die beste Freundin „untreu" war. Für mich war dieser Kindergarten eine große Erleichterung, steckte ich doch gerade in meiner Ausbildung zur Kinderpsychoanalytikerin. Wenn wir sie abholten – Chris bietet bis heute bewußt keinen Ganztageskindergarten an, sondern die Eltern haben die Wahl zwischen Vormittags- oder Nachmittagskindergarten – kamen wir Eltern etwas früher. Wegen der anderen Eltern im Vorhof oder Garten. Die Gespräche mit ihnen sind mir in guter Erinnerung geblieben. Chris legte großen Wert darauf, dass sich auch unter den Eltern Kontakte ergaben. Meine wichtigsten Frauen-Freundschaften sind dort entstanden und dauern bis heute an. Schon bald übernachteten andere Kinder bei uns, unter der Woche, am Wochenende. Dann waren wiederum unsere Kinder bei ihren Freunden zum Übernachten eingeladen. Dies waren regelmäßig wiederkehrende Highlights im noch jungen Kinderleben. Noch vor der Einschulung durften die Großen für eine Woche auf Chris' Bauernhof im Allgäu fahren. Ich kann mich nicht erinnern, dass auch nur ein Kind zu Hause geblieben wäre. Egal, ob es Kinder gab, die noch einnässten oder zu Hause Mutters Klammeräffchen waren, es gingen alle mit.

Die Kinder aus „Chris' Garten" waren und sind bei den Erstklasslehrern in der Umgebung beliebt. Die Grundschullehrerin Marina Adamesz hat es 1998 so ausgedrückt: „Wenn wir Erstklässler aus dem

Gittner-Kindergarten bekommen, wissen wir, dass wir uns wenig um sie kümmern müssen. Sie sind sehr sozial und selbstbewusst, arbeiten selbstständig und sind handwerklich geschickt und, ja, vielleicht das Wichtigste, aktiv im Kontakt. Bei Aufführungen kann man ihnen unbesorgt die Hauptrolle anvertrauen.“ Ich weiß noch, wie meine Tochter in der 2. Klasse Ronja Räubertochter spielen durfte. Ich wäre in ihrem Alter gestorben vor Angst und Aufregung. Sie ist das Rollenlernen ganz unbekümmert angegangen. Einen Tag vor der Aufführung kam sie und meinte, sie müsste noch etwas Passendes zum Anziehen haben. „Halt so, Mama, wie Ronja eben aussieht, weißt du? So einen halblangen Rock und ein Band um die Haare, so irgendwie.“ Kein Wunder, dass sie so entspannt war, hatte sie doch schon bei Chris das Theaterspielen und Verkleiden als selbstverständlich erfahren.

Viele Jahre später hab’ ich Chris gesagt, dass sie einen großen Anteil daran hatte, dass meine Kinder gut durch die Pubertät gekommen sind. Sie haben in ihrem Jugend- und späteren Erwachsenenleben dort weitergemacht, wo sie bei Chris als Klein- und Grundschulkinder aufgehört haben. Nach dem Kindergarten war mein Sohn noch bei Bernd Gittner in der Malgruppe. Und viele ehemalige Gittner-Kinder sind nach der Malschule mit zehn Jahren in den Gittner-Kindergarten zurückgegangen, doch jetzt in die Theatergruppe von Chris und Bernd. Im Prozess des Theaterspielens haben sie viel Stabilität bekommen. Bernd und Chris haben sie mit ihrem weit über Großhadern hinaus berühmten Kinder- und Jugendtheater durch die schwierigen Pubertätsjahre gelotst. Ganz normale Kinder waren das, mit Pubertätskrisen, schulischen Abstürzen, alterstypischen Gefühlen von Unverstandensein und Einsamkeit.

Ich bin mir inzwischen sicher, dass viele von ihnen dank Bernd und Chris besser durch diese schwierigen Jahre der Selbstfindung gekommen sind, als es ohne diese zwei wunderbaren Menschen der Fall gewesen wäre.

2.1 Ihre Kindheitserzählung

„Ich bin gerade noch ein Friedenskind, 1938 geboren. Eigentlich hatte ich eine sehr behütete Kindheit hier in München. Wir haben uns als etwas Besseres gefühlt. Meine Mutter hat betont, dass sie etwas Besseres sei, eine geborene Freiherrin von Elrichshausen. Und mein Großvater war ja bayerischer Ministerpräsident während der Nazizeit. Mein Vater war nicht in der Partei, obwohl sein Vater und ein Bruder (der Gauleiter war) in der Partei waren. Mein Vater war nie gut in der Schule. Er war unsportlich. Er hat eigentlich nur seine Frau vergöttert. Er war 18, sie 16, als sie sich kennengelernt haben. Wir waren manchmal eifersüchtig auf Mutter, weil er nur Augen für sie gehabt hat. Dann kam der Krieg. Meine Großmutter wollte nicht, dass ihre zwei Söhne ins Feld zogen. Sie bekamen Verwaltungspositionen. Doch meinem Vater war das eigentlich nicht recht.

Wir waren drei Kinder: eine ältere Schwester drei Jahre älter als ich), leicht behindert, Legasthenikerin, Linkshänderin. Man hat ihr in der Grundschule die linke Hand auf den Rücken gebunden. Sie wurde deswegen ausgelacht und als Depp behandelt. Eine andere Schwester ist am plötzlichen Kindstod gestorben. Wir wussten nicht, warum. Die Mutter sagte nur: „Das verkraften wir schon, gibt bald ein neues Kind." Fertig, das war's. Das war 1942. Noch im selben Jahr ist dann meine jüngste Schwester auf die Welt gekommen.

Wir hatten immer Mädchen im Haus. Man konnte nach ihnen klingeln. Meine Schwestern und ich waren trotzdem sehr selbstständig. Wenn Fliegeralarm war, hieß es in der Canisiusschule immer: „Christa, renn' nach Hause." Ich bin natürlich nicht gerannt, sondern hab' geguckt. Ich geh' so am Brombeerschlag vorbei, höre Flieger, da kommt ein Mann auf dem Rad, wirft sich auf mich und bringt mich nach dem Tieffliegerangriff nach Hause. Mutter öffnet die Tür, reißt mich rein und schlägt die Tür zu. Das war nicht sehr nett. Dann fällt mir noch ein Kriegserlebnis ein: Die Mutter war weg, die Oma da. Alarm. Runter in den Keller. Alarm vorbei, wir gehen wieder hoch – und da schlägt eine Brandbombe im Garten ein!

Der Opa ist 1942 gestorben. Er hat einmal gesagt: „Seid froh, dass ihr nicht wisst, was wirklich alles passiert." Opa wollte Karriere machen.

Er war Bürgermeister in Rothenburg ob der Tauber. Auch jetzt gibt es dort noch die nach ihm benannte Siebert-Straße. (Seit 2015 nicht mehr.) Er wollte mehr – Oberbürgermeister in Lindau, dann kam München. In Lindau war er sehr beliebt. Seine Frau war für mich die tollste Frau. Sie hat sehr darunter gelitten, dass sie einen ihrer Söhne nach Krakau hat gehen lassen. Der Opa hatte am Chiemsee ein riesiges Anwesen gekauft, von Juden.

1944 kam ich in die Schule. Wir mussten noch „Heil Hitler" sagen. Doch die Beschulung war 1944 gleich null. Denn zuerst waren „Kohle-Ferien", dann „Lazarett-Ferien". Die Schule war einfach geschlossen. 1945, ich kann mich gut erinnern, ging es wieder los. Ich war sieben Jahre alt. Es war ja keiner so richtig in der Schule gewesen. Doch ich durfte in die 2. Klasse, meine Schwester musste das Schuljahr wiederholen. Die Lehrer prüften uns streng und sagte dann: „Du darfst weiter, du gehst zurück." Von den Amerikanern haben wir die Schulspeisung bekommen. Die kamen in die Pfingstrosenstraße mit ihrem Panzer. Alle Anwohner haben weiße Betttücher rausgehängt. Mein Vater sagte: „Du gehst nicht hin, einen Feind empfängt man nicht." Durch die Hintertür bin ich trotzdem raus. Dabei hatte ich ein schlechtes Gewissen. Die Amerikaner waren so nett. Sie haben uns Kindern Süßigkeiten gegeben. Mein Vater sagte: „Vom Feind nimmt man nichts." Also hatte ich wieder ein schlechtes Gewissen. Natürlich hab' ich die Süßigkeiten trotzdem genommen.

Wir Kinder waren sehr frei. Wir waren immer draußen. Dort gab es Bombentrichter. Löcher in der Erde. Wir haben sie gesehen und daraus Mutspiele gemacht. Wie viele Schritte traute sich einer, bis zum Trichter zu gehen? Es war so aufregend. Nie ist einer von uns in den Trichter reingefallen. Als es hieß, dass der Krieg zu Ende sei, sollten wir alle Spielsachen, die mit Waffen zu tun hatten oder Bücher, die Nazizeichen enthielten, verbrennen. Das gab im Garten ein riesiges Feuer. Alle Panzerspielzeuge und Abzeichen wurden reingeworfen.

Dann mussten die Amerikaner untergebracht werden. Wir waren die Einzigen in der Straße, die Zentralheizung und warmes Wasser hatten. Das Haus wurde beschlagnahmt. Meine Eltern wollten nicht raus. „Wir könnten doch Hausmeister machen", schlugen sie vor. Die Amerikaner wollten wissen, wie viele Kinder meine Eltern denn hätten. „Eines." Ich durfte zur Oma. Eine größere Freude konnte man mir nicht machen. Deren Wohnung in Prien am Chiemsee war natürlich auch beschlagnahmt worden. Dafür hatte sie zwei Räume im alten Schloss Herrenchiemsee bekommen. Ihr altes Dienstmädchen, Marie, war geblieben. Es war für mich eine Traumzeit. Oma, Marie, meine Cousine und ich. Fast ein Jahr blieb ich dort. Mit dem Schiff wurden meine Cousine und ich auf die Fraueninsel zur Schule gebracht. Dort war ich eine hervorragende Schülerin. In der 4. Klasse musste ich zu meinem Leidwesen wieder zurück an die Canisiusschule in München. Dort war es nicht schön. Sehr katholisch. Das einzig Schöne war, dass ein Amerikaner, der immer noch mit anderen Amerikanern bei uns im Haus gewohnt hat, uns eingeladen hat, im Jeep zur Schule zu fahren. Die Lehrerin sagte: „Das Gymnasium, das schaffst du nicht." Ich schaffte die Übertrittsprüfung dann wirklich nicht. Ich war unglücklich. Doch dann bekamen wir in der 5. Klasse einen fortschrittlichen Lehrer. Er ließ meinen Vater kommen. „Die muss ins Gymnasium", forderte er. Doch mein Vater antwortete ihm: „Nee, die Enttäuschung will ich nicht noch mal haben." Ich fand das so schlimm. Meine Mutter hat sich nie um Schulisches gekümmert.

Am Brombeerschlag waren Baracken aufgebaut für deutsche Flüchtlinge aus dem Osten. Dort habe ich eine Freundin gefunden. Die hatten dort in den Baracken einen tollen Kindergarten. Die Kindergärtnerin hat mir sehr gefallen. Meine kleine Schwester war auch dort. Zur Kindergärtnerin sagte ich: „Ich werde, was du bist."

Dann mussten wir aus dem Haus raus. Es kamen zwei Amerikaner, die auf alles etwas draufgeklebt haben, was wir nicht mitnehmen durften. Mein Vater teilte uns mit: „Wir müssen heute Abend raus." Für ihn war das ganz schlimm. Wir zogen in die Türkenstraße. Eine Riesenwohnung, doch ohne Heizung. „Da bleiben wir nicht", hieß es. Mein Vater war sehr geschickt. Er fand eine Wohnung an der Plinganserstraße. Ich ging jetzt auf die Gotzingerschule. Sehr schnell hab' ich wieder Freunde gefunden. Dort ist immer Schutt angekarrt worden. Dabei ist ein Schuttberg entstanden. Wir Kinder haben dort Knochen gefunden. Jeden Samstag und Sonntag sind wir an den Pelargonienweg zurückgekehrt. Denn der Garten gehörte uns noch.

Wir Kinder haben viele Geschäfte gemacht, etwa Zigarettenstummel gesammelt, enthüllt und den Tabak verkauft. Oder Aluminium gesucht und verkauft.

Vater hat bei Ford dann Autos verkauft. Er war ganz erfolgreich. Mein Vater, so hieß es immer, sei technischer Kaufmann. Doch ich hatte zuhause mal einen Amboss gesehen. „Was ist das?" – ich bekam keine Antwort von meinen Eltern. Mein Vater war als Junge im schweizerischen Neuchatel im Internat. Sein Bruder hatte einen Doktortitel. Mein Vater hatte kein Abi. Er hatte eine Schlosserlehre absolviert. „Warum habt ihr das nie gesagt?", habe ich die Eltern gefragt. Sie haben so vieles nicht gesagt.

Dann machte ich die Aufnahmeprüfung für die Realschule. Ich hatte solche Prüfungsangst. Ich habe mir überlegt, dass ich den Postboten abfangen könnte. „Falls ich nicht bestanden habe, bring ich mich um," hab' ich zu meiner Mutter gesagt. Meine Mutter hat mir sofort die Stricknadeln abgenommen. Ich hatte nicht bestanden, doch da hat mein Vater toll reagiert. „Das kann es nicht sein!", hat er gerufen. Bei den „Armen Schulschwestern" durfte ich die Nachprüfung machen. Ich war 13. „Sagen Sie es mir nur, ich bin durchgefallen, oder?" Die Rektorin antwortete mir: „Nein, du hast einen wunderbaren Aufsatz geschrieben, du bist genommen und wirst mich nicht enttäuschen." Ab dem Moment bin ich eine sehr gute Schülerin geworden. Edeltraut hieß die Frau. Das war eine tolle Nonne.

Ich bin meinen Eltern auf die Nerven gegangen, weil ich so viel lernen wollte. In der Nacht haben sie dann die Glühbirnen rausgedreht, sodass ich nicht weiter lernen konnte. Meine kleine Schwester hab' ich dann aufs Gymnasium vorbereitet. Sie hat bestanden. In der Realschule fing bei mir das politische Denken an. Zu Hause wurde nichts, nichts erzählt über die Kriegsjahre. Ein Satz, fertig. Ich hab' dann doch noch vieles erfahren über meinen Großvater. 1959 durften wir wieder in unser Haus zurück. Schon davor hatte meine Rebellinnenzeit angefangen. Es war die Zeit, wo man wahnsinnig enge Jeans trug. „Du kommst so nicht an den Tisch!", schimpften meine Eltern.

„Mama, Papa, ihr müsst doch mitbekommen haben, was mit den Juden war." Mutter erwiderte: „Ich hatte drei Kinder, wir mussten schauen, dass wir nicht verhungern." Mein Vater hat mich angeschrien: „Hör auf damit! Werd' du erstmal so alt wie ich, dann kannst du darüber reden!" Mutter sagte: „Da waren Bänke, da durften sich die Juden nicht hinsetzen, mehr haben wir nicht gemerkt." Dann wollte ich nach Dachau, ins Konzentrationslager. Mein Vater befahl: „Du gehst dort nicht hin, da gibt es Dinge, die verstehst du nicht."

Ich bin mit 17 allein hingegangen. Man konnte mit niemandem, einfach niemandem darüber reden.

Heute tut es mir leid, dass ich meinen Vater so angegangen bin. Ich hab' ihn immer angegriffen. Doch er hatte einfach nicht die Möglichkeit, mit mir darüber zu reden. Es ging nicht. Ich bin fast bei jedem gemeinsamen Essen rausgeflogen. In Dachau war ein Ausspruch an die Mauer geheftet, in dem mein Großvater zitiert wurde: „Selbst Ministerpräsident Siebert sagt, in Dachau kann man gut Urlaub machen." Ein Dr. Heinze hat mir viele Jahre später Briefe meiner Großmutter zukommen lassen. Darin ging es um Hitler. Ich habe sie alle aufgehoben und geordnet.

Ich war ja in dem Sinne „Nazikind". Die Mitschüler haben gesagt: „Du bist ja auch so eine, gehörst ja auch zu denen, die Juden vergast haben." Da war ich schon auf der Schule für Erzieherinnen. Ich war immer gut in Deutsch. Eine Lehrerin mochte mich nicht. Eines Tages kam sie und fragte nach meinem Namen. „Siebert, oder? War Ihr Großvater in der NSDAP?" – „Ja, er war Ministerpräsident." Ganze zwei Jahre hatte ich zu leiden unter ihr. Allein schon, wie sie das Wort Siebert ausgesprochen hat. Sie war wahrscheinlich Jüdin.

Mit 17 hab' ich noch zu Hause gewohnt. Ein sehr konservatives Elternhaus. Man war damals ja erst mit 21 volljährig. Es war eine vertrackste Zeit. Meine ältere Schwester war Säuglingsschwester und ging nach Amerika. Ich machte ein Praktikum im „Münchner Kindl-Heim". Wir hatten eine sadistische Leiterin, die uns gequält und unterdrückt hat. Dann wurde sie krank. „Wollen Sie die Abteilung übernehmen?", wurde ich gefragt. Ich hab' es mir zugetraut, obwohl ich noch so jung war und hab' zu den Kindern gesagt: „So, jetzt schreit ihr jeden Morgen zuerst und tanzt." Dann wurde ich krank, als die Sadistin wieder zurückkam. Ich hab' gekündigt und fand eine Stelle im Evangelischen

Waisenhaus. War toll. Ich war immer noch Praktikantin. Wir mussten arbeiten, putzen, Boden schmirgeln. Hartes Praktikum. Sie hatten dort eine Jugendliche mit Gehirnhautentzündung. Ich habe sie gefüttert, in der Nacht gewendet, mit zu mir nach Hause genommen. Ich war überfordert. Danach wusste ich: Ich kann in keinem Heim arbeiten. Ich ging nach meinem Abschluss nach Paris. Den Ort hatten meine Eltern ausgesucht. Ich war Au-pair bei einer Deutschen, die mit einem Franzosen verheiratet war. Die haben mich so ausgenutzt. Also hab' ich mir eine neue Stelle gesucht. Vier Buben. Das war ganz lustig. Doch ich wollte auch Französisch lernen. Also ging ich ans Sprachinstitut Alliance Francaise. Dort bin ich einer Frau mit sieben Kindern begegnet. Sie bot mir wieder eine Au-pair-Stelle an. „Sie wohnen außerhalb, nicht in der Familie." Es war ein einfaches Chambre de bonne. Doch ich war frei. Ich hab' dann einen jungen Mann kennengelernt. Er hat auf den großen Plätzen Gitarre gespielt und ich bin danach mit dem Hut rumgegangen. Wir haben gut verdient. Ich war glücklich und hab' meinen Eltern geschrieben: „Ich bleib' da." Am folgenden Wochenende waren sie bereits da und haben mich nach Hause mitgenommen.

Dann bekam ich in der Stadt München eine Stelle als Aushilfe in einem Kindergarten. Ich war Springerin. So hab' ich in viele Kindergärten reinschauen können. Am Vormittag war ich da, am Nachmittag dort. Dann wollte ich eine Weltreise machen, doch die Stadt München wollte mich übernehmen. Also habe ich als Hortleitung angefangen. Die Institution hat mich gemobbt. Doch meine Beziehung zu den Kindern und Eltern war gut. Ich war eine der ersten Hortleiterinnen, die mit den Kindern in eine Jugendherberge gegangen ist.

Schließlich hab' ich meinen Bernd kennengelernt. Meine erste große Liebe war meinen Eltern zu philosophisch gewesen. Doch Bernd gefiel ihnen. Er kam ja aus einer Generalsfamilie! Nach der Heirat sind Bernd und ich dann in ein Häuschen am Brombeerschlag gezogen. Bernd war gerade mit seinen letzten Prüfungen im Architekturstudium beschäftigt, ich blieb mit unserer neugeborenen Tochter Katinka zu Hause. Hab' diese Zeit sehr genossen. Dann haben Freunde tagsüber ihre Kinder zur Betreuung gebracht. 1969 haben Bernd und ich dann unser jetziges Haus an der Neufriedenheimer Straße gefunden. Mein Vater hat einen Kredit aufgenommen für mich und Bernd. In diesem Haus tobt seit bald 50 Jahren das Leben. Im Erdgeschoß der Kindergarten, oben wir – also Bernd, ich, unsere beiden Töchter. Dann nur noch Bernd und ich. Leider bin ich oben jetzt allein.

2.2 Die rebellierende Generation

Chris' Familie, genauer: ihr Großvater, gehörte zur Tätergeneration. Er selbst hatte keinen Dreck am Stecken, doch er war in seinem wichtigen politischen Amt ein Mitwisser. Ohne jeden Zweifel. Auch die Eltern von Chris wussten mehr, als sie ihre nach Wahrheit und Aufklärung so verzweifelt ringende Tochter mit Floskeln abspeisten und damit eine normalerweise auf Vertrauen fußende Eltern-Kind-Beziehung aufs Spiel setzten. Eltern, die auf wichtige Fragen keine Antworten geben, setzen immer das Vertrauen aufs Spiel, das ihre Kinder ihnen natürlicherweise entgegenbringen. Das sei hier in aller Deutlichkeit gesagt. Die siebenjährige Vera fragte ihre Mutter: „Mama, liebst du den Papa eigentlich noch?" – „Ja, klar, was für eine blöde Frage!" Ein Jahr später haben Veras Eltern sich getrennt. Vera stellte fest: „Mama hat mich angelogen!"

Das berühmteste Beispiel dafür, was für verheerende Folgen Lügen oder Schweigen der Eltern auf das weitere Schicksal ihrer Kinder haben können, hat der amerikanische Psychoanalytiker Justin A. Frank in seiner detaillierten und spannenden Recherche zum Leben des ehemaligen amerikanischen Präsidenten George W. Bush festgehalten. Darin ist zu lesen, dass die dreijährige Schwester Robin, die liebste Spielgefährten des damals 6 Jahre alten George, und dem damals Sechsjährigen, an Krebs erkrankte. Die Eltern teilten ihm lapidar mit, er dürfe jetzt nicht mehr mit ihr spielen. Die meiste Zeit verbrachten seine Eltern zum damaligen Zeitpunkt, in den Erinnerungen des Sohnes, auf dem Golfplatz. Doch einmal fuhren sie nicht auf den Golfplatz, sondern mit seiner kleinen Schwester weg. Und kamen ohne sie zurück. Kein Mensch sagte dem kleinen Jungen, dass seine Schwester gerade gestorben war und schon gar nicht, woran, warum. Sie war einfach von einem Tag auf den anderen nicht mehr da. Die Eltern gingen am selben Tag wieder Golf spielen. Es braucht kaum besondere Vorstellungskraft, um zu erkennen, wie groß die Angst war, die George W. Bush als kleiner Jungen empfunden haben muss und wie sie in ihn eingedrungen ist, in ihm gewütet hat und in der Folge ihm das Leben als unberechenbar und hochgefährlich hat erscheinen lassen. Damals, in diesem zarten Alter von drei Jahren, hat seine Paranoia angefangen. Das Gefühl, verfolgt und bedroht zu werden, hat ihn nie wieder verlassen. Er ist der amerikanische Präsident geworden, der sein Land wie keiner zuvor mit Ängsten überzogen hat. Unter ihm ist Amerika paranoid geworden.

Ein so entsetzlich alleingelassenes Kind muss in sich ungeheuere Ängste aushalten. Die Eltern verschwinden mit der geliebten Schwester. Ja, da wird doch ab dem Tag auch für den Bruder das Leben eine einzige große Bedrohung! Haben die Eltern Robin etwas angetan? Warum ist sie plötzlich aus meinem Leben verschwunden? Gestern hat sie mich doch noch angelacht. Ich durfte zwar nicht mehr mit ihr spielen, weiß auch nicht warum, doch sie war einfach da, neben mir. Die kann doch nicht einfach verschwinden, wo ist sie denn hingegangen? – So oder ähnlich müssen einsame Gedanken angstvoll in seinem kleinen Kopf herumgewandert sein. Und er erhielt keine Antwort. Nicht eine einzige. Es ist fast tragisch zu nennen, dass Bush 14 Jahre später das erste Mal in einem Schulaufsatz sein Schweigen brechen will. Das Thema hieß: Mein schrecklichstes Erlebnis – und der Lehrer hat ihm den Kommentar „völlig ungenügend" daruntergesetzt. Danach hat Bush nie mehr darüber gesprochen. Und viele, viele Jahre später hat er, weil er eben traumatisiert war und ein Trauma keine Zeit kennt, auch kein Verfallsdatum (!), die Welt mit seinem eigenen, abgespaltenen Trauma überzogen. Doch jetzt war er der mächtigste Mann der Welt, weit entfernt von diesem kleinen panischen Jungen, bei dem die Eltern völlig versagt haben. Sie haben ihn in schrecklicher Einsamkeit sitzen lassen und ihre alte Gewohnheit, das Golfspielen noch am Todestag ihrer kleinen Tochter, gleich nach der Rückkehr aus der Klinik, wieder aufgenommen, wahrscheinlich aus Gründen der Trauervermeidung oder Verleugnung des Todes von Robin.

Ich glaube übrigens nicht, dass Bush sonderlich viel mit dem Irakkrieg zu tun gehabt hat. Das haben andere für ihn erledigt. Er war kein

Kriegsstratege, er war von seiner psychischen Struktur her ein Angsthase. Man möge mir diese nicht sehr höfliche Einordnung verzeihen, doch ein abgespaltener Teil in ihm ist immer auf dem Entwicklungstand eines Dreijährigen geblieben. Allerdings dürfte ihm das Angst-, und in der Folge das Kriegsszenario, das sein Verteidigungsminister Donald Rumsfeld, Sicherheitsexpertin Condoleezza Rice und andere vor ihm ausgebreitet haben, sicherlich sofort Eindruck gemacht und auch eingeleuchtet haben. Denn jetzt war die Angst nicht mehr diffus flottierend in ihm, sondern sicher fixiert da draußen bei seinen Landsleuten. Seine amerikanischen Bürger waren bedroht, sie brauchten seinen Schutz. Die durfte man nicht im Stich lassen – so wie er real einmal furchtbar im Stich gelassen worden war von seinen Eltern, doch es verdrängt und schon lange vergessen hatte.

Chris und Bernd waren Rebellen gegen das Schweigen ihrer Eltern und der damaligen Nachkriegs-Elterngeneration. Chris ist es immer noch. Doch es gelingt nicht immer, durch das Schweigen der Eltern und Großeltern zu neuen und gesunden Ideen durchzudringen. Manchmal bleibt man auch in diesem Schweigen der anderen stecken. Denn was man vergessen hat oder nicht weiß oder nicht wissen will, kann man nicht ändern. Darum kann und darf es auch kein Vergessen des Dritten Reichs und seiner Gräueltaten geben. Vergessen, Verdrängen und Abspalten sind mächtige Einfallstore für Wiederholungen. Und zwar sowohl in der individuellen als auch in der deutschen, der europäischen, der westlichen und der globalen Geschichte.

2.3 Schweigende Eltern sind gefährlich

Schweigen fordert das Suchen und Nachforschen heraus, mit manchmal fatalen Folgen: Die Kinder können in ihrem heimlichen und oft unbewussten Suchen zu völlig falschen Schlüssen kommen. Schweigende Eltern können selten gute Vorbilder sein, weil sie ihre Kinder nicht überzeugen. Nur sprechende, aufrichtige Eltern können ihren Kindern deren Welt, sei diese auch vorerst noch ganz klein und harmlos, erklären und ihnen sichere Wegbegleiter in ihrer stetig wachsenden Kinder-Welt sein.

2008 hat die Journalistin und Autorin Alexandra Senfft eine deutsche Familiengeschichte in einem Buch festgehalten: „Schweigen tut weh". Es ist ihre eigene, wie sie sie als Enkelin des SA-Mannes Hanns Ludin erforscht hat und immer noch zu verstehen versucht. Ein tief bewegendes Buch. Senfft schreibt darin: „Ich will hinsehen, ich will jetzt alles sehen [...]. Allmählich fällt eine große Last von meinen Schultern." Ihre mutige und hartnäckige Bereitschaft, alles zu sehen und die Legende der Großmutter vom „guten Nazi"-Opa damit zu zerstören, weil diese Legende Leben kostete, sogar noch das Leben ihrer Mutter auf dem Gewissen hatte, hat auf mich einen tiefen Eindruck gemacht. Verschweigende Eltern sind für die gesunde Entwicklung der Kinder eine große Hypothek. In dem Buch „Das Ende von Eddy" des französischen Literatur-Shootingstars Édouard Louis steht: „An den Tagen, wenn meine Mutter weinte, tat ich es ihr gleich; ich weinte, ohne zu wissen warum." Hier ist es eine französische Mutter, die das Kind alleine lässt. Denn darum geht es bei schweigenden Eltern oder Großeltern. Sie lassen die ihnen anvertrauten Kinder im Stich. Eine Mutter, ein Vater darf selbstverständlich weinen, auch in Gegenwart des Kindes. Doch die Eltern sollten dem Kind unbedingt sagen, was sie weinen macht. Kinder denken automatisch, es hätte mit ihnen zu tun. Sie seien schuld. Kinder können nicht anders. Sie sind in ihrer psychischen Entwicklung noch nicht abgegrenzt genug.

3. Lara (57 Jahre, Pianistin und Komponistin, Kinesiologin)

Lara kenne ich seit 25 Jahren. Im Kindergarten fiel sie mir sofort als schöne Frau und liebevoll konsequente Mutter auf. Sie gehörte nicht zu den Müttern, die sagen: „Wie, mein Sohn soll Ihren Sohn geschlagen haben? So was macht der nicht!" Wie immer, wenn ein Mensch mich interessiert oder fasziniert, beobachte ich ihn zuerst recht lange still und neugierig. Lara ist Pianistin, Komponistin und inzwischen begeisterte Kinesiologin. Ihr letztes Klavierkonzert hat sie vor 20 Jahren gegeben. Damals bin ich ihr endgültig „verfallen". Wenn eine Frau und Mutter so Klavier spielen kann, mit dieser Feinheit, dieser tief empfundenen Musikalität und rücksichtslosen Hingabe an das eigene Spiel, dann will ich – verstehen. Verstehen, wie dieser Mensch so geworden ist, dass ich nicht mehr aufstehen wollte von meinem Stuhl im Konzertsaal. Natürlich ahnt dann die Psychoanalytikerin in mir, dass ich gerade einem Menschen mit einer Geschichte zu begegnen beginne. Denn so spielt keiner, der nicht im Laufe seines Lebens großem Glück und großem Unglück gegenübergestanden hat und beides aushalten wollte.

Wir sind uns, auch nachdem unsere Kinder nicht mehr zusammen im Kindergarten waren, in loser Folge immer wieder begegnet. Inzwischen haben die Gespräche mit dieser Frau in meinem eigenen Leben immer Folgen. Aus jeder Begegnung entsteht etwas Neues in mir. Sie, die sich hier Lara nennt, beeinflusst mich. Und immer, wenn ich Einfluss spüre, muss ich an André Gide denken, den französischen Schriftsteller, der einmal gesagt hat: „Il faut subir l'influence des autres." (Man muss den Einfluss anderer aushalten können.)

Die Begegnungen mit Lara haben mir mehr als einmal klar gemacht, dass wir alle kämpfen und an uns selbst arbeiten müssen, wenn wir aus unserer „Lebensschüssel" die guten Zutaten schöpfen wollen. Dann erleben wir nämlich parallel zum Zugewinn an Lebensjahren, dass unsere Lebensschüssel viel reichhaltiger und nahrhafter ist, als wir, die mitunter überforderten und einsamen Kinder und Jugendlichen von damals, haben wissen können.

Lara würde ich in diesem Zusammenhang folgendermaßen beschreiben: Ein einsames Kind, das sich in die Musik rettete und in den Klaviertönen überleben lernte.

3.1 Ihre Kindheitserzählung

Ich bin in Barcelona geboren. 1962. Die Gabe eines Kindes, des Kindes, das ich damals war: Man nimmt nicht alles wahr, was so passiert. Man ist sehr fest an die Eltern gebunden. Man weiß nicht, was mit einem passiert.

Doch dann will man später einmal die eigene Kindheit entstauben können. Ich hab' mich oft einsam gefühlt. 1975 hat die spanische Diktatur aufgehört. Franco starb über viele, viele Tage. Heute weiß ich, wie sehr die Diktatur die Menschen kleinhält in Angst und Unterdrückung. So schön meine Geburtsstadt war, es lag ein unsichtbarer Schleier über ihr, der sich nicht entfalten ließ.

Mit zwei Jahren kam ich in den Kindergarten. Ein Ganztageskindergarten. Die Straße „Calle Diagonal" bricht das Quartier in zwei Teile, in upper class und under class. Meine Eltern haben sich in der High Society bewegt, obwohl sie gar nicht reich waren. Sie waren sehr oft bei gesellschaftlichen Abendveranstaltungen.

Dann gab es die Jungen auf der Straße. Ich habe beides, die Anarchie und den Reichtum, also die Frankisten, in unmittelbarer Nachbarschaft wohnen sehen. Mit vier Jahren kam ich in den Vorschulkindergarten. Die Leiterin meiner späteren Schule, einem Nonnenkloster, war fanatisch, verrückt, erzkatholisch. Ich war dort ganztags. Ich hatte zweimal in der Woche Ballettunterricht und kam deshalb erst um 20:30 Uhr nach Hause. Dann musste ich noch Hausaufgaben machen. Nicht selten wurde es so kurz vor Mitternacht. Oft konnte ich mich auf die Hausaufgaben einfach nicht mehr konzentrieren, sondern hab' viel Zeit mit Ausmalen verbracht, wenn es was zum Ausmalen gab. Mit zehn Jahren begann mein Klavierunterricht. Ich bekam Koliken, hatte irrsinnige Schmerzen. Da hat mein Reizdarm angefangen. Die Schulleiterin war eine Männerhasserin. „Ihr schaut keine Männer an, verstanden!" Wir wurden als schmutzige Mädchen beschimpft, wenn wir doch mal einem Jungen nachgeschaut hatten. Meine Mutter ist Deutsche. Ich war strohblond, ungewöhnlich in Spanien.

Die nettesten Nonnen haben in der Küche gearbeitet. Je höher die Position einer Nonne war, umso verrückter war sie. Mit wenigen Ausnahmen. Mater Margarita etwa war so eine Ausnahme. Sie hatte unter dem gemeinen Charakter der älteren Nonnen sehr zu leiden. Wir lebten dort in einem alten Schloss. Es sah aus wie bei Harry Potter.

Es gab drakonische Strafen in dieser Schule: Wir mussten in der Kapelle mit ausgebreiteten Armen knien, ohne uns nur ein einziges Mal zu rühren.

Wir bekamen kaum Zeit zum Spielen. Weder in der Schule noch zu Hause. Nur im Sommer, da waren wir in unserem Appartement am Meer. Beide Eltern haben an ihrem Leben vorbeigelebt. Die in ihren

Augen niedrige Gesellschaft, wie die Familie des Fischers etwa, der wir im Sommer immer begegneten, war für mich viel echter. Nur dort, am Meer, und bei meiner deutschen Oma am Tegernsee habe ich mich frei und glücklich gefühlt. Bei der Oma verbrachten wir jeden Winter ein paar Wochen.

Als eine Klavierfreundin mich zu sich nach Hause eingeladen hat, habe ich zum ersten Mal aus dem Zug heraus die Armenviertel Barcelonas gesehen. Es wurde zu einer Fahrt in eine andere Welt. Ich hab' meinen Augen nicht getraut. Es gab Frankisten, Nicht-Frankisten und solche, die einfach nur Mitläufer waren. Schweigen, Wegschauen. Schon als Kind habe ich gespürt: Da stimmt etwas überhaupt nicht.

Ich habe mich in die Kunst geflüchtet, tagsüber. Das Problem war, bis zum Abend in der Schule durchzuhalten. Ich hatte ja kaum was gegessen. Unser Essen war qualitativ schlecht und mit Chlorwasser gekocht. Um 19 Uhr hatte ich noch Ballett. Doch da ich vor lauter Schuldrill nichts gegessen hatte, bin ich mehrmals im Ballett zusammengebrochen. Bis zu meinem 14. Lebensjahr habe ich diese Schule besucht.

Wenn ich aus der Schule kam, waren da zwei Bedienteste und die Babysitterin. Sie, Doris, hat uns Mädchen zu Hause empfangen und in unsere Zimmer gebracht. Die Eltern habe ich oft gar nicht gesehen, wenn ich nach Hause kam. Ich durfte nicht zu meiner Mutter. Unterschwellig spürte ich Spannungen zwischen meinen Eltern, die ich mir nicht erklären konnte. Meine Eltern waren am Wochenende im Golf- und Tennisclub. Immer. Dort gab es zwei strikt getrennte Bereiche, einen für die Erwachsenen und einen für die Kinder. Manchmal bin ich mitgelaufen beim Golf. Die Eltern haben 15 Löcher gespielt, sind etwa zehn Kilometer gelaufen. Ich war völlig erschöpft.

Eines Tages habe ich mich im Hort mit Absicht von einer Schaukel fallen lassen. Gehirnerschütterung. Doch es war so schlimm mit den Schmerzen, dass ich mir gesagt habe: Lieber keine Aufmerksamkeit mehr verlangen.

Die Gesellschaft, in der meine Eltern verkehrt haben, hat vom Wegschauen gelebt. Eines Tages habe ich in der Küche vom Personal erfahren, dass wir nach Deutschland ziehen. Ich war 13.

Ich habe zwei jüngere Schwestern, die eine ist vier Jahre jünger, die andere zwölf Jahre. Die jüngere ist Psychoanalytikerin in der Schweiz. Dann habe ich noch eine dritte Schwester, von deren Existenz ich erst mit 22 Jahren erfahren habe. Sie ist eine uneheliche Tochter meines Vaters. Ein Brief am Totenbett meines Vaters, den mein Freund und späterer Mann fand, trug ihren Namen. Da mein Vater beim Auffinden des Briefes bereits eine halbe Stunde zuvor verstorben war, erzählte uns die Schwester meines Vaters von ihr. Die Erwachsenen haben sie uns 22 Jahre verschwiegen. Wir lernten uns dann bei der Beerdigung unseres Vaters kennen. Heute steht sie mir sehr nah. Sie bedeutet mir viel.

Ich war 14 Jahre alt und lebte jetzt also in Deutschland. Wir waren zur Hörigkeit erzogen. Da gab es kein Aufmucken.

Mein Vater war damals in Spanien sehr unruhig. Er sagte: „Ich hab' Angst, dass die Kommunisten an die Macht kommen." Er hatte eine Firma, die auf Geologie spezialisiert war. Er wollte nicht nach Deutschland, sondern nach Venezuela.

Doch die Mutter ging mit uns drei Mädchen nach Deutschland. In München besuchten wir die Maria-Ward-Schule. Die Mädchen trugen hier Jeans, schminkten sich. Ich war eine „Hemmbanane". Um 13 Uhr war die Schule aus! Alles war wie im Paradies hier. Ich hab' jeden gleich abgebuselt. Doch empfand ich die Deutschen als distanziert und kalt, denn in Spanien begrüßt man sich doch mit Wangenkuss. Ich musste Latein und Englisch nachholen. Ich bekam Nachhilfe ohne Ende. Ich bin großartig gescheitert. Zu Hause hab' ich nur Klavier gespielt. Die Nachbarn haben tierisch revoltiert dagegen. Für meinen Klavierunterricht fand meine Mutter dann Frau Professor M. H. Sie wohnte in einem Hexenhäuschen und war über 70. Ganz dick. „Juhuuu, es wird eine schöne Zeit", dachte ich am Anfang. Sie war zuerst ganz nett zu mir. Ich zog zu ihr. Und dann gab es lange nichts mehr für mich außer mein Klavierspiel. Frau H. hatte meine Mutter überzeugen können: „Die muss aus der Schule raus." Ich war in der 9. Klasse, ohne Abschluss. Meine Mutter wollte nach Venezuela, unserem Vater nach Caracas nachfolgen. Und ich wollte die Pianistin nicht verlassen. Wie gesagt: Sie war doch so nett zu mir und ich wohnte dann bei ihr. Meine Mutter reiste also mit meinen Schwestern ab.

Bei Frau H. verliebte ich mich dann das erste Mal. Er war Flötist und lebte auch bei ihr im Haus. Er stotterte stark. Ich hatte das erste Mal in meinem Leben das Gefühl, geliebt zu werden. Wir waren bald ein Paar.

Für meine Lehrerin wurde ich schnell Mädchen für alles. Meine Spaziergänge wurden limitiert. Eine halbe Stunde täglich. Ich war ihr Hausmädchen. Jeden Tag musste ich acht bis neun Stunden üben. Mein Reizdarm meldete sich wieder. Sie sagte nur zu mir: „So ist der Weg, wenn man Musik machen will.“ Ich ging langsam vor die Hunde. Sie wollte mich im Zeitraum von zwei Jahren auf die Musikhochschule vorbereiten. Bei der Aufnahmeprüfung bin ich gescheitert. „Siehst du, wir müssen mehr arbeiten!“, war ihre Reaktion. Ich arbeitete noch mehr.

Meine Mutter kam zurück, als ich 18 war. Ich zog bei ihr ein. Ihre Ehe war gescheitert.

Ich habe meine Mutter so geliebt. Ich wollte, dass sie glücklich ist. Dann fand sie einen Partner. Er hat mich misshandelt, war ein Choleriker und Säufer.

Endlich kam mein Vater nach Deutschland. Er war krebskrank. Leberkrebs. Meine Mutter hat ihm nichts von ihrem Lebensgefährten gesagt. Ich hab’ es ihm dann gesagt, nachdem er stundenlang um eine Erklärung gebeten hat. Sie hat mich rausgeworfen und mich gebeten, meinen Flügel mitzunehmen und das Haus für immer zu verlassen.

Ich habe in Salzburg, am Mozarteum wegen eines Klavierstudiums angefragt. Die wollten einen Abschluss. Ich hatte keinen. Dann nahm mich in München die Tegernseer Schule auf. Dort konnte ich die Mittlere Reife nachmachen.

Es passierte etwas Wunderbares: Ich lernte an der Schule B. kennen. Darauf habe ich mich nochmals am Mozarteum beworben und habe bestanden. Mein Exfreund hat mir mit Suizid gedroht, als ich B., meine große Liebe und späteren Mann, kennengelernt habe. Es fiel mir deswegen schwer, diese Beziehung aufzulösen. Doch ich hab’ mich nicht aufhalten lassen. B. ist mir immer beigestanden. Bis heute. Ich bin heute glücklich mit meinem Mann und unseren zwei Söhnen. Mein Leben hat doch noch eine gute Wendung genommen. Das war nicht unbedingt zu erwarten.

3.2 Das antwortende Gegenüber

Lara hatte kaum Eltern in dem Sinne, in dem wir Elternschaft verstehen. Also Eltern, die sich für ihre Kinder Zeit nehmen, sie in ihrer Entwicklung begleiten, sie beschützen und ihnen Modelllernen ermöglichen – Lernen am Vorbild, etwas, was gerade dann, wenn Kinder gemobbt werden oder aus Unsicherheit aggressiv ihren Mitschülern gegenüber auftreten, ganz wichtig ist. Es geht nicht, dass Eltern ihren Kindern in so einer Situation sagen: „Schlag einfach zurück oder ignoriere das andere Kind." Das sind keine wirklichen Lösungen, wie Kinder sie verlangen. Denn sie wollen weder dem anderen Kind wehtun, noch sich feige zurückziehen. Lara hatte das große Glück, dass der früh verordnete Klavierunterricht sie Jahre später, als Jugendliche in der Fremde und ohne Eltern, gerettet hat. Im Ausland, einsam, unglücklich, tyrannisiert von einer überehrgeizigen und wahrscheinlich auch auf die hübsche Jugendliche neidischen Klavierlehrerin, fand sie im Klavierspiel alles, was der Mangel an guten menschlichen Kontakten ihr nicht ermöglicht hatte, nämlich innerlich lebendig zu bleiben. Im Klavierspiel konnte sie sich spüren. Das Klavier wurde ihr zunehmend ein verlässlicher Ort, an dem sie ihrer Trauer, ihrer Wut auf die sie verlassende Mutter, den abwesenden Vater, die sadistische Zuchtmeisterin am Klavier, und – vielleicht am Wichtigsten – ihrer Sehnsucht nach Liebe Ausdruck und Gehör geben konnte. Das Klavier wurde ihr antwortendes Gegenüber, ein fiktives Gegenüber, das sie selbst, mit ihrer schöpferischen Kraft, erschaffen hatte. Ein Klavier kann Freundin, Kind, Geliebter, eine Vision von einer besseren Welt sein. Es ist ja antwortend. Wenn ich mich mit dem Klavier beschäftige, lässt es mich nie in die emotionale Öde fallen. Dort, wo ein Klavier steht und ein (guter) Spieler ist, entsteht ein Gespräch. Die Außenwelt existiert für eine geraume Zeit nicht mehr. Kein Schmerz, keine Lügen, keine Einsamkeit mehr.

Das Bedeutungsvollste an dieser berührenden Kindheitserzählung ist die Kraft zur Leidenschaft, wie Lara sie mit den Jahren aufzubringen wusste. Das Klavier war ihr empathisches, fein gestimmtes Gegenüber. Doch damit es zu diesem „Du" werden konnte, war viel Üben und tägliche, ausdauernde Arbeit nötig.

3.3 Leidenschaft – Eine Lebensessenz

Lara spielt heute nicht mehr Klavier, zumindest nicht in der Öffentlichkeit. Sie unterrichtet nach wie vor. Und sie nutzt das Klavier für ihre Kompositionen, wenn sie ein Kindermusical kreiert. Doch diese grundlegende Leidenschaft, die sie am Klavier entdeckt und gelebt hat, zeichnet sie nach wie vor aus. Sie ist ein leidenschaftlicher Mensch, der sich in einem Zitat von Karl Owe Knausgard besonders gut begriffen und gespiegelt findet: „Und das, die Gleichzeitigkeit von Präsenz im Augenblick und Abstand von der Welt, ist der Ort der Kunst."

Im Kapitel über die Anne-Frank-Realschule wird es nochmals ganz entschieden um die Bedeutung von Leidenschaft gehen. Deswegen hier nur noch ein paar Anmerkungen zur Leidenschaft als diesem besonderen Lebensstoff.

In der Praxis begegnen mir oft Kinder und Jugendliche – oder auch Paare – denen keinerlei Leidenschaft mehr zu eigen ist. Vieles ist langweilig, bei den Kindern die Schule sowieso, doch auch in der knapp bemessenen Freizeit begegnen sie vor allem der dunklen und jüngeren Schwester der Leidenschaft, der Langeweile. Wie oft bekomme ich in der Stunde am Anfang einer Therapie zu hören: „Mir ist langweilig, spielst du was mit mir?" Oder die Kinder fragen mich: „Was machen wir jetzt? Ich hab' keine Idee."

Zum Wesen einer psychoanalytischen Therapie gehört, dass die Therapeutin nichts vorgibt. Sie stellt sich zusammen mit den mehr oder minder spärlichen Spielsachen (bei mir sind es inzwischen eher weniger) dem Kind zur Verfügung. Sie oder er ist für das Kind da, eine Dienende, ein Dienender in gewissem Sinne, die oder der jedoch gleichzeitig auch führen kann, wenn es um Schutz geht.

In der psychoanalytischen Kinder- oder Jugendlichentherapie begegnet dem Kind also ein Frei-Raum. Ein freier Raum, den es für sich und seine Bedürfnisse nutzen kann. Könnte. Denn es ist teilweise erschütternd, wie viele Kinder „mit so viel Freiheit", so die Mutter eines Sechsjährigen, zuerst nichts anzufangen wissen. „Mein Sohn ist es nicht gewohnt, eine ganze Stunde (es sind 50 Minuten) selbst bestimmen zu müssen, was er machen soll. Mit Ton hat er noch nie gearbeitet.

Farben liegen bei uns auch nicht einfach so rum, das gäbe ja eine ziemliche Sauerei bei drei Kindern. Bücher mag er nicht, für Holz und Ihr Schweizermesser ist er, finde ich, noch zu klein. Da sind Sie schon recht unbesorgt, wenn ich das sagen darf. Und mit Ihnen kämpfen, Boxhandschuhe, Schwerter, er hat doch schon so große Aggressionen, deswegen sind wir ja hier! Heißt das jetzt, wir müssen auch mit ihm boxen?" Dieser sechsjährige Junge hatte sich also in wenigen Stunden alles angeschaut, der Mutter Bericht erstattet, doch selbst nichts davon angerührt. In meiner früheren Praxis ließ ich die Kinder nach dem Klingeln allein hochgehen, um zu sehen, was sie mit dem Raum machen, wenn ich noch nicht da bin. Ob sie ihn nutzen, (was ich ihnen ausdrücklich erlaube: „Du kannst hier alles, was du siehst, mich eingeschlossen, nutzen.") oder ob sie einfach auf mich warten. Daraus kann ich viele Schlüsse ziehen. Fabian stand jeweils unbeweglich mitten im Zimmer und hat einfach mit dem Blick zur Tür gewartet. Und wenn ich dann reinkam, sagte er mit einer Kleinkindstimme: „Endlich!" – „Hast du auf mich gewartet?" – „Ja, was soll ich denn machen, wenn du nicht da bist?" Er war am Anfang von „so viel Freiheit" völlig überfordert. „Möchtest du, dass ich gleich mit dir hochkomme?", fragte ich ihn. „Ja", antwortete er, „ich kenn' mich ja da nicht aus, und Ton kenn' ich nicht, die Farben darf ich nicht einfach nehmen, sagt die Mama. Und die anderen Sachen hier kenn' ich nicht, und wenn du solange nicht kommst (ich komme immer pünktlich, die Kinder oft ein paar Minuten zu früh, außer sie werden von ihren Eltern gebracht.), ist es langweilig." Über viele Stunden wollte er Spiele ausprobieren: „Die kenn' ich nicht." – „Aha, spielt ihr keine Spiele zu Hause, Mensch, ärgere dich nicht, Monopoly, Memory, Affenschreck oder so?" – „Nein, am Abend sind wir müde, sagt der Papa." – „Und mit deinen Freunden?" – „Die seh' ich doch nur in der Schule und im Hort." – „Da könntet ihr doch auch spielen, oder?" – „Nein, da haben wir keine Zeit, da machen wir Hausaufgaben." – „Die ganze Zeit?" – „Die ganze nicht, aber fast die ganze, sodass ich dann zu Hause nur noch wenig machen muss." Tristes Kinderleben, möchte ich da nur anfügen. Bis um 16 Uhr mit sechs Jahren im Hort, dann noch Hausaufgaben, dann ein bisschen Fernsehen, dann Abendessen, dann ins Bett. Und morgen alles von vorne. Es ist nicht die Schuld dieses Jungen und seiner Eltern! Wie war das mit Zolas Aufruf „J'accuse" oder in jüngster Zeit mit dem wundervollen Büchlein von Stéphane Hessel „Empört euch". Meine Empörung ist riesengroß, wenn es darum geht, wie die heutige neoliberal geprägte und ausschließlich auf Wachstum und Gewinn fixierte Gesellschaft und Politik unseren Kindern ihre Kindheit zertrümmert.

Das Ergebnis dieser neoliberalen Wirtschafts- und Politikordnung sind leidenschaftslose Kinder. Was Fabian und vielen anderen Kindern und Jugendlichen fehlt, ist ihre Begeisterung für irgendetwas. Sobald ich in der Therapie bei einem Kind eine Spur von Leidenschaft entdecke, weiß ich, dass die Therapie gut laufen wird. Diese Leidenschaften kommen oft in einem beiläufigen Satz daher:

> „Ich geh' manchmal mit dem Papa schwimmen, das macht mir viel Spaß." (Fabian, 6 Jahre)

> „Vor vier Wochen habe ich mit einem Tagebuch angefangen." (Juliane, 14)

> „Als ich klein war, noch vor der Schule, haben meine Schwester und ich uns immer verkleidet und lustige Sachen gespielt. War das schön!" (Marga, 16)

> „Mit zehn Jahren war ich gut in Judo. Dann hab' ich aufgehört, wegen der Schule, ging nicht mehr im Gymnasium, zu viele Hausaufgaben. Das war so cool, Judo." (Juri, 13)

> „Nee, ich hab' keine Hobbys (das Mädchen denkt lange nach). Früher habe ich meiner kleinen Schwester Geschichten erzählt, damit sie einschlafen konnte, aber jetzt? Das ist schon lange her." (Miriam, 18)

Sie sind da, die Leidenschaften. Aber man muss Zeit haben, den Kindern und Jugendlichen zuzuhören. Sie erwarten von ihrer Therapeutin ja überhaupt nicht, dass diese an ihren Leidenschaften interessiert sein könnte. Oft sagen sie mir als erstes, mitunter sogar schon beim Reinkommen, ihre neuesten Schulnoten – obwohl ich sie gar nicht danach frage. Ich antworte dann, je nach Stand in der therapeutischen Beziehung, mit dem Hinweis, dass mich ihre Noten nicht sonderlich interessieren, dafür sie selbst bedeutend mehr. Von den Jugendlichen bekomme ich dann manchmal zu hören: „Aber das bin ich doch!" – „Nicht nur, du bist viel, viel mehr als deine Noten." – „Finden Sie wirklich? Das hab' ich noch nie so gesehen." – „Doch, es ist schon so."

4. Hans Hopf (76 Jahre, Kinderpsychoanalyiker)

Ich lernte ihn anlässlich einer Tagung im österreichischen Obergurgl kennen. Das Abendessen war vorbei. Die Tische leerten sich. Da entdeckte ich am Nebentisch einen älteren Mann, der sich Notizen machte. Ich fragte meinen Tischnachbarn: „Wer ist das? Er kommt mir irgendwie bekannt vor." Die Antwort überraschte mich: Hans Hopf. „Was, das ist Hans Hopf? Oh, das ist einer meiner liebsten Gutachter. Der schreibt nämlich immer noch, wenn er die beantragte Therapie bewilligt, ein, zwei aussagekräftige Sätze – im Gegensatz zu vielen seiner Kollegen, die sich damit begnügen, festzustellen, dass der Antrag die Erfordernisse gemäß der Therapierichtlinien erfüllt. Den muss ich kennenlernen." Tags darauf habe ich ihm mein Buch geschenkt. Und als ich vom Skifahren in der zeitlich großzügig bemessenen Mittagspause zurückkam, saß er auf einer Bank in der klaren Wintersonne und las darin. Es gefalle ihm, sagte er, was er da im Buch finde. Ein erstes Gespräch entwickelte sich. Es sollten noch viele folgen. Er ist in meinem Geist einer meiner Lehrer. (Ich stelle mir gerade vor, wie er den Kopf schüttelt und meint, er würde doch auch von mir lernen.) Es ist so. Ich wusste Gott sei Dank immer, wann ich von einem Menschen lernen kann. 2013 hat er für sein Schaffen die höchste Auszeichnung bekommen, die die Deutsche Psychotherapeutenschaft zu verleihen hat: den Diotima-Ehrenpreis. Ich könnte mir keinen würdigeren Preisträger vorstellen. Und – Hans Hopf ist ein großer Kämpfer für die Jungen im deutschsprachigen Raum. Auch er mag die Diagnose „ADHS" nicht: „Sie verwischt, worum es wirklich geht, nämlich um Bindungsstörungen. Ein willkommenes Feigenblatt für die Pharmaindustrie, dank ADHS streicht sie satte Gewinne ein.“ Seine Bescheidenheit und sein warmherziges, unprätentiöses Verhalten gehen Hand in Hand mit einer tiefen und genauen Kenntnis der Kinderseele.

Ich nenne ihn: einen gütigen, respektvollen Begleiter der Jungenseele – und der Kinderseele allgemein.

4.1 Seine Kindheitserzählung

Wo setzen die Erinnerungen ein? Einige Fetzen: Der Güterwagen, darin ganz viele Menschen. Bis dahin hatte ich in Teplitz gelebt, also Sudetendeutschland. Der Vater war im Krieg. Luftangriffe. Nach einem schweren Luftangriff bekam ich einen epileptischen Anfall. Meine Mutter, die mich mit ihrer Angst überschwemmt, das Lager der Firma Zeiss, die Deportation in die russische Besatzungszone, die ehemalige DDR. Ich war dreieinhalb Jahre alt.

So beginnern also in diesem überfüllten Zug meine eigenen Erinnerungen. Doch es war schon einiges davor passiert. Im Herbst 1942 kam ich in der Stadt Teplitz-Schönau zur Welt. Damals Sudentendeutschland, heute Tschechien. Mein Vater war bei meiner Geburt Soldat im damaligen Jugoslawien. Meine Mutter musste irgendwie mit ihren drei Kindern allein zurechtkommen. Bombenangriffe. Luftschutzkeller. Meine Mutter hat mir Jahre später erzählt, dass sie bei diesen Bombenangriffen solche Angst empfunden habe, dass sie mich ganz eng in ihren Schoß presste und sich an mich klammerte. Meine Anfälle kamen danach häufiger. Die Anfälle hörten erst auf, als ich später nicht mehr bei meiner Mutter, sondern bei meiner Großmutter gelebt habe. Erst zogen wir aber ins heutige Mecklenburg-Vorpommern. Auf einen Bauernhof. Mutter, Oma und meine zwei Brüder, der eine 13 Jahre älter, der andere drei Jahre älter als ich. Meine Großmutter war meine wichtigste Bezugsperson. Wir hatten nun das Jahr 1946/47. Ich war jetzt vier Jahre alt. Meine Oma und ich hatten eine Zuzugsgenehmigung nach Hessen, wo eine Tante lebte.

Ich kam also mit Oma nach Hessen. Wir lebten zwei Jahre lang in einem alten Bauernhof der Tante. Ich führte ein wunderbares Leben mit meiner Oma. Es war eine glückliche Zeit für mich, auf jeden Fall wurde es die schönste Zeit meiner Kindheit. Wir waren ständig im Wald unterwegs. Wenn ich dann abends im Bett lag, sagte Oma: „Jetzt schläfst du, und deine Seele reist in der Welt herum und erlebt ganz viele Abenteuer. Und wenn du am nächsten Morgen aufwachst, gehört alles dir."

Doch dann musste ich zur Einschulung in das Flüchtlingslager Ebelsbach, wo ich meine Mutter und die Geschwister wieder traf. Dort sah ich zum ersten Mal meinen Vater. Er kam für einen Tag. Ein völlig fremder Mann, auch die restliche Familie war mir fremd geworden. Die Oma fehlte mir so unglaublich. Ich war tieftraurig. Doch dann hatte ich wieder Glück. Ich traf auf eine Lehrerin, eine wunderbare Frau, die mich in die Welt des Geistes einführte. In der 4. Klasse bekam ich einen Lehrer. „Der Junge muss ins Gymnasium," befand er. Also bin ich jeden Tag vom Flüchtlingslager ins Gymnasium nach Bamberg aufgebrochen. 20 Minuten zum Bahnhof. Eine halbe Stunde Zugfahrt, dann nochmals eine halbe Stunde Fußmarsch zur Schule. Und das mit zehn Jahren. Nach einem Jahr erhielt ich den höchsten Schulpreis. Ich war so motiviert. Das beste Zeugnis der Schule. Dafür gab es einen Geldpreis, 100 Mark.

Das Lager war wunderschön, so empfand ich es. Da waren mindestens zehn bis 20 Kinder. Mit einem Mädchen schreib' ich jetzt noch. Diese damalige Freundin lebt heute in Kanada. Später in meinem Erwachsenenleben, war ich ab 1996 therapeutischer Leiter im Therapiezentrum Osterhof. (Ein psychotherapeutisch-pädagogisches Kinderheim, das seit seiner Gründung 1965 erfolgreich Kinder im Alter von drei bis zwölf Jahren aus schwierigen Verhältnissen bis zu zwei Jahren betreut, mit dem Ziel der Reintegration in die Familie.) Dort hatte ich ein Déjà-Vu-Erlebnis: Ich war verblüfft, wie sehr mich der Osterhof an das Flüchtlingslager meiner Kindheit erinnerte. Damals, in der Umgebung unseres Flüchtlingslagers, wurden wir Flüchtlingskinder total abgelehnt. „Ihr dreckigen Zigeuner, ihr stinkt", so haben uns die Kinder aus dem benachbarten Dorf nachgeschrien.

Durch die Vertreibung hatte unsere Familie alles verloren. Wir durften nur ein paar Fotos mitnehmen. Zu Besuch bei einem guten Freund aus dem Dorf, dem einzigen damals, sah ich erstmals in meinem Leben ein richtiges Wohnzimmer.

Doch dann, mit elf Jahren, überwältigte mich eine seltsame Traurigkeit. Ich verstand es selbst nicht. Ich hatte Angst, große Angst. Ich habe sie vor allen anderen verborgen. Mit zwölf Jahren ging unsere Familie ins württembergische Schorndorf. Mein Vater hatte das erste Mal seit sieben Jahren wieder Arbeit. Eigentlich war er gelernter Konditor. Doch nach dem Krieg war er nur noch Arbeiter.

Weitere Ängste überfielen mich. Sie wurden immer stärker, quälender. Ich habe es niemandem gesagt. Mit Beginn der Pubertät hat sich also die ganze frühkindliche Traumatisierung entladen. Ich war kein guter Schüler mehr. Und ich hatte eine panische Angst vor dem freien Sprechen. Doch das habe ich damals richtig gemacht: Ich habe die Situationen des freien Vortragens nicht vermieden. Ich hatte tief sitzende Verspannungen. Schreckliche Höhenangst. Deswegen kenne ich die Angstsymptomatik so gut. Diese Ängste haben mich in allem beschränkt. Auch im Kontakt mit Mädchen. Im Studium wurde es ganz schlimm. Der Arzt vermutete Multiple Sklerose. Doch dann ging ich, Gott sei Dank, zu einem Psychiater. Der sagte mir: „Sie sind körperlich gesund, doch Ihre Psyche ist sehr krank." Der Psychotherapeut und Arzt, der mich dann behandelte, war kriegsversehrt. Splitter einer Granate waren ihm ins Gesicht geflogen.

Ich ging gleich nach dem Abitur auf die pädagogische Hochschule. Mit 21 Jahren war ich Grundschullehrer. Dann begann ich mit 29 Jahren am Stuttgarter Institut eine Ausbildung zum Kinder- und Jugendpsychotherapeuten. Später war ich dort Gründungsmitglied eines neuen Instituts. Das psychoanalytische Institut „Stuttgarter Gruppe", wie wir uns nannten, wurde gewissermaßen meine Familie. 1985 folgte ein fünfjähriges Aufbaustudium in medizinischer Psychologie, Physiologie und Psychiatrie, und 1989 die Promotion.

Mein Doktorvater sagte mir: „Wir müssen etwas tun für die Aufwertung der Kindertherapie." Ich habe ihm geantwortet: „Das mach' ich." Ich wollte mich vor allem für die Jungen, ein aktuell so deutlich diskriminiertes Geschlecht, einsetzen. So oft fehlt der Vater, auch in den öffentlichen Institutionen. Es fehlt in den Kindergärten, im Hort, an den

Grundschulen an männlichen Vorbildern. Auf diesem Gebiet gibt es noch viel zu tun. Warum haben fast ausschließlich Männer Perversionen? Warum gibt es heute entweder feminine Jungen oder aggressivierte und sexualisierte Jungen? Die Nähe zur Mutter ist oft viel zu groß. Bei inzestuösen Mutter-Sohn-Beziehungen können Jungen nicht groß werden. So viele Fragen. Es gibt noch viel zu tun.

4.2 Die guten Objekte

Auch bei Hans Hopf müsste man sagen: eine verdammt schwere Kindheit. Vertreibung, Flucht, ein unbekannter Vater, der plötzlich ins Leben des Jungen tritt, doch dort gar nicht richtig anwesend sein wird. Eine Mutter, die im Bombenhagel das verängstigte kleine Kind mit ihrer eigenen Angst überschwemmt und ihm keinen emotionalen Schutz gewähren kann.

Doch es gibt die Oma. Und ich glaube nicht, dass ich Hans Hopfs Großmutter in ihrem prägenden Einfluss auf die psychische und geistige Entwicklung ihres Enkels überschätze. Wir werden bei der Kindheitserzählung von Silvia im nächsten Kapitel einen ebenso starken Einfluss wahrnehmen. Dort ist es noch um einiges gravierender, weil die rettende Person, die SOS-Kinderdorf-Mutti, erst im sechsten Lebensjahr die verheerenden Verwüstungen korrigieren konnte, die die Heime und die Pflegemutter in Silvias kleiner Seele angerichtet hatten. Doch beiden, Silvias Kinderdorf-Mutti ebenso wie der Großmutter von Hans Hopf, ist es geglückt, in ihrem Schützling gute Beziehungserfahrungen zu verankern, sodass die Kinder sie verinnerlichen konnten. Diese positiven Seelenabdrücke bringen sie in ihrer Entwicklung voran und helfen ihnen, in späteren schwierigen Lebensphasen nicht unterzugehen, sondern immer wieder ein Weitergehen zu wagen.

4.3 Unsere verinnerlichten Beziehungserfahrungen

Hans Hopf hat ein wunderbares Kindertraum-Buch geschrieben. Und dies wurde ihm vielleicht dadurch ermöglich weil seine Großmutter, der er aus Liebe geglaubt hat, ihm sagte, dass seine Seele in der Nacht reise und viele Abenteuer erlebe. Die beiden waren in einer kargen Umgebung unterwegs. Es gab nicht viel zu essen, keine Spielsachen, keine soziale Wertschätzung für diese zwei so unwillkommenen Flüchtlinge. Doch es gab eine Oma mit Fantasie, eine Oma, die es verstand, die dürftige äußere Welt in eine reiche Innenwelt umzuschreiben, die Innenwelt des kleinen hungrigen Jungen reich und großartig zu entwerfen: „Du erlebst ganz viele Abenteuer." Natürlich waren diese Worte auf sein Traum-Leben bezogen. Doch was entnimmt ein waches Kind solchen Lebensanleitungen? „Ich habe vielleicht an materiellen Schätzen nicht viel oder gar nichts – doch meiner Vorstellungskraft sind nicht so schnell Grenzen gesetzt", lautet die Antwort, „die gestalte und verwalte nämlich nur ich allein."

Wir finden diesen Vorgang der Imagination auch in dem Buch „Roman eines Schicksallosen" des ungarischen Schriftstellers und Nobelpreisträgers Imre Kertész. Auch Kertész verstand es, seine grauenhafte Außenwelt im Konzentrationslager in eine Welt mit Köstlichkeiten wie einer Scheibe Brot zu verwandeln. Im Verhalten des grausamen KZ-Wärters, der unter den Augen des jungen und ausgehungerten Kertész ein Stück Brot genussvoll verschlingt, glaubt der 13-Jährige so etwas wie „Menschlichkeit" zu entdecken, weil dieser sich irgendwann abgewandt hatte beim Verzehr der köstlichen Brotscheibe. Dieser psychische Kraftakt, nämlich das Verhalten des Wärters mit Menschlichkeit zu assoziieren, gelang ihm Kraft seiner Imagination – nur so konnte er mit 13 Jahren in einer „menschlichen Eiswüste" überleben. Denn wenn man zulange ungeschützt und ungesichert in die Fratze des Todes blickt, setzt unmerklich das eigene Sterben ein. Sei es psychisch (zum Beispiel bei Gewalttätern oder jugendlichen Amokläufer, die zu keinerlei Empathie mehr fähig sind) oder physisch, indem die Abwehrkraft schwindet, das Immunsystem also kollabiert.

Hanna und Nora Ziegert schreiben in ihrem Buch „Die Schuldigen" über einen von der eigenen Mutter sexuell missbrauchten Sohn, der sich dann mit 20 Jahren rächt und die Mutter vergewaltigt: „Sie hat mich zu allem bewegen können, weil sie mich mit ihrer Liebe belohnt hat, mit Zärtlichkeiten. (Die Mutter hatte ihren Sohn bis zum zwölften Lebensjahr in Afrika bei den Großeltern gelassen und ihn erst dann zu sich nach Deutschland geholt.) Ich war ihr ständig unterlegen, und daran gewöhnte ich mich so sehr, dass es sich für mich irgendwann normal anfühlte. Meine Unterlegenheit wurde immer größer, ohne dass ich mich dagegen wehren konnte, sie war einfach zu liebevoll." Wobei man sagen muss, dass eine einseitige Zuweisung der Schuld an diejenigen Mütter mit innerlich bzw. äußerlich abwesenden oder nicht vorhandenen Vätern problematisch erscheint, so interessant die Berichte und Psychogramme der Täter auch zu lesen sind.

Dass bei Hans Hopf dann in der Pubertät die „Traumatisierung sich (doch noch) entlädt", ist keine Überraschung und auch nichts Außergewöhnliches. Die Pubertät ist eine erste große Schwellensituation im Leben eines Kindes. In der Pubertät kommt es zu ersten Ablösungsschritten von wichtigen, im Normalfall den elterlichen, Bezugspersonen. Das wird nicht angekündigt. Von niemandem. Es passiert einfach – oder sollte passieren. Um sich ablösen zu können, braucht man feste, stabile psychische Strukturen. Und wenn aufgrund schwerwiegender Ereignisse diese Stabilität schon vorher brüchig war, dann reicht eben der Vorrat an psychischer Kraft, den man in der Kindheit sammelt, für die Bewältigung der ersten großen Krise nicht aus. Jede Schwellensituation ist eine psychische Krise – doch gleichzeitig auch Wachstumschance! Weitere Schwellensituationen sind der Auszug von Zuhause, die Geburt des ersten Kindes, eine Scheidung, eine schwere Krankheit, die Midlife-Krise, das Altern, der Tod. Alle diese Schwellen werden gut genommen, wenn genügend innere Stabilität und Kraft vorhanden sind. Doch nur dann. Sonst kommen wir alle in die Situation der Nachbesserung, d. h. wir müssen ausgebliebene Entwicklungsschritte nochmals ganz bewusst nachholen und integrieren lernen. Auch ein normaler Vorgang und keineswegs pathologisch. Nur ist es ein Schritt, der zuerst einmal weh tut oder sogar höllisch schmerzen kann. Oft gelingt er nicht ohne Tränen, abgründige Angst und viel Trauer. Also Zutaten, die wir gerne vermeiden. Leider tun dies manche von uns solange, bis es zu spät ist, und ihnen nur noch der Tod ins Leben tritt.

Was die guten Objekte angeht: In meinem eigenen Leben war es mein Vater. Und inzwischen kann ich sagen, – man wird ja reifer und empathischer – auch meine Mutter. Sie ist halt zu früh geboren und hatte keine große Chance auf einen selbstverwirklichten Lebensentwurf. Auf den ersten, kurzsichtigen Blick könnte man sagen: Sie ist in die falsche Familie hineingeboren worden – patriarchaler Vater, unsichere Mutter. Auf den zweiten und klügeren Blick beobachtet war es doch die richtige Familie. Es war die ihr mögliche Familie. Ihre (und meine) Familie einfach.

Ich finde bei vielen Patienten, die in meine Praxis kommen, schwere Schicksale, Traumatisierungen, familiär bedingte Unglücke. Doch oft imponiert mir sehr schnell, was wir Therapeuten die Ressourcen nennen. Und so gut wie immer finde ich bei diesen Kindern und Jugendlichen ein gutes Objekt. Das kann, wie bei Hopf, die Oma sein, ein älteres Geschwister, ein Lehrer, der erstmals an das Kind glaubt, die Schwester der Mutter, die einen guten Zugang zum Kind findet, eine ältere Nachbarin, die sich liebevoll kümmert. Es müssen nicht immer die Eltern sein! Das sei zur Entlastung aller Eltern gesagt. Wobei sich nach einer längeren Therapie oft auch die Beziehung zwischen den Eltern und dem Kind entscheidend verbessert. Plötzlich können die (älteren) Kinder erkennen, dass die Mutter sie durchaus liebt, aber ihre Liebe etwas unsicher zeigt, weil sie selber nie sicher und verlässlich geliebt worden ist. Oder dass der Vater nur abfällige Bemerkungen macht, weil er selbst mit solchen Bemerkungen aufwachsen musste und geglaubt hat, dass er diese Entwertungen verdiene.

Ein 50-jähriger Mann kam zu mir in Therapie mit den Worten: „Ich wurde von meinem Vater oft geschlagen, aber ich hab' die Schläge ja auch verdient." – „Warum haben Sie denn die Schläge verdient, was haben Sie gemacht?" – „Ach, eigentlich nichts so Schlimmes, wenn ich jetzt darüber nachdenke. Einmal etwa hab' ich meinem Vater gesagt, er verstehe ja überhaupt nichts von Kindern. Da ist er ausgerastet. Ich war schon ein schwieriges Kind." – „Sie schützen Ihren Vater jetzt noch, merken Sie es? Und Sie lassen das Kind, das Sie waren, so viele Lebensjahre später immer noch im Stich."

5. Silvia (59 Jahre, Künstlerin, Heilpraktikerin)

Silvia gehört schon viele Jahre zu meinem Erwachsenenleben. Das erste Mal sind wir uns in einem Astrologiekurs begegnet. Sie fiel mir sofort auf. Ich kenne niemanden, der ein so mitreißendes Lachen hat. Ihre braunen Augen leuchten wie winzige Juwelen. Meinen anderen Freunden habe ich sie früher oft mit den Worten vorgestellt: „Die Frau mit dem strahlenden Gesicht." Das tue ich jetzt nicht mehr. Man will ja Menschen nicht in Bilder treiben. Diese könnten zur Verpflichtung werden, zu einer Zuschreibung, hinter der dann plötzlich der Mensch wie unter einer Maske verschwindet. Obwohl Silvia es vermutlich gar nicht mit sich machen ließe, dass man sie in Bilder verpackt. Dafür ist sie zu sehr das Kämpfen um die Wahrheit, lange Jahre um ihre eigene, gewohnt. Eine wie sie hat schon mit größeren Herausforderungen im Laufe ihres Lebens fertig werden müssen.

Sie ist für mich der unschlagbare Beweis, dass es auch Menschen mit einer frühen Bindungsstörung schaffen können, erfolgreiche und zufriedene Erwachsenen zu werden. Bis zu ihrem siebten Lebensjahr ist sie keinerlei Form von Liebe begegnet. Ihre Biographie ist in den ersten Lebensjahren eine einzige, martervolle Ansammlung von Verletzungen, von Deprivation, von Trennungserfahrungen, von Gewalt. Doch dann ist sie ihrer SOS-Kinderdorf-Mutti begegnet, einer Frau, die ich vor vielen Jahren auch kennenlernen durfte. Und diese Frau hat ihr einfach mit Liebe und Vertrauen geantwortet. Zur Illustration fällt mir eine Szene aus Woody Allens wunderbarem Film „Innenleben" ein. Die, von den drei Stieftöchtern als vulgär und ungebildet abgelehnte Stiefmutter antwortet der jüngsten von ihnen auf ihr leises und hoffnungsvolles Rufen nach der Mutter einfach mit „ja" – und zwar in einer Situation, in der die junge Frau ein paar Stunden zuvor noch mit dem ungeborenen Leben in ihrem Bauch ins Wasser gehen wollte. Das sind diejenigen Zutaten in einem Kinderleben, die offenbar auch schwerste Verletzungen heilen können.

Zu Silvia fallen mir die Zeilen aus Hermann Hesses Gedicht „Stufen" ein:

Es muss das Herz bei jedem Lebensrufe
Bereit zum Abschied sein und Neubeginne,
[…]
Nur wer bereit zum Aufbruch ist und Reise,
Mag lähmender Gewöhnung sich entraffen.
[…]
Des Lebens Ruf an uns wird niemals enden,
Wohlan denn, Herz, nimm Abschied und gesunde!

Sie wurde immer wieder in Abschiede gedrängt. Ihr Bemühen, sich dort, wo sie gerade gelandet war, einzupassen und heimisch zu werden, war immens. Ich habe mir beim Blättern in ihrer dicken juristischen Akte im Zusammenhang mit ihrer Einweisung als Vierjährige in die Psychiatrie und dem zwei Jahre später folgenden Pflegeschaftsentzug, wiederholt die Augen gerieben: Wie sehr sind abhängige Kinder bereit, den Erwachsenen alles zu verzeihen, nur damit sie nicht untergehen, damit sie nicht verlassen werden. Wie sehr sind sie bereit, jeden Tag aufs Neue zu hoffen, dass der Erwachsene sie jetzt lieben wird, wenn sie ihm diesen Wunsch noch erfüllen und jenen und dann noch einen. Édouard Louis schreibt in seinem autobiografischen Roman „Das Ende von Eddy", dass er absichtlich die Liebesbriefe eines Mädchens in seiner Hosentasche stecken ließ, damit seine Mutter sich nicht über ihren schwulen Sohn grämen musste. Sie fand die Briefe prompt: „Wenigstens an diesem Abend hatte ich die Ängste zerstreuen können, die meine Mutter umtrieben. Sie strahlte."

Silvia hat, als sie ins SOS-Kinderdorf kam, von ihrem früheren traumatisierenden Leben Abschied genommen und eine innere Reset-Taste gedrückt. Doch ihre wahre Kraft bestand wohl darin, ihr neues Leben auf dem alten Leben aufzubauen – und nicht das alte Leben wegzudrücken wie einen Alptraum. Bereits die 16-Jährige hatte den Mut, den alten Ort des Leidens wieder aufzusuchen. Es muss sehr wehgetan haben, doch sie hat sich diesem alten Schmerz gestellt. Und so wurde denn auch ein Abschied möglich und viel Platz für Neues: Für ihre Kunst als Malerin, für ihre Tätigkeit als Heilpraktikerin für Psychotherapie und als Geistheilerin mit Schwerpunkt für geistige Wirbelsäulenaufrichtung – auch hier verbindet sie ihre Arbeit mit gestaltungstherapeutischen Elementen –, für die Liebe, seit Neustem für das Amt der Stadtschreiberin von Nürnberg, für Kalligraphie (sie gestaltet sämtliche Urkunden und Einträge ins Goldene Buch der Stadt Nürnberg), für die Patenschaft unserer Tochter.

5.1 Ihre Kindheitserzählung

Die ersten drei Jahre meines Lebens verbrachte ich in Säuglingsheimen. Die Mutter hat mich vier Tage nach ihrem 16. Geburtstag entbunden. Der Vater war Türke. Er war schnell weg, wollte nichts mehr von ihr wissen, als er gemerkt hat, dass sie schwanger war. Sie machte zu der Zeit gerade eine Friseurlehre. Mit ihrer Mutter zusammen lebte sie in einer Einzimmerwohnung in Schwabing, einem Ortsteil von München. Auf ihre Anfrage beim Sozialamt nach einer größeren Wohnung erhielt sie eine Absage.

Als ich drei Tage alt war, fasste meine Mutter den Entschluss, mich zur Adoption freizugeben. Die Oma war ihr keine Hilfe, sie war vom Krieg traumatisiert.

Auch die Oma war früh Mutter geworden. Sie war 18, als Karin, meine Mutter, auf die Welt gekommen ist. Karins Papa war zu dem Zeitpunkt in russischer Gefangenschaft. Als er nach sieben Jahren aus der Gefangenschaft heimkehrte, hat er sich ein anderes Mädchen gesucht. Auf die Frage meiner Mutter, warum die Oma denn nie versucht habe, den Mann zu finden, hat ihr diese nur geantwortet: „Das braucht dich nicht zu kümmern, der ist weg."

Ich wurde nicht adoptiert. Offenbar wollte mich niemand. Nach dem Aufenthalt in zwei Säuglingsheimen, kam ich mit zwei Jahren in ein Kinderheim. Es hat fast noch ein Jahr gedauert, bis mich endlich eine Pflegemutter abgeholt hat. Sie kam aus Rottach-Egern. Beide Pflegeeltern sind inzwischen tot.

Der Pflegevater war Waldarbeiter und kam nur an den Wochenenden nach Hause. Unter der Woche war ich mit meiner Pflegemutter allein. Ich habe sie nie ohne Perücke gesehen. Es war ein schönes Haus. Sie war, wie ich in den Unterlagen später nachgelesen habe, manischdepressiv. Sie hat geraucht wie ein Schlot, war spindeldürr. Und ich kann mich erinnern, dass ich immer Haferschleimbrei essen musste zum Frühstück. Beim Essen wurde ich immer klein gehalten. Und ich bekam kaum etwas zu trinken. Eine Tasse Milch zum Frühstück, dann, nach dem Mittagsschlaf, wieder eine Tasse Milch. Fertig.

Sie hat mich ständig beobachtet.

Die Nachbarskinder konnte sie nicht ertragen. Sie stand immer oben am Fenster und hat uns beim Spielen beobachtet. Die meiste Zeit war ich mit ihr allein. Das einzige Highlight war für mich, wenn der Pflegevater am Wochenende endlich heimkam. Dann musste ich baden, danach war Sabine, meine Pflegemutter dran, und ich durfte in der Zwischenzeit aus dem schweren Krug, in den der Pflegevater zwei Flaschen Bier gefüllt hatte, zwei Schlucke trinken. Das war aufregend, unser Ritual. Ich hatte ihn endlich mal für mich.

Aus alten Unterlagen erfuhr ich, dass ich damals unter starken Gewichtsschwankungen gelitten habe. Der Arzt meinte, ich hätte nicht das Gewicht, das ich bräuchte. Um dem abzuhelfen, gab mir die Pflegemutter Malzbier.

Meine Pflegemutter war streng preußisch erzogen worden. Ich durfte nie sein, wie ich war. Ich musste ihrem ständigen Drill folgen. Schnell kam der Teppichklopfer zum Einsatz. Mit fünf, sechs Jahren begann ich mich zu wehren. Wurde wütend. Es war alles so dunkel und düster im Haus. Eine große Abwechslung waren die Eichhörnchen, die ich bei Zimmerarrest vom Fenster aus beobachten konnte.

Mit vier Jahren kam ich in die Kinderpsychiatrie. Dort ließ mich die Pflegemutter ein halbes Jahr stationär. Bis zum 1. August 1965.

Meine Einweisung erfolgte wegen hochgradiger Nervosität, Erregungszuständen und Schlafstörungen. „Ein intellektuell gut begabtes Kind mit starken Regressionstendenzen“, so ergaben die zahlreichen Untersuchungen in der Heckscher Klinik in München.

Jetzt, im Nachhinein, würde ich sagen: Diese Frau hat meine Kinderseele permanent vergewaltigt.

In meiner Patientenakte stand:„Zur Sedierung verabreichen wir ihr Mellaril 25 mg, eine Tablette täglich. Diese Medikation sollte auch zu Hause noch eine Zeit lang weiter verabreicht werden.“ Die behandelnde Ärztin hielt fest, „dass Silvia bei jeder Anerkennung glücklich ist und sie am Ende des Aufenthaltes selbstständig und konzentriert spielen konnte."

Meine Pflegemutter war 1916 als Tochter eines Staatsanwaltrates geboren worden. Sie war 47 Jahre alt, als ich zu ihr in Pflege kam. Sie war Dolmetscherin, stammte aus einem „noblen" Haus. Sie hat, genau wie ihre Mutter, kaum gegessen und nur geraucht. Dann musste ich also zu ihr zurück. Drei Monate vor meinem fünften Geburtstag. Bei meiner Rückkehr fand ich mein Kinderzimmer ausgepolstert vor, damit man mein Schreien nicht hören konnte. Einmal fuhr ich mit ihr zu ihrer Schwägerin nach München. Da erfuhr ich meinen ersten Missbrauch – durch den Mann der Schwägerin. Ich musste Mittagsschlaf halten, obwohl ich nicht wollte. Er hat sich zu mir ins Bett gelegt und mir von einem Kätzchen erzählt. Ob ich mal den Schwanz des Kätzchens anfassen wolle, fragte er. – „Wo, wo ist ein Kätzchen!" – „Da, unter der Decke." Am nächsten Tag hab' ich mich mit aller Kraft geweigert, einen Mittagsschlaf zu halten. Mit fünf Jahren erhielt ich von der Pflegemutter jeden Tag Belladonna retard (homöopathisches Mittel zur Fiebersenkung). Sie stellte mir das Medikament immer als Belohnung in Aussicht, erzählte, dass ich die bunten Tabletten ja so möge. „Aber nur, wenn du machst, was ich will."

Dieses Martyrium fand ein Ende, als ich mit sechs Jahren in den Kindergarten kam. Eigentlich hätte ich eingeschult werden sollen. Doch die Lehrer waren der Meinung, ich sollte zuerst einmal in den Kindergarten. Ich habe mich so gefreut, dass ich endlich von ihr weg war für ein paar Stunden. Von der körperlichen Entwicklung sah ich als Sechsjährige wie eine Achtjährige aus. Neben dem Kindergarten war die Schule. Dort standen Fahrräder herum. Ich habe mir eines geschnappt und mir selbst das Fahrradfahren beigebracht. An Fasching wollte ich als Prinzessin gehen, wie die anderen Mädchen auch. Doch meine Pflegemutter sagte: „Du gehst als Hexe."

Vor den Behörden gab sich meine Pflegemutter besorgt und einsichtig: „Silvia geht leidenschaftlich gern in den Kindergarten, dann macht sie einen Mittagsschlaf, dann darf sie mit den Kindern draußen spielen." Ich durfte nie mit den Kindern spielen. Sie wollte schon bald nicht mehr, dass ich den ganzen Tag im Kindergarten bin, denn (so steht es in Unterlagen): „Silvia ist doch ein Heimkind und sollte möglichst viel Familie haben, verstehen Sie?“ Im Juli 1967 schrieb sie an die Jugendfürsorge: „Silvia muss ja noch das Trotz- und Weinalter nachholen, hat die Ärztin gesagt. Wie recht diese Ärztin hat! Ihre Befürchtungen werden noch bei weitem übertroffen. Ich habe ja als Kindergärtnerin früher manches erlebt. Doch Silvia schreit schon nicht mehr menschenähnlich, ich muss mich ständig bei den Mietern entschuldigen. Dabei habe ich alle Wände in ihrem Zimmer auspolstern lassen. Mein Mann ist ihrer Raffinesse ausgeliefert. Er erliegt Silvias Charme. Sie nützt das nach Strich und Faden aus. Mein Mann ist mir keine Hilfe. Er ist, wenn er da ist, immer nur im Garten und werkelt dort herum.“

Eine Nachbarin hatte gesehen, wie meine Pflegemutter mit mir auf der Straße umgegangen ist, mich geschlagen hat. Sie verständigte sofort das Jugendamt. Daraufhin hat meine Pflegemutter zu Protokoll gegeben – sie hat zu dem Zeitpunkt täglich eine Unmenge an Tabletten geschluckt – sie käme mit meiner Erziehung nicht mehr zurecht. Ich wurde sofort aus der Pflegefamilie rausgenommen. Die Begründung lautete: „Frau K. ist sehr nervös und bringt nicht die nötige Geduld auf. Sie ist der Meinung, dass sie mit einer übertriebenen Strenge bei ihrer Pflegetochter etwas bewirken könne.“ Der Text der anonymen Anzeige der Nachbarin lautete: „Das Kind wird auf der Straße dermaßen geschlagen, dass Nachbarn und Kurgäste entsetzt sind.“ Das Jugendamt sah es als erwiesen an, „dass das Pflegekind durch die Pflegemutter erheblich gefährdet ist. Das Mädchen kommt vorübergehend in ein Kinderheim in München.“ (Silvia meint dazu im Rückblick ruhig: „Ich hätte sie, wenn ich nicht weggekommen wäre, ein oder zwei Jahre später umgebracht.“)

Mit sechseinhalb Jahren war damit das Martyrium für mich zu Ende. Ich kam 14 Tage in ein Kinderheim und danach erhielt ich einen Platz in einem SOS-Kinderdorf. Nach einigen Wochen schrieb mir meine Pflegemutter: „Ist es so schön, wie du immer gedacht hast? Du wolltest doch immer in ein Kinderheim.“

Jetzt war ich in Sicherheit. Jetzt fingen endlich gute Jahre an, mit meiner Mutti. In ihr hatte ich jetzt das erste Mal eine Mutter gefunden.

Eine Erinnerung an die 14 Tage Kinderheim in München verfolgt mich manchmal bis heute in meinen Träumen: Dort war neben einer schwarzen Ecke die Toilette. Ich sollte alleine dorthin gehen. Doch ich kam nicht an dem schwarzen Eck vorbei, ich hatte solche Panik. Eine nette neue Betreuerin hat meine Angst gespürt und mich begleitet. Ich bat sie: „Du darfst mich nicht allein lassen, versprochen?" Sie blieb. In diesem Heim entdeckte ich eine Schublade mit Gummibärchen. Ich habe eines nach dem anderen gegessen. Dann war die Schublade leer. Plötzlich bekam ich Angst. Eine Zwölfjährige kam und hat geschrien: „Wer hat meine Gummibärchen gegessen?" Doch dann hat das Mädchen super reagiert. Ich habe mich bei ihr entschuldigt und gestammelt: „Ich wollte die gar nicht essen, doch es ist einfach passiert." Die Gummibärchen-Geschichte war für mein weiteres Leben ein Schlüsselerlebnis. Du kannst lügen oder ehrlich sein. Ich hatte mich in jenem Augenblick instinktiv für die Ehrlichkeit entschieden – und wurde nicht bestraft.

Ein Mann vom Jugendamt kam und wollte mit mir im Zug zu „Mutti" fahren. „Wohin fahren wir?" – „Zur Mutti." – „Nein, das möchte ich nicht", protestierte ich. „Und außerdem stimmt das nicht, wo sind die Berge?" Ich hatte geglaubt, es gehe zu meiner Pflegemutter zurück. Dann standen wir an einem mir fremden Bahnhof und liefen von da aus noch eine Viertelstunde in glühender Juli-Hitze in das SOS-Kinderdorf Immenreuth (Oberpfalz). Wir klingelten an einer Tür, eine fremde Frau öffnete und es hieß: „Das ist jetzt deine Mutti." Ich habe gemerkt: Die freut sich. Die Frau hat nämlich gestrahlt. Es gab Limo und Kuchen, so viel ich wollte. Ich war im Paradies angekommen.

Und dann hatte ich plötzlich Geschwister. Zwillingsjungen (zwei Jahre alt) und drei größere Brüder (acht, zehn und zwölf Jahre alt). Meine Mutti hatte eine reine Jungengruppe. Sie hatte sich total gefreut, als sie gefragt wurde, ob sie noch ein Mädchen aufnehmen könne.

Die Jungs waren alle gestört. Sie kamen in die Pubertät. Mutti musste mich beschützen. Einer der Brüder drohte mir: „Wart nur, wenn du Mutti was verrätst, ich pass' dich vor der Brücke ab und verprügle dich." Die Brüder haben mich Hexe genannt. „Du bist so fett, dir hängt doch der Arsch bis zur Kniekehle runter." Oder sie machten sich über meine große Nase lustig. Doch Mutti antwortete ihnen ganz ruhig: „Ihr seid doch nur neidisch, Silvia ist ein wunderschönes Mädchen.“ Der älteste der Brüder war Exhibionist. Der zweitälteste hat mich öfter sexuell missbraucht. Mit meiner geliebten Mutti konnte ich nicht darüber reden. Ich konnte einfach nicht, genau wie damals mit fünf Jahren in München.

Nach der Ankunft wurde ich zuerst einmal krank. Ich litt drei Jahre lang unter nächtlichem Schreien. Jede Nacht. Irre, was meine Mutti da geleistet hat, wie viel Verständnis sie gezeigt hat. Sie hat mir von Anfang an vertraut. Und ich hatte immer das Gefühl: Sie hat für mich Zeit, trotz ihrer vielen anderen Kinder. Sie war, im Nachhinein betrachtet, eigentlich meine beste Therapeutin. Sie hat behutsam nachgefragt. „Silvia, was war? Du schreist so laut, kannst du dich erinnern?“

Durch sie konnte ich heilen. Sie war zudem eine schöne, elegante Frau. Sie hat mir gute Manieren beigebracht. Sie war und ist immer freundlich, höflich, hat für jeden Verständnis. Sie ist mein Glücksfall.

Mit 16 habe ich meine Pflegeeltern besucht. Ich wollte wissen: Was finde ich vor? Deckt sich das mit meinen Erinnerungen? Ich fand die abgepolsterte Tür wieder. Die Pflegemutter hat immer noch geraucht wie ein Schlot. Die Atmosphäre war beklemmend, unverändert düster. Ich war so froh, als ich wieder gehen konnte. Doch ich erinnere mich noch, dass ich den Abschied wie eine Befreiung aus einem endlos andauernden Albtraum empfunden habe. Ich war nicht mehr dort, ich war woanders. Das hab' ich plötzlich verstanden, als ich zu Mutti zurückfuhr. Nach Hause.

5.2 Traumatisierung in der Kindheit

Silvia ist ein schwer traumatisiertes Mädchen und Kind gewesen. Ich begegne manchmal in meiner Praxis solchen Kindern, bei denen man als Therapeutin fassungslos dasteht und sich fragt: Wie hat dieser junge Mensch das überleben können, ohne in seiner Seele schwer beschädigt zu sein? Wo kommt diese ungeheure Kraft her, Jahre faktischer Lieblosigkeit, Jahre voller Gewalt, physischer und psychischer wohlverstanden, als Jugendliche und später als Erwachsene einfach wegzustecken? Andere gehen doch an viel weniger zugrunde.

Wir könnten jetzt den beliebten und aktuell viel zitierten Begriff der Resilienz bemühen. Einige Menschen scheinen mehr Resilienz, also Widerstandskraft aufzubringen als andere. Doch die kommt nicht aus dem sozialen Nirgendwo. So in der Art: Der eine hat halt mehr Resilienz, der andere weniger, also muss es an den Genen liegen.

Wenn Menschen mir sagen, dass Krebs, Depression, ADHS etc. „an den Genen liegt, schon mein Vater hatte das", dann kommt mir das immer wie ein Totschlagargument vor. Man kann nichts machen. Schulterzucken, das ist leider so, immer schon so gewesen. In der Mehrgenerationentherapie hat mir der Vater eines 14-Jährigen mit nervösem Magen gesagt: „Das liegt in der Familie, mein Vater hatte Magenkrebs, ich habe mit Magenproblemen zu tun. Niklas hat halt die gleiche Baustelle, da kann man nix machen." Ich – mit meiner Liebe für Begrifflichkeiten – erwidere: „Sie sprechen von Baustelle, das heißt doch, dass da etwas nicht zu Ende geführt worden ist, oder?" – „Ja, natürlich, wir reagieren halt alle in der Familie nicht gut auf Stress. Stress, das können wir nicht so." – „In Ihrer männlichen Linie, ja, da hat der Opa seine geringe Stressresistenz an den Vater, der Vater wiederum an den Sohn weiter gereicht. Aber man kann doch lernen, mit Stress umzugehen. Oder wollen Sie Ihrem 14-jährigen Sohn die traurige Mitteilung machen: „Du wirst vielleicht auch mal an Magenkrebs sterben wie dein Opa, weil das an deinen Genen liegt." – Schweigen. Gute, stille Nachdenklichkeit beim Vater. Er ist sichtlich bewegt, sein Unterkiefer zittert leicht.

Es gibt auch in psychisch-somatischen Belangen so etwas wie einen *Familiengehorsam*, wie ich immer wieder beobachten kann. Wir haben alle Probleme mit der Verdauung / wir sind alle auf dem Magen empfindlich / wir haben alle Schlafstörungen / wir neigen alle zu Migräne, heißt es dann. Und ich stelle bisweilen mit Erstaunen fest, wie vor allem Kinder und Jugendliche diese Sichtweise der Eltern unkritisch und hilflos fast zu einem Gebot erheben. Zu einer nicht mehr in Zweifel gezogenen Tatsache. „Gehorsam ist die Unterwerfung unter den Willen eines anderen. Dieser Andere übt Macht über den Unterworfenen aus, lange bevor Sprache und Denken sich ordnen, sodass der Gehorsame später seine Unterwerfung während der Kindheit gar nicht wahrnimmt und sie erduldet, ohne sich dessen bewusst zu sein." (Arno Gruen)

Silvia (59 Jahre, Künstlerin, Heilpraktikerin)

5.3 Die Sache mit den Genen

Es gibt sie, die Gene, zweifelsohne. Und sie statten jeden von uns anders aus. Doch sie sind kein Fixum, keine feste und unveränderbare Größe. Wir können mit unserer genetischen Ausstattung arbeiten. Und das tun wir in dem Augenblick, in dem wir uns neue Erfahrungen holen aus dem gigantischen Nervenzellen-Pool des eigenen Lebens. Natürlich wird unser Hirn nicht durch eine einmalige neue Erfahrung neu justiert, neu konzipiert. Das Hirn zu verändern, erfordert Arbeit. Gerald Hüther sagt: „Wenn wir das Hirn verändern wollen, sollten wir eine neue Erfahrung bis zu 700mal anwenden. Dann ist eine neue Autobahn resp. eine neue Spur gelegt." Dann bilden sich neue Synapsen, neue Nervenverbindungen.

In unserer Arbeit begegnen wir Therapeuten immer wieder dem Phänomen, das wir „Symptomtransfer" nennen: Die Symptome werden an die nächste Generation weitergegeben. Allerdings passiert das nur, wenn zuvor keine „Erlösung" von diesem hemmenden Symptom stattgefunden hat. Zu einer endgültigen Heilung und damit zu einer Löschung des Symptoms kommt es oft erst in der dritten Generation – wenn dann das betroffene Kind dieser Generation in Therapie geschickt und damit eine Bewusstmachung des Symptoms möglich wird. Ein Symptom ist immer der Lösungsversuch eines Problems, das das Kind überfordert. Deswegen reißen wir Psychoanalytiker einem Kind nie das Symptom weg, um es etwas aggressiv zu formulieren. Ein Kiffer, der meine Praxis betritt, muss nie die Sorge haben, dass ich ihm das Kiffen von heute auf morgen verbiete. Wir müssen doch zuerst verstehen, warum er jedes Mal kifft – und auch viele Male sonst! – wenn er unter Druck steht, sich einsam fühlt, dazugehören möchte, unter gravierender Langeweile leidet etc. Genauso ist es mit dem Ritzen. Wenn ich einem ritzenden Mädchen sofort verbieten würde, sich zu ritzen, würde es entweder nicht mehr kommen oder mich anlügen („ich hab' nicht geritzt!") oder es mir zuliebe sein lassen, damit ich nicht enttäuscht bin. Doch wir haben ja beide noch gar nicht verstanden, warum dieses Mädchen ritzen muss. Das Einzige, was ich nutzen kann, sind meine Erfahrungen, meine Behandlungskompetenz und mein Beziehungsangebot. Ich weiß von diesem Mädchen noch gar nichts. Und warum sollte es mir trauen? Es kann doch gar nicht wissen, ob ich gut und achtsam mit ihm umgehen werde. Dies zu beweisen, das wird die Beziehung, die wir miteinander eingehen, zuerst leisten müssen. Erzählen und behaupten kann ich viel. Mich als Autorität aufspielen, so wie es leider mitunter die Eltern tun, wenn sie besonders hilflos sind, geht auch nicht. Das macht den heutigen Jugendlichen nicht viel Eindruck. Gott sei Dank. Sie fangen erst dort an etwas zu glauben, wo sie echte Gefühle spüren. Und wenn sie Angst oder Autoritätsgehabe bei uns Erwachsenen erleben, reagieren sie eben meistens nicht mehr unterwürfig, sondern enttäuscht, aggressiv, verweigernd. Wie zum Beispiel der 14-jährige Schüler aus Allan Guggenbergs Buch, „Kleine Machos in der Krise“, der seiner Lehrerin bezüglich ihres Unterrichtsstils an den Kopf warf: „Sie wollen nicht sagen, dass Sie dafür bezahlt werden!“ .

Viele Lehrer wissen von solchen Schülern ein strophenreiches Klagelied zu singen. Den heutigen Jugendlichen muss man nicht autoritär, sondern authentisch und respektvoll kommen. Dann lassen sie sich ein, sowohl in der Schule als auch im Elternhaus oder in der Therapie. Aber nur dann. Zumindest da sehe ich einen großen Fortschritt im Vergleich zu den jungen Menschen früherer Zeiten. Der Lehrer war vor 40 Jahren eine Respektsperson – egal, ob er den Respekt verdient hatte oder nicht. Nur so ist zu erklären, dass Lehrer mit 40 Kindern in der Klasse Ruhe wahren konnten und auch nicht vorzeitig erschöpft und ausgelaugt in Rente gehen mussten. Als mein Vater in der Schweiz wegen akuten Lehrermangels gebeten wurde, seinen Ruhestand noch hinauszuschieben, hängte er sogar mit 65 Jahren noch ein Jahr dran, weil ihm das Unterrichten so viel Spaß machte.

Auch die Generationenschranke ist damals bei Weitem nicht so locker und ungut übersprungen worden wie heute. Allerdings hat unsere heutige Elterngeneration mit ihrem amerikanisch eingefärbten Jugendwahn auch einiges dazu beigetragen, dass nicht immer klar ist, ob die Mutter oder die Tochter am Telefon spricht oder gerade vor einem steht. Vor etwa zwei Jahren habe ich eine neue 20-jährige Patientin erwartet. Als ich vermeintlich diese Patientin unten an der Tür begrüßen wollte, erklärte sie mir verlegen, dass sie die Mutter sei und stellvertretend für die gerade erkrankte Tochter komme, weil es ja schade gewesen wäre, die Stunde ausfallen zu lassen.

Bei dieser 20-jährigen, ich nenne sie hier Anna, waren die gemeinsamen Gene nicht zu übersehen. Mutter und Tochter hatten eine bemerkenswerte äußere Ähnlichkeit. Und auch die weniger sichtbaren „psychischen" Gene waren von großer Ähnlichkeit. Die Mutter hatte ihre Anpassungsbereitschaft, ihre Harmoniesucht auf die Tochter vererbt. Anna suchte ebenfalls in jedem Kontakt Harmonie, „dieses schöne Gefühl, wir verstehen uns, ohne groß reden zu müssen, wissen Sie?" Sie suchte dieses Gefühl bei jedem bedeutungsvoll werdenden Jungen, sie suchte es zu Hause bei den Eltern, bei der Schwester – und fand es einfach nicht. So wie ihre Mutter es auch nie gefunden hatte, weder in ihrer Kindheit noch in der Ehe. Diese Suche nach dem vollkommenen Geliebtwerden soll im Moment nicht vertieft werden. Für den Augenblick ist wichtig, dass auch hier, zwischen Mutter und Tochter, ein Symptomtransfer stattgefunden hat. Gewisse genetische Verknüpfungen im Hirn – und zwar keine große Stressresistenz, schnelle Aktivierung von Angst in der Amygdala (Hirnregion, die emotionale Äußerungen reguliert, v. a. die Angst) u. a. – sind weitergeben worden. Das Mutterhirn respektive die dort sitzenden und nach außen getragenen Haltungen und unbewussten Stellungnahmen zum Leben haben das Tochterhirn geprägt und beeinflusst. Ihrer beider Verhalten bei Zwist und Disharmonie ist gleich.

Wenn Menschen mir sagen, und dies sind ziemlich viele, dass „man da nichts machen kann und dass das genetisch bedingt ist", dann denke ich immer, warum ist Genetik kein Schulfach? Warum wird in den Schulen, deren Auftrag ein Bildungsauftrag ist, nicht das wirklich Wichtige gelernt wie Genetik, Konfliktbewältigung, das Zusammenspiel Körper-Geist-Seele, Entspannung, Gefühle und ihre Regulierung. Diese Fächer sollten keine „Anstatt-Fächer", sondern Zusatzfächer sein. Die Hauptfächer hier in Deutschland (in Finnland ist Musik übrigens auch ein Hauptfach) müssten deswegen nicht gleich abgeschafft werden, doch eine Stunde weniger Mathematik und dafür das Fach „Genetik" wäre vorteilhaft oder zum Beispiel auch die Einführung des

Faches „Hirnforschung“ mit der Fragestellung „wie entwickelt sich das Hirn von klein an?“. In so einem Fach würde kein Jugendlicher schlafen. Schließlich geht es da ja auch um **sein** Hirn! Vom Chemie-, Mathe- und Physikunterricht in den oberen Klassen habe ich persönlich nichts behalten. Gar nichts. Im Kopfrechnen war ich schon immer gut. Da hätte es die qualvoll langen Mathestunden später im Gymnasium nicht gebraucht. Wenn ich hingegen damals vor 50 Jahren etwas über die Entwicklung unseres Gehirns erfahren hätte, wow, ich hätte fasziniert zugehört! Für ein Thema wie „Politik und Wirtschaft“ verbunden mit der Fragestellung „ist dies wirklich eine demokratische Beziehung?“ wäre ich sicherlich ebenfalls in die Schule gerannt. Genauso eben, wie ich für unseren Geschichtslehrer in die Schule gerannt bin. Er, der lauter „verbotene“ Themen behandelt hat wie „Mao und ‚Das Rote Buch‘“ und dabei das Gebaren der Wirtschaftskonzerne beleuchtet hat (und dies bereits 1975). Die Bemerkungen dazu hat er eher in Nebensätzen fallen lassen, doch wir haben die Sätze aufgehoben wie kleine Perlen. Denn sie wurden mit Leidenschaft und Verve vorgetragen. Auf jeden Fall prägen solche Lehrer und derart leidenschaftlich vorgetragene Haltungen das Hirn des Menschen, vor allem die noch so prägsamen Hirne junger Erdenbürger. Die hirnorganische Entwicklung ist mit etwa 20 Jahren abgeschlossen. Bis dahin ist das Hirn prägungsoffen. Danach bleibt unser Hirn plastisch und lernfähig, doch jetzt kommt es sehr darauf an, ob und wie es gefüttert wird. Und welche Nahrung dem Hirn zugeführt wird. Unser Hirn – ich möchte das noch einmal in aller Deutlichkeit sagen – kann bis zur Todesstunde lernen. Der Eindruck (der sogar zu einer Maxime verdichtet worden ist), dass das Hirn nach abgeschlossener Jugendzeit nur noch abbaut, der ist einfach falsch. Dennoch glauben viele Menschen, dass es so sei. „Spanisch lernen in meinem Alter mit 60 Jahren? Na, das kann ich vergessen.“ Oder: „Mit 50 noch Klavier spielen lernen, Sie haben Ideen! Dafür ist es nun wirklich zu spät.“ – Solche und andere Zu-spät-Meldungen höre ich oft in meiner Praxis. Sie werden mit einer unumstößlichen Gewissheit vorgetragen. Kein Zweifel ist in der Stimme zu hören. Man weiß doch, was geht und was nicht.

Man weiß es in Wahrheit aber erst, wenn man es gründlich ausprobiert hat.

Unsere Gene entscheiden nicht über unsere Lebensqualität. Sicherlich können „gute Gene" – wie es im Volksmund gerne heißt – die Lebensqualität steigern. Doch auch die besten Gene nützen nichts, wenn wir sie nicht nutzen und nicht mit ihnen arbeiten. Gene kann man sich wie Anlagen vorstellen, die, bleiben sie untrainiert und wenig genutzt, einfach verkümmern. Die Medien schreiben Stars gerne Gen-Attribute zu. Da gibt es dann eine Frau mit dem Schauspieler-Gen, ein Mann mit dem Sportler-Gen – wie jetzt aktuell Alexander Zverev. Sowohl Eltern wie Bruder verfügen über das Tennis-Gen? Wie wäre es, auch in diesem Fall, von familiären Prägungen zu sprechen? Auch Roger Federer, mein absoluter Lieblingssportler, hat eine Mutter, die in ihrer Jugend eine gute Tennisspielerin war. Damit sich dann wirklich ein großer Erfolg einstellen kann, braucht es noch etwas Zusätzliches, das leider nicht erwähnt wird, wenn ein neuer Hype um einen erfolgreichen Menschen medial losgetreten wird: Er hat ganz schwer für seinen Erfolg gearbeitet. Die Lust und die Freude am Tennisspielen liegen offensichtlich in der Zverev-Familie, doch hier ein Tennis-Gen zu bemühen, ist absurd. Zwei Geschwister, Michael und Alexander, haben von klein auf Freude am Tennisspielen vermittelt bekommen durch die zwei wichtigsten Menschen, die Eltern. Dieser Sport ist vorerst nur etwas Vertrautes, eine Gewohnheit, vielleicht kommt noch Freude dazu, wenn es gut geht. Mehr ist es nicht. Dann kommt vielleicht der Wettbewerb unter den Geschwistern dazu. Der Trainer (hier Vater und Mutter) stellt vielleicht fest, dass eine Begabung vorhanden ist. Die Kinder erleben, dass sie gut sind, dass andere, Eltern, Freunde, Trainer sie loben und sich an ihren Erfolgen erfreuen. Ihre körperlichen Voraussetzungen passen auch. Bis zu dem Zeitpunkt haben sie vielleicht schon jahrelang in einer Tennisgruppe trainiert, spielerisch und mit einem gewissen Ehrgeiz, wie er Kinder zu eigen wird, wenn sie merken, dass sie gut oder sogar etwas besser sind als ihre Kameraden. Dann erst kommt es zur inneren Entscheidung: Ich könnte Tennisspieler werden. Bin ich bereit, meine Freizeit und fast alles andere auch dafür einzusetzen. Zu trainieren, täglich und noch mehr als andere?

Auch Christiano Ronaldo, von den einen (auch von mir) bewundert, von den anderen viel geschmäht, hat so angefangen. Ein junger und begabter Fußballspieler, wie es viele andere gibt. Doch den Spieler, der früher bei Real Madrid verpflichtet war und inzwischen bei Juventus Turin spielt, unterscheidet, dass er immer schon mehr trainierte als alle anderen. Wenn die anderen Profis am Abend nach Hause gingen und er mit seinem Trainingsergebnis nicht zufrieden war – ja, dann legt er, ganz allein auf dem Platz, eine weitere Trainingseinheit ein. Fußballer-Gen? Nein, sondern Lust, Leidenschaft und ganz viel Arbeit. Über viele Jahre hinweg.

Martha Argerich, Helene Grimaud, Arturo Benedetti Michelangeli – haben sie alle das Musiker-Gen? Klar ist, sie haben seit Kindheitstagen eine tiefgehende Freude am Klavierspiel. Ihr Hirn ist dort, wo die Musikalität sitzt, gut versorgt und gefördert worden. Wenn man ins Hirn dieser herausragenden Pianisten schauen könnte, würde man eine ungewöhnlich gute Vernetzung ihrer Hirnzellen dort vorfinden, wo es um Musikalität geht.

Bei vielen Ausnahmekünstlern oder auch bei herausragenden Wissenschaftlern und Sportlern finden wir schon im Elternhaus eine Affinität zur Musik, zum Sport, zur schriftstellerischen Tätigkeit, zur Physik, zum Tanz, zur Mathematik, zur Schauspielerei. Bereits in meinem letzten Buch habe ich betont, dass Kinder sehr stark auf die Leidenschaften ihrer Eltern reagieren. Wenn ein Mädchen erlebt, wie glücklich die sonst nicht immer entspannte Mutter wirkt, sobald sie sich zum Malen, Schreiben, Rollenlernen, Reiten oder Lernen zurückzieht, dann macht das auf die kindliche Seele einen großen Eindruck und löst Neugierde aus.

In meinem eigenen Familienleben haben die Kinder eine glückliche Mama beim Schreiben, Schwimmen, Tanzen und Lesen erlebt. Ihr Papa war immer gut genießbar, wenn er Vorträge halten, diskutieren oder sich für ein Seminar vorbereiten konnte. Kein Wunder also, dass sowohl Sohn als auch Tochter sich diesen offensichtlich wohltuenden Aktivitäten der Eltern auch in der einen oder anderen Weise geöffnet haben. Neben ihren ganz eigenen Interessen und Begabungen, die nicht im Zusammenhang mit den familiären Prägungen standen. Ihre Eltern haben viel diskutiert, nachgedacht und, zusammen oder allein, philosophiert. Also wurde das den Kindern zu so etwas wie einer täglichen Nahrung – neben der materiellen Nahrung. Familiäre Prägungen erfolgen so – und familiäre Begrenzungen genauso.

In anderen Familien sind vielleicht andere Dinge und Themen favorisiert worden. Deswegen ist es ja so wichtig, dass Kinder gute soziale Kontakte aufbauen. Eine einzige Familie versorgt die Kinder nie mit allem Nötigen. Unsere Kinder haben sich nie nur von uns nähren und anregen lassen. Wenn wir sie nur in unserem Einfluss- und Prägekreis zu halten versucht hätten, wären sie im digitalen Bereich jetzt unterernährt! Auf diese Weise kam ich unvermittelt zu einer Tochter, die über Jahre voltigiert hat. Ich selbst wäre nie auf so eine Idee gekommen. Voltigieren hätte mir viel zu viel Angst gemacht, obwohl ich jahrelang selbst geritten bin. Mein Sohn äußerte plötzlich den Wunsch, Schlagzeug spielen zu wollen. Mein Mann und ich wären nie auf diese Idee gekommen. Flöte, Klavier, ja, Geige hätte ich mir auch noch vorstellen können, das hatte ja mein Vater gespielt. Diese Instrumente aber haben die Kinder, mit Ausnahme von Flöte bei der Tochter, nicht interessiert. Doch Schlagzeug? Natürlich könnte man mir Manipulation vorwerfen, wenn ich meinen Kindern jeweils zu meinem Geburtstag oder zu Weihnachten gesagt habe: „Am liebsten ist es mir, wenn ihr mir ein Bild malt, eine Geschichte oder einen Brief schreibt. Ihr müsst doch kein Taschengeld für mein Geschenk ausgeben!“ Trotzdem glaube ich nicht, dass es Manipulation war. Ich habe nur von einem persönlichen Wunsch gesprochen in einem Moment, als ich nach meinen Wünschen gefragt worden bin. Sie haben dann in der Pubertät trotzdem ihre Brief-, Geschichten- und Bilder-Geschenke vorübergehend eingestellt, weil sie es cooler fanden, Geld auszugeben.

Die soziale Ansteckung ist immer gegeben. Und sie ist notwendig, damit die Kinder neue Erfahrungen machen können. Eine Frau, die das immer beherzigt und in ihrem Kindergarten umgesetzt hat, ist Chris Gittner. Sie hat schon den kleinen Kindern respektive deren Eltern empfohlen, die Kinder in anderen Familien übernachten zu lassen. Unsere Kinder haben so schon früh spannende Einblicke in andere Familientraditionen und Gebräuche erhalten. Mein Sohn kam nach so einer Wochenendübernachtung ganz beeindruckt zurück: „N. hat eine wahnsinnige Eisenbahn. Er will den ganzen Tag nur damit spielen, der will nichts anderes. Könnten wir uns nicht auch eine Eisenbahn zulegen?" Auch unsere damals sechsjährige Tochter hat von einer Freundin eine begeisternde Entdeckung mit nach Hause gebracht, die bei uns aber dann leider nicht umgesetzt worden ist: „Wir sind um Mitternacht einfach runtergegangen und haben uns Eis aus dem Kühlschrank geholt", behauptete sie. – „Durftet ihr das denn?" – „Ja, klar, das ist dort bei der L. ganz normal." Als ich grinsend die Mutter ihrer Freundin darauf angesprochen habe, hat sie augenzwinkernd und belustigt gemeint, so normal sei das bei ihnen auch nicht, das habe wohl eher einer Wunschvorstellung ihrer Tochter entsprochen.

Also, wir sehen, die Gene können trainiert werden – mit neuen Erfahrungen. Bei denjenigen Kindern in meiner Praxis, die eher zu den traurigen und ängstlichen gehören und in der Schule oft nicht so erfolgreich sind, stelle ich immer wieder fest, wie wenig neue Erfahrungen sie machen dürfen. Sie übernachten zum Beispiel im Grundschulalter noch nicht bei anderen Kindern, sie dürfen keine Freunde einladen. (Die Wohnungsgröße ist Kindern übrigens völlig egal. Als ich in den Jahren nach der Scheidung in einer sehr kleinen Wohnung gelebt habe, hörte ich eines Tages zufällig, wie meine Tochter ihr Zimmerchen zwei Freundinnen wie eine Kostbarkeit präsentierte, mit dem Ergebnis, dass diese es wunderschön fanden.) Die solcherart reglementierten Kinder verpassen Einblicke in andere Familien, sie werden sehr kontrolliert und überwacht von den Eltern. Sie unterliegen keinen fremden Einflüssen! Dabei sind es diese Einflüsse, die neben dem familiären Einfluss das Gehirn unserer Kinder so gut und nachhaltig prägen.

Natürlich gibt es dann im späteren Alter, etwa in der Pubertät, auch Einflüsse, die wir Eltern eher skeptisch sehen. Das Biertrinken, das Rauchen, die Videospiele. Mein Sohn, damals 15 Jahre alt, berichtete mir etwa: „Wow, wir haben die ganze Nacht durchgespielt." – „Wie, durchgespielt?" – „Ja, halt so gegamet." – „Was heißt ‚gegamet'?" – „Das nennt sich LAN-Party." – „LAN-Party?!" – „Mama, lass' es einfach, das sagt dir nichts!" – „Ich möchte das jetzt aber schon wissen, was heißt das, mit mehreren Konsolen? Wie geht denn das und wo ist da die Party? Wir haben früher unter einer Party [...]." Mein Sohn unterbricht mich genervt: „Mamaaa, ich weiß schon, was ihr euch früher unter einer Party vorgestellt habt!" – „Sind da denn auch Mädchen dabei oder ist das nur eine Party unter Jungen?" Und dann erlebt man als Mutter, dass einem die Erklärungen der Kinder nicht viel sagen. Und dass es einen auch nicht interessiert, wenn man ganz ehrlich ist, weil, – ja, weil es doch nur etwas mit Computern ist, eine gefährliche Einstellung, die ich glücklicherweise überwunden habe. Es bleibt jedoch das dumpfe Gefühl zurück, dass das eigene Kind jetzt wirklich unter fremdem Einfluss steht, und man selbst irgendwie keinen Zugang dazu hat. Auch nicht das nötige Gefühl dafür. Dass das alles, wovon der Sohn mit Verve spricht, sich einem selbst überhaupt nicht als attraktiv erschließen will. Zuletzt kommt dann nur die staunende oder manchmal auch ziemlich laue Aussage: „Was, die ganze Nacht macht ihr sowas? Aha, ja. Also mich würde das, wie soll ich sagen, ziemlich langweilen." – „Ich sag' ja, Mama, lass' es einfach. Du musst dich jetzt auch nicht dafür interessieren." Und ich denke dann still: Gott sei Dank, so ein Blödsinn! Da wäre mir meine Zeit zu schade. Doch am nächsten Morgen spüre ich vor allem Eines mit einer gewissen Traurigkeit: Die Distanz zwischen unseren beiden Generationen ist unübersehbar geworden, die Distanz zwischen mir und meinem Kind. Und es ist gut so. Und normal. Weil es immer so war.

Damals, als ich als Jugendliche in den Jugendkeller ging, warf meine Mutter mir vor, dass ich nur noch in den Jugendkeller gehe. (Der Jugendkeller war lange Zeit der einzige Ort in Schaffhausen, wo die Jugend unter sich war, bei wildem Rock'n Roll und so.) „Mit dir kann man ja am Wochenende gar nichts mehr anfangen", befand meine Mutter. In ihren Augen las ich, was sie von dem Jugendtreffpunkt hielt: „Sodom und Gomorrha". Gesagt hatte sie es nicht. Sie wollte nur, dass mein Vater sich einmal einen Eindruck verschaffen sollte, wie es dort zugehe. Ich war empört: „Na, jetzt reicht es aber! Weißt du, dass ich mich danach nicht mehr dort blicken lassen könnte? Wie peinlich wäre das denn, mit dem Vater im Schlepptau! Da würde mich ja keiner mehr anschauen!" Allerdings habe ich ihr nicht gesagt, dass mich auch so nicht allzu viele Jungen angeschaut haben, weil ich einfach nicht „die Lustige" war. Meine Freundinnen waren die Spaßkanonen. Ich nicht.

Ich wurde akzeptiert, weil man mit mir gut reden konnte, weil ich eine gute Klassensprecherin war, weil ich immer ein Ohr für die Nöte der anderen hatte. Nicht, weil ich so verdammt amüsant gewesen wäre. Das konnten andere viel besser. Ich las mit 16 Dostojewski und Kafka, mit 18 begeisterte ich mich für Simone de Beauvoir und ihr Buch „Le deuxième sexe" – das alles interessierte Jungen nicht sonderlich. Nur den geliebten Französischlehrer interessierte es! Und noch einige Freundinnen, vor allem eine, die heute noch zu meinen mich inspirierenden Kontakten zählt.

Fassen wir nochmals zusammen: Unsere genetische Ausstattung ist ein Angebot. Unsere Hirnsubstanz muss mit neuen Erfahrungen gefüttert werden, damit sich ständig neue Synapsen und somit neue Nervenbahnen bilden können. Von wenig kommt nicht viel. Wir sollten also uns selbst und vor allem auch unsere Kinder immer wieder neuen Erfahrungen aussetzen, die ihnen neue Wege ins Leben eröffnen – und im Hirn neue Wege anlegen.

6. Mischa (74 Jahre, Verlegerin)

Das Aufschreiben der Kindheitserzählung von Mischa kam unter besonderen emotionalen Gegebenheiten zustande. Mischa lag im August 2015 im Sterben. Ich war gerade wieder für zwei Wochen in Südfrankreich und besuchte sie täglich. Sie wusste, dass ich an einem neuen Buch arbeite. „Mein Körper taugt nichts mehr, aber mein Kopf arbeitet wie immer. Kannst du mir mal zu lesen geben, was du schon geschrieben hast?", bat sie. Sie blieb damals die Einzige, die das, was an Manuskript schon vorhanden war, zu lesen bekam. Nachdem sie es in kürzester Zeit gelesen und mir kritische und damit hilfreiche Rückmeldungen gegeben hatte, fragte sie fast gleichgültig: „Möchtest du meine ersten 20 Jahre nicht auch aufschreiben? Würde ganz gut reinpassen in dein Konzept, wonach man sich nicht unterkriegen lassen darf im Leben."

Mischa, eigentlich Michaela Lentz, lernte ich 2012 in Vence kennen. In „Henry's Bar", einem beliebten Szenelokal im Herzen des mittelalterlichen Städtchens, in dem schon Richard Burton und Burt

Lancester miteinander getrunken hatten und dann beschwingt die winkeligen Strassen zum Col de Vence in rasendem Tempo hochgefahren waren. So zumindest hatte ich es Y., dem legendären Kellner in „Henry's Bar" entlocken können, trotz dessen äußerst diskreter Art. Auf der Terrasse des Lokals trank ich schon seit 13 Jahren in der Früh meinen Kaffee, rauchte eine Zigarette, las in der französischen Sportzeitung „L'Equipe". Bereits seit zwei Jahrzehnten behielt ich dieses liebgewonnene Morgenritual bei, das mir meinen Vence-Aufenthalt zweimal im Jahr versüßte.

Mischa ist mir bereits einige Jahre vorher aufgefallen, doch – sie reagierte nie auf meinen werbenden, neugierigen Blick. Sie war, obwohl etwa 70 Jahre alt, eine immer noch sehr attraktive Frau und ich ahnte, dass sie einmal sehr schön gewesen sein musste. Jetzt war ihre Gesichtshaut faltig. War es die typische Haut einer Raucherin? Würde ich in ein paar Jahren auch diese Haut haben? (Im Herbst 2015 habe ich in ihrer Gegenwart mit dem Rauchen aufgehört). Manchmal erreichten mein Ohr während ihrer Gespräche deutsche Sprachfetzen, meistens jedoch sprach sie mit ihrem Gegenüber Französisch. Sie musste schon lange hier leben, sie kam mir so assimiliert vor. Auch sprachlich. Da ein paar Worte, dort ein Küsschen, und alle Hunde schienen ihre Freunde zu sein. Die hat mit den Tieren bessere Erfahrungen gemacht als mit den Menschen, schoss mir mehr als einmal durch den Kopf. Eines Tages – es war das vierte Jahr, dass sie mir auffiel – kam mir der Zufall zu Hilfe: Neben ihr, sie war gerade wieder einmal nur einen kurzen Meter von mir entfernt, saß ein Deutscher und erzählte ihr etwas Lustiges. Ich musste lachen. Er sagte sofort: „Mischa, sie (und er deutete auf mich) scheint den Witz verstanden zu haben im Gegensatz zu dir!" Natürlich bin ich über diese Brücke gegangen. Irgendwann musste Rainer, so hieß der Mann, gehen und wir zwei Frauen waren schon bald so ins persönliche Gespräch vertieft, dass das Zeitgefühl bei uns beiden etwas gelitten hat. Ich hatte ja nur kurz meinen Kaffee trinken und meinem Mann und mir nachher ein schönes Frühstück richten wollen, so wie jeden Tag. „Oh Gott, es ist ja schon 10 Uhr!", rief ich. „Mein Mann und ich frühstücken immer um 9 Uhr, ich muss los." Danach haben wir uns drei Jahre lang immer dann, wenn ich in Frankreich weilte, zum Kaffee in „Henry's Bar" getroffen. Sie wurde meine erste Freundin in Vence. Und sie bleibt unverändert eine der intelligentesten und tapfersten Frauen in meinem Leben. Wir waren nicht immer einer Meinung, das war sie, glaube ich, mit niemandem. Sie war es gewohnt zu streiten. Sie war eine Nichtangepasste, ihr Leben lang. Dieses Leben habe ich mit der Zeit kennenlernen dürfen. Ein Leben, dem etwas immer gefehlt hat: die Geborgenheit. Mischa war eine Überlebenskünstlerin mit messerscharfem Verstand. Gezeichnet und ausgehungert vom Krebs, lag sie im Bett und wog nur noch 35 Kilogramm. Doch das Gesicht war immer noch schön, der Verstand immer noch scharf, und mit funkelnden Augen sagte sie: „Ich kann noch nicht sterben, wir haben ja noch einiges vor, wir zwei, jetzt musst du dich aber schicken, lass' mich nicht so viel rauchen, schreib auf!" In diesem Moment habe ich einige Augenblicke lang den Kinderglauben in mir aufblühen lassen, dass sie auch diese schwere Krebserkrankung besiegen würde. Sie hatte so viele hohen Hürden in ihrem Leben genommen. Doch daraus wurde nichts. Sie hat mir vergnügt – um uns herum lagen unzählige Fotos auf dem großen Bett verstreut – aus ihrem Leben erzählt. „He, nicht das Aufschreiben vergessen!" – „Du, ist das nicht sehr anstrengend für dich?" – „Am Ende des Lebens ist nichts mehr anstrengend, liebe Nelia. Wenn da noch etwas anstrengend ist, dann haben wir davor zu wenige Anstrengungen unternommen, meine Liebe." – „Hast Du keine Angst vor dem Sterben?" – „Nein, warum auch, ich bin satt. Ich will nur keine Schmerzen, und bis zum Schluss rauchen können. Ins Krankenhaus bringt mich keiner."

Wir, ihre Freunde und ihr Sohn Oliver, haben dann einiges unternommen, damit sie keine Schmerzen haben musste. Es hat leider nicht richtig geklappt. Es war kein Arzt bereit, ihr einen Todescocktail zu verschreiben. Die Schmerzpflaster, die sie bekam, haben bei ihr einen Brechreiz ausgelöst. Am Schluss ist sie im Grunde genommen verhungert. Mit übervollen Kühlschränken. Sie hat mich zum Einkaufen geschickt – damit ich glauben sollte, es würde ihr wieder besser gehen, und damit ich mir nicht so hilflos und unnütz vorkommen musste. Die letzten vier Wochen ihres Lebens habe ich sie nicht mehr gesehen. Allerdings habe ich in diesem Zusammenhang das erste Mal verstanden, dass ein Mensch, vor allem, wenn er so klar und gesund ist im Kopf wie Mischa, die Möglichkeit haben muss, seinem Leben aktiv ein Ende zu setzen. Ein Herzenswunsch – Mischa hatte nicht viele – der ihr nicht gewährt worden ist. Am Tag vor meiner Abreise sagte sie: „Der Krebs frisst mich auf. Das interessiert aber die Ärzte hier nicht, Hauptsache, sie halten sich brav an die Gesetze. Hippokratischer Eid? Fehlanzeige! Und wenn du dann noch so schlecht versichert bist wie ich [...]. Dem Scheich räumen sie den Strand leer, wenn er mit seiner Entourage hier einfliegt und keine Touristen am Strand unter seinem Palast sehen will, dem hätten sie so einen Cocktail gegeben, garantiert, doch unsereins kann sprichwörtlich verrecken."

Mischa ist für mich der Inbegriff eines stolzen Menschen, der von niemandem abhängig sein wollte. Eine Selbstversorgerin, die hinter ihrem scharfen Verstand scheue und zarteste Gefühle verbarg. Die Angst hat sie begleitet, ein Leben lang. Die Angst, ein weiteres von vielen Malen verletzt zu werden, wieder einmal gehofft zu haben – und enttäuscht worden zu sein. Einmal sagte ich zu ihr versonnen: „Mischa, du bist wie eine Muse für mich!" Wir hatten gerade in alten Fotos und damit in einer glanzvollen Zeit gewühlt, als sie neben ihrem Mann, Georg Lentz, oder neben Berühmtheiten wie Janosch, Günter Grass und Hans Magnus Enzensberger steht und aussieht wie eine sehr moderne junge Frau. Sie hatte lachend und ohne jedes Pathos geantwortet: „Jetzt streiten wir aber nicht, wer mehr Muse für die andere ist, oder?" Dann zog sie ihren goldenen Ring mit der ungewöhnlichen ovalen Form vom Finger und steckte ihn an meine Hand. Ich weiß bis jetzt nicht, was es mit diesem Ring auf sich hat. Nur auf einem alten Foto, auf dem die damals 19-jährige Bestsellerautorin zu sehen ist, erkennt man, dass sie ihn damals schon getragen hat.

6.1 Ihre Kindheitserzählung

Ich bin 1941 in Mährisch Schönberg geboren, im heutigen Tschechien. Mitten im Krieg war das. Meine Großmutter wohnte in einer Villa mit vier Töchtern. Die jüngste war meine Mutter. Großvater hatte sich so gewünscht, dass endlich ein Junge kommt. Meine Mutter besuchte das

Gymnasium, hatte sich mit dem dortigen Sportlehrer eingelassen. Daraus bin ich hervorgegangen. Er kam aus einer spießigen Familie, meine Mutter war aus einer Industriellenfamilie. Mein Großvater hatte in seiner Firma das dünnste Zigarettenpapier der Welt hergestellt und in die gesamte Welt exportiert. Meine Mutter brachte mich auf die Welt und ließ mich bei der Großmutter zurück. Sie wollte nach Wien, um als blutjunge Schauspielerin Karriere zu machen. Dass sie eben frisch Mutter geworden war, hatte keinen Einfluss auf ihre Pläne. Sie hat in der „Josephsstadt“ unter Heiner Hilpert gespielt. Bis ich zwölf Jahre alt war, habe ich sie nicht mehr gesehen. Sie hatte nicht nur zu mir keine Beziehung, sondern ebenso wenig zu ihrer eigenen Mutter.

Zwölf Jahre lang war meine Oma mir Mutter und Vater. Meine Großmama war eine arme, herzkranke, dicke, böhmische Frau. Sie war ungeheuer stark, hatte ihre vier Töchter im Krieg vor den Russen beschützt. Was ich von ihr geerbt habe: Trotz Angina Pectoris wurde sie, wenn Gefahr drohte, ruhig wie ein Kapitän auf wilder See. Erst wenn die Gefahr vorbei war, klappte sie zusammen. Meine Oma hat mich oft in den Arm genommen und so ganz viel Kraft in mich hineinfließen lassen. Zuerst haben uns die Russen, dann die Tschechen aus der Villa gejagt, weil wir ja nur Sudetendeutsche waren. Großmutter hat sich mit mir Vierjähriger an der Hand 1945 auf die Flucht begeben. Das war nicht lustig. Wir waren zu Fuß unterwegs. Die Russen haben immer noch Bomben abgeworfen. In Wien wurden wir dann einquartiert. Da weiß ich gar nichts mehr davon. Aus irgendwelchen Gründen sollte es jedoch nicht Österreich sein, wo wir bleiben sollten.

Meine Großmutter wurde mit mir nach Aachen geschickt. Wieder wurden wir einquartiert. Dann kam der zweite Mann meiner Großmutter aus der Kriegsgefangenschaft zurück. Er hat in Aachen eine Webstuhlfabrik aufgebaut. Wir zogen in ein Haus, eher eine Villa, am Waldrand. Ins Dorf zur Schule waren es drei Kilometer. Der Wald war mein ganzes Glück – und die grün gestrichene Villa. Über uns wohnte noch eine Flüchtlingsfamilie mit einem Mädchen in meinem Alter. Mit dem Wald hatte sie es weniger, sie war eher ein ängstliches Kind, doch sie hat wie ich gerne geschauspielert. Eine von uns beiden musste sich dann, wenn wir Mann und Frau gespielt haben, immer etwas in die

Hose stecken, damit da was in der Hose war. Eine Beule. Das zumindest haben wir in unserer Unaufgeklärtheit schon kapiert gehabt. Sonst hatten wir ja keine Ahnung. Nach der Volksschule kam ich ins Gymnasium. Großmutter war der Meinung, Gymnasium müsse sein, „das Kind muss doch was lernen!“ Deswegen gab sie mich zu Pflegeeltern nach Aachen. Am Wochenende durfte ich zu ihr nach Hause. Doch dann begann, was man so Pubertät nennt. Die Pflegefamilie hatte zwei Söhne. Ich fing an, ihnen gegenüber das „Weibchen“ zu spielen. Wenn ich meine Großmutter nach meinem Vater gefragt habe, hat sie einsilbig geantwortet: „Er ist im Krieg gefallen.“ Ob ich sie nach meiner Mutter, der großen Abwesenden, gefragt habe? Ich weiß es nicht mehr, ich glaub eher nicht. Diesbezüglich kann ich mich an nichts erinnern.

Großmutter hat blaue Knöpfe auf Kartons aufgenäht, um Geld zu verdienen. Meine Beziehung zu ihrem zweiten Mann war gut. Auch die beiden mochten einander. Dann wurde ich zwölf und da kam plötzlich die Ansage, ich müsste weg von meiner Oma und zur Mutter nach Stuttgart ziehen. Die Mutter wolle es so. Wahrscheinlich stand mein Stiefvater dahinter, der meiner Mutter gesagt hat: „Das geht gar nicht, dass du eine Tochter hast und dich nicht um sie kümmerst!“ Mein Stiefvater war beim Süddeutschen Rundfunk, machte erfolgreich die Sendung „Im Namen des Gesetzes“. Er war sehr bekannt – und meine Mutter hat seine Prominenz genossen. Er war Schriftsteller, doch er engagierte sich so sehr für seine Sendung, dass er einen Unschuldigen aus dem Gefängnis zu holen vermochte.

Ich musste also weg von meiner schnuckeligen Großmutter und in diesen Intellektuellenhaushalt ziehen. Ich konnte mich dort an nichts halten. Meine Mutter, eine sehr schöne, dominante Frau, hatte keine Ahnung, wie sie mit einem Kind, nämlich ihrer Tochter, umgehen sollte. Nichts hat aus meiner Sicht für meine Mutter gesprochen. Doch mein Stiefvater hatte im Gegensatz zu meiner Mutter Geduld mit mir, der so unglücklichen Dorfseele! Er war ein guter Pädagoge, mit Sicherheit. Er war auf diesem Gebiet einfach gut veranlagt. Sein Vater war Kindermusik-Direktor. Die Vorstellungen meiner Mutter von Erziehung waren dagegen abstrus. Sadistisch. „Wenn du Taschengeld willst, musst du es dir verdienen, kapiert?“ Also musste ich die Manuskripte meines Stiefvaters abtippen. Trotzdem gab sie mir danach oft kein Taschengeld, sondern eine Pralinenschachtel, die sie geschenkt bekommen hatte. Die besten Pralinen hatte sie schon rausgepickt. Bald schon wurde sie eifersüchtig auf mich, ihre Tochter. Die Intellektuellen um meinen Stiefvater herum fanden mich schon sehr putzig. Meine Mutter war seine sechste Frau. „Und deine letzte!", hat sie immer zu ihm gesagt. Sie selbst hatte immer wieder mal einen Geliebten. Er umgekehrt nicht.

Ich war an der Merz-Schule. Eine Reformschule, die damals einen hervorragenden Ruf hatte. Der Schulgründer Merz sah aus wie Einstein. Er hatte ein ganz tolles Konzept, das aus einem normalem Schulbetrieb bestand, ergänzt durch Sonderfächer, also etwa Buchbinderei, Weberei. Wer wollte, konnte dort eine Lehre absolvieren. Einmal pro Woche kamen alle Schüler in der Aula zusammen und diskutierten über „Grundsätzliches im Leben". Diese Schule war einfach toll. Ich hatte sie meinem Stiefvater zu verdanken. Ich war glücklich an der Schule, zu Hause nicht. Wir durften Gedichte verfassen, die sich nicht reimen mussten. „Heute schreibt ihr über die Kastanie, ohne sie zu benennen, erfasst in wenigen Worten das Grundsätzliche der Kastanie." Wie viel Spaß hat uns diese Aufgabe gemacht! Dann gab es neben dem normalen Abikram das Fach Lebenskunde. Da lernten wir zu diskutieren, zu argumentieren, einander in der Meinung zu respektieren. Alle waren begeistert von diesem Fach. Es war unserer Meinung nach eines der wichtigsten an der Schule. Heute gibt es die Schule immer noch. Sie ist schon lange staatlich anerkannt. Die Söhne von Merz leiten sie jetzt, so viel ich weiß. Mein Sohn Oliver hat diese Schule auch besucht. Inzwischen verfügt sie über ein Internat.

Ich war inzwischen 14. Da tauchte aus dem Nichts mein richtiger Vater auf, der mich zu sich holen wollte. Ab dem Augenblick wusste ich, dass ich einen Vater hatte. Der war oder nannte sich zumindest jetzt Oberstudienrat und lebte in München. Mein Stiefvater wollte mich adoptieren. Mein leiblicher Vater forderte daraufhin: „Nur, wenn Sie mir etwas zahlen." Mein Stiefvater lehnte ab: „Ich kauf' doch kein Kind!" Mein Vater wollte, dass ich eine katholische Erziehung genieße. Also musste ich von der geliebten Schule runter und in ein Mädchenkloster nach Burghausen. Burghausen liegt an der Salzach und auf der anderen Seite fängt Österreich an. Ich war dort auf verlorenem Posten.

Als ich ankam, fiel die schwere Klostertür hinter mir ins Schloss, und ich wusste sofort: Ich bin weg vom Fenster, vom Leben, ich bin eingesperrt. Ich musste Hemden nähen, ein Jahr lang etwa. Ich war unglücklich, ich habe keine Worte dafür gehabt. Wie ich da wieder rausgekommen bin – ich weiß es nicht. Wahrscheinlich hat mein Stiefvater die Hebel in Bewegung gesetzt. Nach Hause wollte ich aber auch nicht mehr. Ich wollte nur weg, einfach weg! Vorher musste ich aber noch die Mittlere Reife ablegen. Mit 17 bin ich nach England gegangen. Es war dort wunderbar. Ich hab' als Au-pair gearbeitet, musste zwar wie verrückt in der Familie ackern, für die Eltern und ihr kleines Mädchen kochen, putzen. Und das Anwesen war sehr einsam gelegen. Doch ich habe viel gelernt. Der Vater war aus Schottland, die Mutter aus Wales. Beide sprachen ein eher unverständliches Englisch, doch sie waren nett zu mir und haben mich gut bezahlt.

Im Anschluss an dieses Au-pair-Jahr ging ich nach Cambridge. Ich wollte unbedingt in England bleiben. Ich hauste in einer Studentenbude, ein einfaches, aber richtig gutes Studentenleben war das. Ich studierte Literatur – sehr anspruchsvoll für den Kopf. Ich bekam von meiner Mutter 250 Mark, mit dem Geld musste ich die Bude und die Bücher bezahlen. Es ging gerade so auf. In Cambridge habe ich mich das erste Mal in meinem Leben verliebt. Er war Engländer aus reichem Haus, aus guter Familie. Ich hab' gedacht, es ist für immer und ewig und habe zum ersten Mal mit einem Mann geschlafen. Er war Hockeyspieler. Eines Tages verletzte er sich bei einem Spiel, er blutete. Es hörte nicht mehr auf zu bluten. Bei den Untersuchungen im Krankenhaus stellte sich heraus, dass er Leukämie hatte. Ein paar Wochen später war er tot – und ich schwanger. Ich musste nach Hause zurück. Dort hatte meine Mutter einen befreundeten Arzt, wahrscheinlich einer ihrer Liebhaber, aufgetan, der den Abbruch zur Bestrafung ohne Narkose vorgenommen hat. Meine Mutter stand daneben, sie sagte: „Das soll dir ein Denkzettel sein.“ Es war sehr schlimm, sehr unangenehm für mich.

Mein Stiefvater hatte schon richtig argumentiert. Er hat mir klar zu machen versucht, dass ich in meiner Lage mit einem Kind doch nur massiv eingeschränkt sein würde. Er hat im Gegensatz zu meiner Erzeugerin wenigstens mit mir gesprochen. Ich wollte nicht mehr zu Hause bleiben. Mein Stiefvater hat mir Adresse und Namen einer Kneipenbesitzerin in München gegeben und mir gesagt, ich solle mich an diese Frau wenden. Alles andere würde sich dann ergeben. Also bin ich nach München gegangen – und noch am ersten Abend hab' ich Georg kennengelernt. Ich kam rein in die Kneipe namens „Mutti Bräu" und die Besitzerin, also Mutti Bräu, sagte mir, es sei nur noch ein Platz frei: „Bei den zwei Männern dort, setz' dich einfach dazu." Es waren Janosch und mein späterer Mann, Georg Lentz. Ich hab' mich auf Anhieb in Georg verliebt. Und er sich in mich! Georg hat gleich etwas Entscheidendes richtig gemacht: Er musste am nächsten Tag früh in seinem Verlag sein, – wir hatten gleich die erste Nacht miteinander verbracht (!), – ich hatte sein Auto, sollte es ihm in den Verlag bringen und hab' es beschädigt. Statt mit dem Schlüssel und ganz cool, wie ich es vorgehabt hatte, kam ich totenblass in Begleitung zweier Polizisten im Verlag an. Die zwei erklärten ihm, dass das Auto nicht schön aussehe. Und da geschah ein kleines Wunder: Georg nahm mich ganz fest in den Arm und sagte: „Hauptsache, dir ist nichts passiert." Da hab' ich mir gesagt: Bei dem Mann bleibst du! Und so kam es dann auch. Es war nicht für immer, doch für sehr lange. Wir zwei waren in der Verleger- und Literaturszene ein starkes Paar. Mit 40 Jahren, als ich schon in Südfrankreich lebte und bereits beabsichtigte, mich von ihm zu trennen, habe ich ihn dann endgültig rausgeworfen aus meinem Leben, weil er Weihnachten lieber mit seiner Geliebten aus Grasse verbringen wollte als mit mir und unserem gemeinsamen Sohn. Seitdem lebe ich allein. Ich habe früh Erfolge gehabt in meinem Leben, doch auch viel Pech. Schmerzen. (Mischa hatte mit 19 Jahren einen Bestseller zum Thema „Grillen" geschrieben, den ersten in Europa. Andere erfolgreiche Kochbücher folgten, dann schrieb sie Drehbücher und malte.) Georg ist auf der Seite der guten Menschen in meinem Leben gelandet, dort, wo auch die Großmutter steht, der Stiefvater ebenso.

6.2 Das mutterverlassene Kind

Mischa war nie ein verzärteltes Kind. Sie kommt auf die Welt und verliert gleich die Mutter. Wir nennen das ein Trauma. Sicherlich hat das Verhalten ihrer blutjungen Mutter, die gar nicht Mutter werden und sein wollte, Mischa ein Leben lang geprägt. Über das Verhalten des missbrauchenden Lehrers fiel anno 1941 Schweigen. Die verführerischen Mädchen waren damals schuld, wenn ein Lehrer seinen Schutzbefohlenen gegenüber schwach wurde. Gott sei Dank gehört diese verbrecherische Sichtweise größtenteils der Vergangenheit an.

Mischas Leben beginnt mit einer Grund-Enttäuschung: Mutterliebe findet nicht statt. Gleichzeitig hat sie Glück im Unglück. Die 17-jährige Mutter verschwindet Richtung Wien, die Oma springt in die Lücke. Sie ist eine mütterliche Oma, kann – ganz wichtig – dem Baby und Kleinkind Halt geben. „Ihre Kraft floss in mich hinein", erinnerte sich Mischa. Natürlich fiel der Heranwachsenden spätestens in der Schule auf, dass bei ihr einiges anders lief zu Hause als bei ihren Mitschülern, dass da keine Mutter, kein Vater waren. Der Krieg in Deutschland hatte viele Familienverhältnisse durcheinandergebracht und ins Chaos gewirbelt. In so manchen Haushalten gab es keinen Vater mehr. Doch der Umstand, dass Mischa sich nicht erinnern kann, mit ihrer Oma auch nur ein einziges Mal über den Verbleib ihrer Mutter gesprochen zu haben, spricht eine klare und traurige Sprache. Und zwar ist es die Sprache respektive die Sprachlosigkeit des Traumas. Das Trauma ist ohne Sprache. Auch die ansonsten so starke Oma muss in diesem Kontext eher als sprachlose und schwache Großmutter eingeschätzt werden, die selber so sehr unter der schlechten Beziehung zur eigenen Tochter litt, dass sie keine Worte für die Enkelin fand, sondern sie, wenn auch ganz unbewusst, als Tochterersatz adoptiert hatte.

Leider konnte ich Mischa nicht mehr fragen, was mit den drei anderen Töchtern ihrer Oma passiert ist. Ihr Sohn Oliver hat mir die Frage nachträglich beantwortet: „Eine der drei Schwestern, Tante Deli, ist leider recht früh verstorben. Sie war lange in Davos zur Kur und kam uns in Vence auf der Farm noch besuchen, Kette rauchend und zwischendurch immer wieder an ihrer Pressluftflasche, gefüllt mit Sauerstoff, ziehend. Die andere Schwester hab' ich gerade selbst erst kennengelernt. Sie lebt in Berchtesgaden, mittlerweile im Altenheim. Wir haben sie dort einige Male besucht. Was aus der dritten Schwester geworden ist, weiß ich auch nicht. Die Oma war immer sehr direkt, so wie alle aus der Familie Strohbach, und sagte immer geradeheraus, was sie dachte. So waren auch meine Mutter Mischa und die Tante aus Berchtesgaden." Als ich Mischas Kindheitserzählung zuhörte, entstand bei mir das Bild einer sehr engen Oma-Enkelin-Beziehung, aus der alle anderen Menschen wie ausgeblendet blieben. Vielleicht war es aber nur die sehr subjektive Sichtweise Mischas, eine sie schützende Sichtweise, die da lautete: „Ich war nie allein, die Oma war bei mir. Ich bin kein verlassenes oder ungeliebtes Kind."

Mischa ist für mich ein beeindruckendes Beispiel dafür, dass es kaum Startbedingungen im Leben gibt, mögen sie auch noch so schlecht sein, die ein aktives und sinnerfülltes Leben verunmöglichen können. Mischa antwortete auf meine Frage, ob sie ihr Leben gemocht hat: „Ich hab' viel kämpfen müssen, hatte nie das, was man Sicherheit nennt im Leben und wofür andere so viel tun, vor allem für die materielle Sicherheit geben manche sogar ihren Charakter an der Garderobe des Lebens ab. Die Gefahr bestand für mich nie. Ich hab' immer nur auf ein Pferd gesetzt, das war ich, ist vielleicht auch kein Wunder bei der Lebensgeschichte. Doch, um deine Frage zu beantworten: Ich hab' gern gelebt, mein Leben war gewiss nie langweilig. Wenn ich jetzt nicht solche Schmerzen hätte, würde ich es gerne noch etwas länger genießen, so allerdings nicht. Definitiv nicht."

Irgendwie passt zu diesem mutterverlassenen Leben, dass es eben doch ein gutes geworden ist. Mit Mischas Sohn Oliver Lentz, dem Schauspieler und Produzenten, und dessen Familie, seiner bezaubernden Frau Jasmin und den beiden Kindern Mika und Zoé, hat die Mutterverlassenheit ein Ende genommen. Oliver und Jasmin sind begeisterte und liebevolle Eltern.

7. Richard Marx (93 Jahre, Psychoanalytiker)

Persönlich kennengelernt habe ich Richard Marx erst relativ spät, vor etwa 25 Jahren. Sein Name war mir da allerdings schon lange geläufig. Unsere Bekanntschaft verdanke ich seiner Frau, meiner sehr geschätzten Kollegin Carola Hesse-Marx.

Wenige Psychotherapeuten haben mit derart vielen Menschen psychoanalytisch gearbeitet wie Richard Marx. Über fünf Jahrzehnte lang führte er mit Lust und Leidenschaft zusätzlich zu den Einzelanalysen auch Gruppenanalysen durch. Er entschied sich immer wieder für die direkte psychoanalytische Arbeit mit den Menschen, anstatt *über* Psychoanalyse zu schreiben. Seine Vorlesungen fanden deshalb so begeisterten Anklang, weil er die Fähigkeit besaß, die Psychoanalyse lebendig werden zu lassen. Er sprach vollkommen frei, entwickelte seine tief durchdachten Gedanken im direkten Mitteilen seinen Zuhörern gegenüber. Seine Erfahrung als Psychoanalytiker und seine dramatischen Lebenserfahrungen während der Nazizeit spiegelten sich in seinem weiten Geist. Deshalb ist leider wenig Schriftliches von ihm erhalten. Sein Wissen, das er aus seinen intensiven Lebenserfahrungen bezog, lebt in seinen Schülern, seinen Lehranalysanden und Patienten und nicht zuletzt in seinem Sohn und vor allem in seiner jüngeren Frau fort, die eine leidenschaftlich engagierte Psychoanalytikerin für Kinder und Jugendliche ist.

Sein zeitlos wirkender Essay „Der Mann hat recht, aber es gibt die Frau" ist ein Kleinod, wenn es um die Darstellung der Frau-Mann-Beziehung geht. Es wirkt wie aus einer anderen Zeit für uns, die wir die Schnelllebigkeit und den Pragmatismus der Gegenwart gewohnt sind, und häufig die Frage im Hinterkopf haben: Was bringt mir das? Doch sind diese Lebensanschauungen tatsächlich aus einer anderen Zeit? Oder handelt es sich dabei nicht vielmehr um eine jedem Menschen innewohnende Möglichkeit, sich den Glauben an die Liebe zu bewahren, trotz all der Schrecken und Grausamkeiten der Realität? Das Eindruckvollste an den Lebenserfahrungen von Richard Marx ist wohl, dass es ihm unbewusst gelang, sich in den Jahren des Grauens und der Schrecken in der Geborgenheit der Liebe aufgehoben zu fühlen und dadurch geschützt war. Das Vertrauen in die Liebe, in die guten mütterlichen und väterlichen Objekte, wie wir Psychoanalytiker sagen, war groß genug, dass es nicht durch diese schrecklichen Kriegs-Traumatisierungen zerstört werden konnten. Es hat für mich den Anschein, als konnte Richard Marx trotz der damaligen destruktiven Kriegswirklichkeit die guten Objekte in sich bewahren, die neben seiner Wahrnehmung der harten Realität seine Fähigkeit zu träumen und seine Fähigkeit zur psychoanalytischen Traumdeutung ausmachen. Somit konnte er selbst für seine Patienten zu einem guten therapeutischen Objekt, einem Du, werden. Eine Beobachtung, die wir auch bei Hans Hopf schon gemacht haben.

Hier ein Ausschnitt aus einem der schönsten Gedichte von Richard Marx:

> Golden steigt die Welt ins Licht
> der Liebe,
> und die Nacht versinkt. […]

Wer sich so ausdrücken kann, hat die Welt (der Beziehungen) nie verloren.

Nachtrag: Heute Nacht (17. Januar 2018) hat die Welt Richard Marx leider im 94. Lebensjahr verloren.

7.1 Seine Kindheitserzählung

Meine frühesten Erinnerungen führen zur Theresienwiese nach München. In die Paul-Heyse-Straße – die von den Nazis nicht umbenannt, also „arisiert" wurde: Offenbar hatten die Nazis übersehen, dass Paul Heyse ein jüdischer Dichter war. Ich sehe mich, wie ich im Kinderwagen auf der Theresienwiese spazieren gefahren werde. War es ein Kindermädchen, das mit mir unterwegs war?. Meine Mutter war damals schon berufstätig, sie war eine emanzipierte Frau. Beide Eltern waren sehr sportlich, hatten in den 1920er-Jahren eine Harley Davidson. Wir hatten immer Kindermädchen. Von einem dieser Kindermädchen wurde ich als Baby brutal geschlagen, was mich traumatisiert hat. Meine Eltern erfuhren nur deshalb davon, weil eine uns unbekannte Frau dem Kindermädchen folgte und sah, wie das Kindermädchen mich schlug. Natürlich haben meine Eltern diese Person sofort aus dem Haus gejagt. Dieses Erlebnis trug sicherlich dazu bei, dass ich sehr introvertiert wurde. Als Kind hab' ich oft durchs Fenster die Straße beobachtet oder die Plakate der wechselnden Filme im gegenüberliegenden Kino studiert. Ich wartete auf meine Mutter, die in der Augustenstraße in unserem Geschäft arbeitete. Im Gegensatz zu meiner zwei Jahre jüngeren Schwester bin ich in ihrer Abwesenheit nie auf die Straße zum Spielen gegangen. Meine Eltern haben sich 1922 auf dem Oktoberfest kennengelernt. Meine Mutter war zu diesem Zeitpunkt mit einem Schweizer Ingenieur verlobt. Dieser Mann hat später am Simplontunnel in der Schweiz mitgebaut. Meine Mutter stammte aus einer niederbayrischen Bauernfamilie. Es war in ihrem Lebenskreis ungewöhnlich und mutig, dass sie sich in einen Juden verliebte, ihn heiraten wollte und dafür die Verlobung mit dem Schweizer wieder löste. Sie und mein Vater heirateten und ich kam 1924 auf die Welt.

Mein Vater wollte eigentlich Medizin und Psychologie studieren. Doch nach dem Ersten Weltkrieg hatte er keine Illusionen mehr, ihm war es wichtiger, für die Familie zu sorgen und Geld zu verdienen. Deshalb baute er mit einem Jugendfreund ein Textilgeschäft auf, das ganz gut lief. Christian Strauss & Co. nannten es beide später, weil mein Vater als Jude nicht namentlich in Erscheinung treten wollte. Da wir ganz in der Nähe der Theresienwiese wohnten, führte mein Schul- und Heimweg während der Festwochen viermal täglich übers Oktoberfest, was ich natürlich großartig fand. 1931 war mein erstes Schuljahr. Ich erinnere mich, dass meine Eltern mir eines Tages entgegenkamen und erzählten, dass sie auf Drängen meines Vaters auf dem Standesamt gewesen seien und das Wort „mosaisch“ hatten streichen lassen. Bei der Religionszugehörigkeit stand nun nicht mehr „jüdisch“, sondern „freireligiös“. Diese Weitsichtigkeit meines Vaters rettete mir später wohl das Leben, denn meine Schwester und ich waren von nun an jüdische Mischlinge 2. Grades“, wie die Nazis damals festlegten, nicht mehr „ersten Grades“.

Zu meiner Grundschulzeit gab es noch Zivilisation. Ich erinnere mich, dass ein jüdischer Mitschüler beim Herunterrutschen auf dem Treppengeländer abstürzte. Noch gab es keinen Unterschied zwischen Juden und Nichtjuden und so betete die ganze Klasse für sein Überleben. Es war für unsere Lehrerin selbstverständlich, dass die gesamte Klasse bei der jüdischen Beerdigung anwesend war.

Ich erinnere mich, dass im Alltag bald thematisiert wurde, ob man Jude war oder nicht. Uns wurde nach zwei Jahren die Wohnung gekündigt, denn es hieß: „Juden unerwünscht."

Dann kam die Pogromnacht 1938. Die Eltern hatten rechtzeitig unser Geschäft auf meine Mutter überschrieben. Am Vorabend des 9. Novembers stand dann die SA vor dem Ladeneingang und wusste nicht so recht: „Ist das Geschäft jetzt jüdisch oder nicht?" Das ist meines Erachtens der Beweis, dass das Ganze organisiert und kein „spontaner Volkszorn" war, wie es von den Nazis immer dargestellt worden war. Bis in den Januar hinein blieb das Geschäft geschlossen. Die SA-Leute hatten den Schlüssel mitgenommen. Doch meine Mutter eroberte ihn sich mit einem Trick zurück. 1938 war meinem Vater unterstellt worden, dass er Geld ins Ausland geschafft hätte. Daraufhin war er monatelang unschuldig im Gefängnis in Nürnberg. 1940 holten wir ihn da heraus, meine Mutter hatte ans Reichsgericht geschrieben. Tatsächlich wurde er als Jude noch 1940 vom Reichsgericht, das damals noch unabhängig urteilte, freigesprochen! Meine Mutter machte anschließend den Nazis vor, sie habe sich von ihrem Mann getrennt. Mein Vater lebte jetzt offiziell bei einer jüdischen Familie in der Tengstraße, aber ich habe ihn jeden Abend in die Wohnung gelotst und am Morgen wieder zurück. Es durfte ihn ja niemand im Haus sehen. Meine Eltern haben sich sehr geliebt. Ich war inzwischen 13 oder 14 Jahre alt. Während ich weiterhin ganz normal zur Schule ging, musste ich gleichzeitig miterleben, wie immer mehr Verwandte der jüdischen Seite meines Vaters „abgeholt" wurden. Das war eine verrückte Situation: Einerseits lernte ich lateinische Vokabeln, andererseits erlebte ich parallel dazu die Deportationen.

1943, ich hatte gerade das Abitur am Realgymnasium in München abgelegt, trat Franz Herda in unser Leben. Ich war jetzt 18 Jahre alt.

Großes Aufatmen auf unserer Seite: Vielleicht kam jetzt Hilfe. Herda, 1887 in Amerika geboren, war deutscher und amerikanischer Staatsbürger. 1906 kam er mit seinem Vater nach Deutschland zurück. Er versteckte während der Nazizeit erfolgreich viele deutsche Juden. Vielen unter ihnen konnte er so das Leben retten.

Er kam in unser Geschäft. Er war ja zu diesem Zeitpunkt bereits ein bekannter Maler – auch wenn er damals Einstein noch nicht porträtiert hatte (1949 fertige Herda im armerikanischen Princeton zwei Porträts von Einstein an) Herda war immer liebenswürdig. An einen Ausflug mit ihm kann ich mich besonders gut erinnern: Er hat viel getrunken, gegen die Nazis geschimpft und sie sogar öffentlich persifliert. Er hat sich ungemein viel getraut! Eines Tages lud er mich zusammen mit seiner Tochter nach Garmisch ein. So lernte ich mit 18 Jahren Vera kennen. Sie hatte eine zweijährige Tochter. Vera war sechs Jahre älter als ich. Sie hat mich in Garmisch mit in ihr Zimmer genommen und ich erlebte meine erste Liebesnacht. Meine Mutter wurde sehr eifersüchtig auf Vera. Sie wollte mir in München nicht mehr erlauben, Vera in ihrer Wohnung zu besuchen. Sie hat aus Eifersucht gar nicht mehr wahrgenommen, dass es doch gefährlich für mich gewesen wäre, wenn Vera und ich in ein Hotelzimmer hätten gehen müssen. Sogenannten „Ariern" und „Nicht-Ariern" waren Liebesbeziehungen untersagt. Juden wurden, wenn es herauskam, mit dem Tode bestraft, die „Arier" mussten die schlimmsten Erniedrigungen erdulden. Vera hielt zu der Zeit eine Jüdin bei sich versteckt und gab diese als englische Freundin aus. 1944 wurde ganz Schwabing ausgebombt. Wir konnten vorher noch einiges retten. Wir kamen in Ramersdorf unter. Das war zur Zeit des 20. Juli 1944, des Attentats auf Hitler. Der dortige Vermieter wollte zu diesem Zeitpunkt wohl auch schon lieber Juden beherbergen als Nazis.

Das einschneidendste Erlebnis meiner Jugend hatte ich mit 16 Jahren: Meine Mutter war mit der Opernsängerin Rita Runge befreundet, die mich in die Musik einführte. Ich hatte eine innige Beziehung zu ihr. Sie lebte als geborene Jüdin katholisch, nahm mich mit zu Bibelstunden und brachte mir den mystischen Katholizismus nahe. Rita war als Jüdin bei der Oper rausgeflogen. Sie hatte eine großartige Stimme. Sie hatte sich in einen jüdisch-katholischen Sänger verliebt. 1941 fand die erste Deportation statt. Ihr Geliebter stand auf der Liste. Rita noch nicht, doch sie ging mit ihm. Meine Mutter und ich haben vergeblich versucht, sie umzustimmen. Ich glaube, sie war die Einzige, die freiwillig mitging. 400 Kinder waren darunter. Nur ich habe damals schwarzgesehen, die Erwachsenen, auch Rita, haben geglaubt, sie würde in ein Arbeitslager geschickt. Sie hat bei uns zu Hause noch ein Abschiedskonzert gegeben. Alle Opfer dieser ersten Deportation wurden am 25. November 1941 in Litauen ermordet.

Nachdem ich Vera kennengelernt hatte, empfand ich keine Angst mehr. 1944, mit 20 Jahren, bin ich dann bei ihr in Berlin untergetaucht. Nach dem Krieg haben wir geheiratet. Zwei Frauen, die ich sehr geliebt habe, hat mir der Tod genommen. Mein jetzige dritte Frau Carola, mit der ich schon seit 34 Jahren glücklich bin, war nochmals ein großes Geschenk. Mit ihr habe ich einen Sohn, mein einziges leibliches Kind.

7.2 Kairos trotzt Chronos oder Tiefe trotzt Untiefe

Auf wenige Menschen passt das Lieblingszitat meines Vaters so gut wie auf Richard Marx: „Der Mensch sei edel, hilfreich und gut." (Es sei angemerkt, dass mein Vater aus dem „gut" augenzwinkernd ein „schlau" gemacht hat.) Richard Marx ist Psychoanalytiker geworden. „Der einzige Beruf", den er sich vorstellen konnte und den er mit Leidenschaft bis vor Kurzem ausübte. Er besaß die Gabe, sich mit den richtigen Menschen zum richtigen Zeitpunkt zu umgeben. Er hat sie sich nicht bewusst ausgesucht. Sie waren, wie er selbst sagte, „immer plötzlich da". Sie begegneten ihm und er besaß die Gabe, sie zu halten, eine intensive Beziehung zu ihnen herzustellen. Dies bewirkte, dass er ganze Generationen von Psychiatern und Psychologen ausbildete und in München zu einer Institution wurde.

„Heute hege ich die Vermutung, dass es Rita war, die mir die Tür zur Philosophie öffnete und zur Weltliteratur, die ich intensiv mit meinem Freund Birkenbil (dem besten Freund aus Jugendtagen und lange darüber hinaus) entdeckte. Dies war wohl der Weg, der mich zuerst zu C. G. Jung und dann zu Sigmund Freud führte", so erzählte mir Richard Marx einmal. Damit das passieren kann, braucht es eine durchlässige

Seele. Und die hatte offenbar schon der kleine Richard, der allein am Fenster saß und die Welt draußen in sich aufsog. Das Kind am Fenster hat sich nicht gelangweilt. So schreibt Richard in seinem Band „Lyrik“:

Schilf,
Wie Federstriche zart,
Still träumend liegt der See –
Laut nur mein Herz …

Die Welt kam auch in den späteren Jahren zu ihm, in der Gestalt von Patienten, Ratsuchenden, Ausbildungskandidaten, Zuhörern. Und immer trafen sie auf einen Lauschenden. Auch noch mit über 90 Jahren war er dieser Lauschende. Ich kenne wenige Menschen, die still und so aufmerksam zuhören können, den Worten des Gegenübers nachgehend wie einer fremden Melodie, die es zu begreifen gilt.

Das Kind am Fenster hat sich also nicht gelangweilt. Es hat das, was draußen gerade passierte, hineingenommen und in eigene Worte gekleidet. Bis zuletzt war dieser schöpferische Vorgang so bei Richard zu beobachten.

Zur Geburt seines einzigen Kindes schrieb er 1992 die Worte:

Nun bist du da, mein Sohn!
DICH gibt es in der Welt –
Du große Freude –
Du unser Kind!

Du liebster, lieber Sohn
Dich wollen wir vor allem Dunkel hüten
Dir wollen wir die Welt zur Freude wenden –
Sei du nur gut und groß und stark!

Dass wir dich lieben, liebstes Kind
So lieben, liebstes Kind!
Die ganze Welt ist hell durch dich
Und Freude singen alle Sonnen […]

Wer diese Zeilen liest, wird mitgerissen von der Freude, wie sie dieses Gedicht unterspült und verströmt. Wenn ich Kind wäre und mein Vater hätte diese Hymne für mich geschrieben – ich wäre für immer geborgen in dieser Welt.

7.3 Die Liebesbeziehung der Eltern

Wir könnten bei Richard Marx auch von guten Ressourcen sprechen. Wie schon bei Silvia, der Malerin. Allerdings gibt es da einen großen Unterschied. Und den sehe ich in der Elternbeziehung. Marx stellt fest, dass die Eltern einander sehr geliebt haben. Sein Vater hat, riskant und unter Beihilfe seines halbwüchsigen Sohnes, jede Nacht in der Zeit seines Getrenntseins die Nähe zu seiner Frau gesucht, um bei ihr, mit ihr allein sein zu können.

Was hat der heranwachsende Richard somit gesehen, was hat er, der ein so vitaler Beobachter war, aufgenommen an Sinneseindrücken? Eine liebende Mutter, einen liebenden Vater. Zwei ineinander Verliebte, auch noch nach zahlreichen Ehejahren. In meinem letzten Buch habe ich die Bedeutung der guten Elternbeziehung betont. Eine Elternbeziehung, die eine Liebesgeschichte ist, beschützt die ganze Familie. Eine bessere und gesündere Prophylaxe gibt es nicht in Hinblick auf mögliche Erziehungsschwierigkeiten. Wo Eltern einander lieben, bauen Kinder Sicherheit und Selbstbewusstsein auf.

Zugegeben, manche Dinge im Leben sind sehr kompliziert. Einige sind einfach. Die elterliche Liebesbeziehung als Schutz vor familiären und individuellen Störungsbildern gehört dazu.

Ich bemerke in der Kinder- und Jugendlichentherapie sofort, wenn die Liebe der Eltern füreinander wieder im Zunehmen begriffen ist. Wenn der Liebesmond wieder wächst. Umgekehrt spüre ich ebenso gut, wenn es mit der Liebesbeziehung der Eltern nicht mehr weit her ist. Oder, noch schlimmer, wenn seit der Geburt meines Patienten noch nie elterliche Paarliebe vorhanden war. Ich möchte jetzt die entscheidenden Auswirkungen einer fehlenden oder nur noch kümmerlich vorhandenen Paarliebe auf die Kinder und das Familienleben hier nicht nochmals in vollem Umfang wiederholen. Sie sind in meinem letzten Buch beschrieben. Doch die wichtigsten Erkenntnisse dazu nochmals in aller Kürze:

- Kinder, die keine oder wenig Elternpaarliebe miterleben, haben ein anfälligeres Immunsystem.
- Solche Kinder somatisieren (unbewusst) schneller – um die Eltern **wenigstens in der Sorge** miteinander vereinen zu können.
- Diese Kinder haben größere Schulprobleme, weil die Konzentration nicht gegeben ist aus Sorge um die streitenden, einander verachtenden oder einander nicht wertschätzenden Eltern. Klar, denn wenn mein Schiff gerade auseinanderbricht, habe ich keine Muße, die Schönheit der Umgebung zu beachten oder auf Details zu achten – wie es in der Schule nötig wäre, etwa bei Fragen der Grammatik, Rechtschreibung etc.
- Die Kinder sind weniger kreativ und zu sehr mit den Eltern und deren Problemen/Bedürfnissen beschäftigt.

Ein Elternpaar kam mit seiner 16-jährigen Tochter Lina zu mir. Sie sei ständig schlecht gelaunt, ließen sie mich wissen, außerdem klage sie über Bauchschmerzen, Kopfschmerzen, sei appetitlos, habe Probleme mit dem Einschlafen, in der Schule (Gymnasium) tue sie kaum noch etwas, sie wolle am Morgen nicht aufstehen. Frau M. fasste zusammen: „Kurz und gut, sie ist die Schlechtwettermacherin in der Familie. Das kannst du jetzt nicht abstreiten, Lina, oder?" Lina nickte resigniert und auch etwas verlegen, der Vater ebenso – und der kleine Bruder bejahte die Worte der Mutter mit heftigem Kopfnicken. Die ganze Familie – Lina eingeschlossen (!) – war sich einig, dass die 16-Jährige die große Spielverderberin sei. „Wir könnten es doch so entspannt haben", meinte der Vater, „wir haben ja alles."

Die Kinder, die morgens nicht aufstehen wollen, sind hier in Deutschland Legion. Leider. Doch dazu komme ich ausführlich im dritten Teil, wenn es um die Interpretation der Themen „Jugend damals" und „Jugend heute" geht.

Herr M. hat sich in einem getäuscht: Sie haben nicht alles. Es war schon in der ersten Einzelstunde mit Lina klar, dass etwas Wichtiges fehlte: die Liebe der Eltern zueinander. Lina merkte allerdings zu dem Zeitpunkt noch gar nicht, dass ihren Eltern etwas fehlte. Sie war absolut überzeugt, dass sie selbst nicht passte, nicht richtig war. Weinend und mit stockender Stimme presste sie hervor: „Ich weiß schon, die Eltern tun ja alles für mich, die würden sich den Arsch, Entschuldigung, aufreißen für mich. Ich weiß auch nicht, warum ich so bin, so unzufrieden, nichts macht mir Spaß, auch Volleyball finde ich inzwischen doof. Dabei hab' ich das früher gern gemacht."

Eine larvierte (verdeckte) Jugendlichendepression. Der Energielevel ist hierbei denkbar niedrig, nichts, absolut gar nichts verdient Leidenschaft und Aufmerksamkeit, sogar zum Verlieben fehlt die Kraft. Eine Beobachtung, die ich übrigens nicht nur bei Lina, sondern zu meiner Beunruhigung bei vielen älteren Jugendlichen und jungen Erwachsenen mache. Doch auch dazu Ausführliches im dritten Teil.

Keiner in der Familie hatte den allmählichen Schwund der Elternpaarliebe bemerkt. Sie war einfach irgendwann nicht mehr vorhanden. Die Gereiztheit zwischen den Eltern stieg stetig an – und wurde gegen die aufständische, pubertierende Tochter gerichtet. Alles wäre super, wenn, ja, wenn nur die Tochter nicht immer herummotzen und ihre schlechte Laune wie ein übel riechendes Parfum verbreiten würde. Dass der Vater die Mutter nie mehr küsste, die Mutter den Vater in dessen Abwesenheit entwertete, („euer Vater muss ja gar nichts sagen, der tut doch überhaupt nichts im Haushalt, der hat ja nur eine große Klappe") blieb unbemerkt und ungesagt. Beide Elternteile kamen abends müde und ausgelaugt nach Hause, die Mutter etwas früher wegen des Abendessens. Lina trudelte ebenso müde von der Ganztagesschule ein, musste noch Hausaufgaben machen, hatte keine Lust dazu, wurde von der Mutter deswegen angeschnauzt. „Am Abend sind immer alle genervt, vielleicht mit Ausnahme von meinem Bruder, der muss ja auch in der Grundschule nichts tun. Da lief es bei mir auch noch von allein", erzählt Lina. In der achten Therapiestunde vertraut sie mir an: „Wozu soll ich mich eigentlich noch quälen? Um erwachsen zu werden? Sieht nicht danach aus, als ob das so was Geiles wäre, oder? Manchmal liege ich im Bett und überlege, wie ich Schluss machen könnte, ohne dass es wehtut." Es war keine larvierte Depression, sondern eine offensichtliche.

Dritter Teil

1. Paradigmenwechsel – Kindheit heute ist anders als Kindheit früher

Die 16-jährige Marisa erzählt:

> „Ich bin eine Jugendliche, doch im Grunde genommen lebe ich wie meine Eltern. Ich bin den ganzen Tag weg, in der Schule, dann komm' ich müde nach Hause, habe auf gar nichts mehr Bock, will nur meine Ruhe haben. Das will aber die Mama nicht. Also lern' ich noch etwas für den nächsten Tag. Und am Wochenende lass' ich es krachen. Wir trinken alle ziemlich viel, vor zwei Wochen hab' ich meine besoffene Freundin nach Hause begleitet, sonst wär' ihr etwas passiert. Ist bei meinen Eltern genauso. Sie gehen am Freitag spät ins Bett, schlafen lang aus am Samstag, dann kommen Freunde am Samstagabend. Da bin ich zwar meistens nicht dabei, doch da ist die Stimmung gut. Eigentlich das einzige Mal in der Woche. Am Sonntagnachmittag ist dann bei uns allen die Stimmung schon wieder extrem schlecht. Keiner freut sich auf den Montag. Die letzte Woche war scheiße und die nächste Woche wird es wieder. Die Mama sagt immer, ich soll mich mal für was begeistern. Ist sie denn von was begeistert?! Wir machen alle vier (Marisa hat noch einen 18-jährigen Bruder) unseren Job, doch wenn ich mir vorstelle, dass ich in einigen Jahren erwachsen bin, frage ich mich wofür?"

1.1 Die Kind-Erwachsenen

Heutzutage sind Kinder kleine Erwachsene. Sie müssen funktionieren wie ihre Eltern. Und wenn sie es nicht tun, wird mit ihnen geredet. Und wenn das Reden nichts bringt, müssen sie in die Therapie. Und wenn die Therapie nichts bringt, kommen sie in Privatschulen – falls die Eltern die notwendigen Mittel dafür haben! Und wenn es mit der Privatschule wegen Aggression, zu vielen Fehltagen oder Drogen nicht klappt, geht es ab ins Internat, falls die Eltern sich das leisten können. Die sehr renitenten Jugendlichen unter ihnen bekommen bisweilen auch einen Sozialarbeiter zur Seite gestellt.

Ich habe in den vergangenen 25 Jahren einige Male erlebt, dass Therapien gescheitert beziehungsweise von den Eltern abgebrochen worden sind. So alle eineinhalb bis zwei Jahre etwa kommt es zu einem Therapieabbruch. Und da ich ziemlich kritisch mir selbst gegenüber bin, – ich habe ein strenges Über-Ich, das mich fast ein Leben lang begleitet hat (und Fragen stellt wie: „Was hast du falsch gemacht, wo hast du gefehlt, wo warst du nicht gut genug?“ etc.) – dürfte es einigermaßen verlässlich sein, wenn ich jetzt behaupte, dass in den meisten Fällen nicht die Kinder therapieresistent waren oder die Therapeutin einfach schlecht, eine Versagerin, sondern die Eltern sich nicht zur Introspektion bereit fanden und die Auseinandersetzung mit ihrer eigenen Geschichte aus Angst nicht aufnehmen konnten. Überall dort, wo die Eltern offen und aktiv mitgearbeitet haben, oder einer der beiden Erziehenden – manchmal ist es auch nur einer – sich entschlossen hat, selbst eine Therapie anzufangen, gab es keine Therapieabbrüche. Das Kind darf, wenn es in Therapie kommt, „unmöglich“ und neben der Spur sein, die Eltern dürfen alles Mögliche falsch machen, ich darf unerwünscht sein und mit Misstrauen beäugt werden, doch dann beginnt ein therapeutischer Prozess. Und dieser verlangt nur eines, doch dieses Eine unbedingt: die Innenschau. Davon ist übrigens auch der Therapeut nicht ausgenommen. (Er sollte sich zum Beispiel fragen: Warum bringt mich dieser Vater so schnell aus dem Konzept? Warum halte ich bei diesem Kind weniger aus? Warum bin ich bei dieser Mutter schnell verletzt? etc.)

Die Eltern, die ihre Lebenszeit zu Beginn ihrer Elternschaft auf die Stunde Null stellen, tun sich bedeutend schwerer als diejenigen Eltern, die die Elternzeit als einen bedeutsamen Abschnitt in der Kontinuität ihres Lebens verstehen. Elternschaft wird dort sozusagen zu einer neuen Stufe und Herausforderung in der eigenen individuellen Entwicklung. Elternschaft ist dann „nur" eine Folge vieler ersehnter Entwicklungsschritte im eigenen Leben. Allerdings eine Folge mit langer Verweildauer – früher etwa 20 Jahre, heute sogar noch länger, weil die Kinder aus wirtschaftlichen oder emotionalen Gründen den Absprung aus dem Elternhaus schwerer schaffen.

Und, was meistens zu Beginn vieler Elternschaften verloren geht: Diese Eltern-Stufe – auch wenn sie eine Hauptstufe ist – muss irgendwann wieder für eine neue und ganz andere Stufe verlassen werden, nämlich spätestens dann, wenn die Kinder ausziehen. Ich nenne diese Stufe nach dem Auszug der Kinder die Stufe der Authentizität.

Meine eigene Mutter hat diese Stufe nicht mehr nehmen können. Mit dem Auszug ihrer zweiten Tochter, also mir, ist allmählich auch das Leben aus ihr gewichen. Ich habe erst viele, viele Jahre später begriffen, dass sie schon davor nie ein eigenes Leben hatte. Sie, 1930 geboren, hat sich, wie so viele intelligente Frauen ihrer Generation, immer in den Dienst der anderen gestellt, sich selbst ausschließlich durch die Brille der anderen gesehen – das ist etwas sehr Anstrengendes. Dann kam die schwere psychosomatische Erkrankung. Vielen krebskranken Frauen aus jener Generation gelang es noch nicht, das Steuer während ihrer Erkrankung erfolgreich herumzureißen. Zu sehr waren sie eine Kindheit und Jugend lang auf Gehorsam und Anpassung gedrillt worden. Da reißt man mit 54 Jahren das Steuer schon rein hirnorganisch nicht mehr locker herum. Das Hirn denkt längst schon in diesen Dimensionen von Anpassung und Unterwerfung, von Perfektion und Scham, und – es hat sich damit arrangiert als dem selbstverständlich gewordenen Lebensstil! Wo soll da noch das wilde, unzivilisierte, lustvolle und damit Widerstandskraft gebende Denken herkommen? Alle Krebskranken, die ich persönlich kenne, haben einen Mangel an wildem, unangepasstem Denken. Allan Guggenbühl, der Zürcher Psychoanalytiker und renommierte Konfliktforscher spricht in seinem Buch, „Die vergessene Klugheit", von den „Normen, die uns am Denken hindern." Wir werden gerade beim Thema Schulreform noch sehen, wie hemmend sich etwa der genormte Schulbetrieb auf das kreative Denken und die Lebendigkeit der Schüler auswirken kann.

1.2 Vom Vitalitätsmangel heutiger Kinder

Was als Erstes auffällt, wenn wir die Kindheiten von heute den Kindheiten von gestern gegenüberstellen, ist der Vitalitätsmangel unserer heutigen Kinder. Michael Schulte-Markwort, ärztlicher Direktor der Klinik für Kinder- und Jugendlichenpsychiatrie in Hamburg, hat vor Kurzem ein Buch herausgebracht: „Kinder im Burnout". Nur ein reißerischer Marketing-Titel? Keineswegs. Ich spreche einige Seiten weiter hinten in diesem Buch ebenfalls von den ewig müden Schülern, die morgens kaum aus dem Bett kommen. Von meinen aktuell 21 Patienten zwischen fünf und 23 Jahren geben 71 Prozent an, morgens nicht gerne aufzustehen. Darunter sind fünf Einserschüler.

Marquart schreibt in seinem gut lesbaren Buch, dass noch nie eine Generation so unter dem Druck stand, nicht stillstehen zu dürfen. Ich würde dem hinzufügen wollen, dass es noch nie eine Generation gegeben hat, die so wenig sich selbst überlassen wurde, sondern in ein strenges Korsett aus Leistung und verordneter Aktivität gepresst wurde. Es hat seit der Aufklärung noch nie eine Generation gegeben, die nach Erwachsenen-Maßstäben funktionieren musste, bevor sie erwachsen ist.

Wir haben es noch nie mit einer so ungesund verwalteten Kindheit zu tun gehabt – und wir sollten davon schnellstens wieder abrücken! Uns und unseren Kindern zuliebe. Dann werden unsere Kinder auch von ihrer Handysucht wieder loskommen. Sie sind Teil einer enttäuschten jungen Generation, die von den vielen Leistungsanforderungen erschöpft ist. Einige unter ihnen sind verfrüht ausgebrannt. Und weil Jugend das nicht sein darf, fließt dann ihre ganze Vitalität und Energie in die von den Erwachsenen kaum mehr kontrollierbare digitale Welt. Dort zappen sie herum, gehen sie über die Grenzen. Dort fragt sie keiner nach ihren Schulleistungen, dort machen sie Schmarrn, sind kindisch und erstaunlich naiv teilweise, manchmal sogar böse – stellvertretend für den Schmarrn, den wir als Kinder machen durften und von dem unsere Eltern, falls sie noch leben, bis heute nicht allzu viel wissen. Unsere Kindheit war in der Regel nicht überwacht, mit Terminen vollgestopft und damit kontrolliert. Natürlich hatte ich auch meinen Ballett- und Klaviertermin. Das war es dann aber auch für den

Rest der Woche. Und meine erste Klavierlehrerin wohnte ein Haus weiter. Wenn ich meine Hausaufgaben gemacht hatte, war ich – frei! Und natürlich saß beim Erledigen der Hausaufgaben kein Elternteil daneben. Vielleicht haben wir deswegen unsere Eltern auch nicht so hassen müssen. Wir sind ihnen einfach in der Pubertät ausgewichen und davongelaufen. Sie haben sich nicht pausenlos eingemischt. Ich glaube, dass die Kindheitserzählung von Aurelia den in der Schweiz in den 1960er-Jahren vorherrschenden Erziehungsstil ganz gut wiedergibt. Viele von uns waren damals beschäftigte Kinder! Doch keineswegs mit Hausaufgaben. Wir waren mit Kindsein beschäftigt. Also mit Ausprobieren, Entdeckungen machen, Erfahrungen sammeln, Versuch und Irrtum wagen, Blödsinn zwischendurch geschehen lassen, den Blödsinn schnell wieder hinbiegen, sodass die Eltern nichts davon erfuhren. Und falls die Eltern es doch spitzgekriegt haben, gab es ein fürchterliches Donnerwetter, vielleicht sogar Hausarrest. Eine grausame Strafe, denn uns musste man damals nicht vor die Haustür stoßen, wir wollten raus. Ich verbrachte im Sommer fast jeden Tag im Schwimmbad, wenn ich nachmittags schulfrei hatte. Und natürlich ging ich nicht in die „Rhi-Badi“ (die Badeanstalt am Rhein), weil dort meine Mutter war und ihre Längen schwamm, und außerdem die „Gefahr“ bestand, dass mein Vater mit einer Schulklasse auftauchte, sondern in das neu erbaute Schwimmbad über der Altstadt. Dort war ich als junger Teenager (so etwa im Alter zwischen elf und 13 Jahren) fast immer verliebt. Jeden Sommer in einen anderen Jungen zwar – und meistens so, dass der Auserkorene es gar nicht mitbekam. Doch was waren wir damit beschäftigt! Meine Kinder lachen zwar jedes Mal ob der Harmlosigkeit dieser mütterlichen Anekdoten, wenn sie hören, wie ich 14-jährig mit einer Freundin zusammen eine erotische Attacke (!) auf einen etwas älteren Schüler aus der Nachbarsklasse vorbereitet hatte, und zwar gedanklich wochenlang. Die Attacke erschöpfte sich schließlich darin, dass ich ihm an der Balustrade im Lichthof des Gymnasiums, wo wir in den Pausen nebeneinanderstanden, ein Glas Wasser „versehentlich“ über den Ärmel schüttete, nach einem Tuch rannte, damit seinen Pullover trocken rieb, mich mit wahrscheinlich rotem Kopf, doch coolem Lächeln entschuldigte. Ich war mittelprächtig erfolgreich. Er kannte mich danach zwar, lächelte stets nett und, wie ich fand, immer leicht amüsiert. Doch dabei blieb es. Und vom späteren Rumgeknutsche auf den Partys wussten meine Eltern auch nichts.

Viele der heutigen Eltern wissen entweder gar nichts, glauben, ihre Tochter sei noch Jungfrau und ihr Sohn würde sich nur für Fußball interessieren, oder sie wissen alles, weil ihre Tochter ihnen alles erzählt, oder erzählen muss, oder erzählen will. Wohl am größten ist der Unterschied zu früher, wenn es um Prügeleien unter den Kindern geht. Die fanden nämlich meistens nicht unter den Augen der Lehrer oder Eltern statt, sondern in der Freizeit. Heute bleibt den Kindern, meistens sind es Jungen, nicht einmal mehr diese natürliche Lebensschule. Auf Prügeln folgen oft Verweise.

Ich nehme grundsätzlich keine Jungen in Therapie, deren einziger „Mangel" ihre Lust am Prügeln und Kämpfen ist. Letzthin kam eine Familie mit ihrem achtjährigen Sohn Jonathan. Die Lehrerin hat die Eltern „dringend" aufgefordert, etwas zu unternehmen. „Ihr Sohn ist sehr aggressiv, der legt gleich los, wenn ihm was nicht passt, er schubst die anderen." Ich habe mir den Jungen und die Eltern gut angeschaut. Er ist kein geschlagener Junge, der jetzt konsequenterweise selbst nicht mehr Opfer sein will, sondern die aktive Rolle des Täters bevorzugt und Opfer sucht. Er ist kein unterdrücktes Kind, das jetzt andere unterdrückt. Jonathan ist ein normaler Junge. Er liebt es, seine Kräfte zu messen, er ist (noch) etwas schnell beleidigt, er kann (noch) nicht gut verlieren. Das ist alles – und keiner Behandlung bedürftig. „Geben Sie ihm Zeit, zeigen Sie ihm, dass Gewinnen eine tolle Sache ist, doch leider nicht immer geht", riet ich den Eltern. „Zeigen Sie ihm, dass es gut ist, Ideen zu haben, doch sich die eigenen Ideen nicht immer durchsetzen lassen. Machen Sie ihm klar, dass man manchmal auch dem besten Freund und dessen Idee zähneknirschend zum Durchbruch verhelfen muss. Jonathan ist ja erst acht Jahre alt. Konnten Sie und ich das alles mit acht Jahren schon? Also ich gewiss nicht." Die schuldbewussten Eltern haben nach wenigen Beratungsstunden ihre Zerknirschung abgelegt und sind der offensichtlich gestressten und nervösen Lehrerin nicht mehr mit schlechtem, sondern ruhigem Gewissen gegenübergetreten – und nach einigen Wochen war der Spuk vorbei. Wenn ich den

Jungen therapiert hätte, nicht auszudenken, wie negativ sich die überflüssige Therapie auf sein Selbstbewusstsein und seine Vitalität ausgewirkt hätte. „Etwas ist bei mir nicht in Ordnung", hätte er sich gedacht. Doch bei Jonathan war genug in Ordnung. Ebenso bei seinen Eltern.

1.3 Das müde Kind von heute

Das müde Kind ist ein überfordertes Kind. Dass es zu dieser weit um sich greifenden Überforderung kommen konnte, hat mit den nicht mehr zeitgemäßen Schulen zu tun, mit überforderten Eltern und einer westlichen, neoliberalen Leistungsgesellschaft, die ihren Zenith überschritten hat und so tut, als ob sie ihre Zukunft noch vor sich hätte. Wir müssen höllisch aufpassen – und wissen es nicht.

Das müde Kind heute ist ein exaktes Abbild eines, nein, nicht des alten Roms, sondern des alten Europas und der Kultur der westlichen Hemisphäre. Die globalisierte Welt hat die technischen Errungenschaften der modernen Gesellschaft in fast jeden Winkel dieser Welt getragen. Der Digitalisierung sei Dank. Doch sie hat eben auch die westliche Dekadenz in den hintersten Winkel gebracht. Früher hat man noch von der Coca-Cola-Kultur gesprochen und vor ihr gewarnt, als sie in den 1980er-Jahren auch die Ärmsten dieser Welt erreicht hat. Den Begriff der Coca-Cola-Kultur würden wir heute genauso harmlos einschätzen, wie dies meine Kinder hinsichtlich meiner Erotik-Attacke mit 14 Jahren tun. Es geht schon lange nicht mehr um die Expansion von Coca-Cola. Es geht um die weltweite **Korruption des Leistungsgedanken**.

Davon wissen unsere Kinder zwar noch nicht viel. Doch die Auswirkungen erleben sie im Schulzimmer hautnah. Das bayerische Schulsystem hält sich dank Pisa-Ergebnissen und (weltweiter) Pisa-Hörigkeit für eines der erfolgreichsten Schulsysteme. Aber wollen wir uns wirklich mit fernöstlichen Ländern wie China, Korea und Japan messen, in denen dem Gedanken der Gewinnmaximierung und wirtschaftlichen Hegemonie vieles, wenn nicht fast alles untergeordnet wird? Diesen Vorstellungen unterliegt auch und gerade das Bildungssystem, das in gewissen Ländern fast konzernmäßig organisiert wird und Leistungsoptimierung auf seine Fahnen geschrieben hat. Wenn wir unseren

Blick hingegen auf ein unverändert erfolgreiches europäisches Land richten, nämlich auf Finnland, entdecken wir ein Schulsystem, in dem Noten und Hauptfächer gerade abgeschafft worden sind – und dieses Schulsystem rangiert immer noch unter den besten der Welt.

Inzwischen existieren reformierte Schulsysteme, auch in Deutschland, in denen die Kinder nicht ihre Vitalität verlieren und ihre Flügel nicht schon vor dem 18. Geburtstag brechen oder zumindest massiv lädiert werden. Es gibt inzwischen Schulsysteme, denen es gelingt, ihre Schulabgänger voller Motivation ins Leben zu entlassen. „Ich hab' richtig Bock, jetzt durchzustarten", erzählte mir etwa der 18-jährige Jan, „hab' so viele Ideen!" Seine Schule, die Sudbury-Schule, ist inzwischen jedoch leider geschlossen worden, weil sie sich nach Meinung des Bildungsministeriums nicht mit dem bayerischen Bildungssystem verträgt. Dass Schule Positives bewirken kann, bewies mir auch die 16-jährige Laura, Schülerin der Anne-Frank-Realschule: „Ich hab' geile Pläne, die will ich jetzt anpacken".

Ich möchte im Folgenden eine Schule vorstellen, die es geschafft hat, dass die Kinder morgens wieder gerne aufstehen und Schule nicht scheiße finden – ein inzwischen alltägliches Statement in der Schülersprache. Ich vermute übrigens – und halte in der Therapie sehr dagegen – dass die Schüler sich mit dieser Stellungnahme „scheiße" von der 1. Klasse an gegenseitig infizieren und über die vielen folgenden Schuljahre damit auch blockieren.

„Schule ist scheiße, ist einfach so", mit diesen Worten begann ein kleiner Dialog mit Miriam, 16 Jahre, 10. Klasse Gymnasium. Hier seine Fortsetzung:

T(herapeutin): „Und wenn nicht?" –
M(iriam): „Wie, wenn nicht? Was soll das heißen?"
T: „Das heißt, dass ich deine Ansicht nicht teile, dass Schule scheiße sein muss. Was macht ihr Schüler denn dagegen?"
M: „Da kann man nichts machen, ist so."
T: „Da bin ich nicht einverstanden! Wenn wir einen Lehrer hatten, den wir nicht mochten, haben wir in den höheren Klassen mit ihm geredet, meistens hat es was gebracht."
M: „Bei uns bringt es nichts!"

T: „Schon ausprobiert?"
M: „Nee, wozu auch?"
T: „Tja, liebe Miriam, bei so viel Engagement, wie ihr es da an den Tag legt, was soll sich denn da ändern, findest du nicht auch?"
M: „Sie nerven!"
T: „Nehm ich in Kauf, find' ich nicht so schlimm, passiert halt manchmal."
M: „Heißt das, ich soll jetzt was tun?"
T: „Fänd ich gut!"

2. Schulen der Zukunft am Beispiel der Anne-Frank-Realschule

André Stern hat vor zehn Jahren das Buch „Und ich war nie in der Schule" geschrieben. Damit hat er endlich frischen Wind in die Bildungsdiskussion und in einige, wenn auch noch in viel zu wenige deutsche Schulstuben hineingebracht. „Begeisterung ist Dünger fürs Hirn", lautet sein Credo, das er unermüdlich wiederholt.

Sehen Sie, liebe Eltern, begeisterte Kinder morgens in die Schule gehen und nachmittags aus der Schule kommen? Es mangelt mächtig an Begeisterung fürs Lernen bei unserer Jugend. Nicht bei allen natürlich, das ist klar.

Eine Freundin, die ein Kapitel des Manuskripts durchgelesen hatte, fragte mich ganz erstaunt, warum ich denn Einserschüler in Therapie hätte. „Von solchen Kindern träumen doch alle Eltern", meinte sie. Nicht immer, habe ich ihr zur Antwort gegeben, zum Beispiel dann nicht, wenn sie gemobbt werden, nicht in die Klassengemeinschaft integriert sind, schon mit elf Jahren Angst vor allem Neuen haben, weil es sein könnte, dass sie dann versagen. Oder wenn sie magersüchtig sind, wenn sie eine Schulphobie haben, wenn sie sich schulisch so anstrengen, damit sie der Mama, die es im Alltag so schwer hat, endlich ein Lächeln ins Gesicht zaubern können.

Eine umfassende deutsche Schulreform tut Not. Das Bildungssystem frisst seine Kinder. Vor allem die Jungen. Wenn es einen Konsens gibt unter etwa 85 Prozent aller Schüler, und zwar unabhängig von sozialer Herkunft, besuchtem Schultypus (Hauptschule,[1] Realschule, Gymnasium) oder individueller Begabung, so ist es folgendes Statement: Schule ist scheiße! Trotzdem wollen dies Bildungspolitiker immer noch einfach abtun und so befand auch der Rektor einer Realschule im Münchner Norden das Problem immer noch als nicht besorgniserregend: „Es sind halt Kinder, die sagen vieles, was glauben Sie, wenn wir uns über alles aufregen, was da von Schülerseite kommt?"

Natürlich gibt es neben den klassischen Reformschulen (Rudolf Steiner-, Waldorf-, Montessori-Schule) und den vielen staatlich anerkannten Privatschulen inzwischen auch städtische und staatliche Schulen, an denen Reformen ausprobiert werden. Mit großem Erfolg! Doch der größte Anteil der staatlichen Schulen pflegt nach wie vor traditionelle Unterrichtsformen mit der Notenskala 1 bis 6, mit Verweisen, die so alltäglich geworden sind im Leben der meisten Schüler wie der Schulbesuch selbst, mit viel zu vielen Hausaufgaben, Auswendiglernen und ständigen Lernzielkontrollen.

In München scheint das Erteilen von Verweisen gerade einen neuen Höchststand zu erreichen – damit verbunden sind zahlreiche Strategien der Bestrafung und Einschüchterung. Manchmal wird mir vom Zuhören fast schlecht. In Laufe einer Woche haben mir zufällig gleich zwei Grundschüler aus unterschiedlichen Schulen erzählt, dass sie sich „im roten Bereich" befinden. „Was heißt das, ‚im roten Bereich'?", wollte ich wissen. An der Wandtafel vor der Klasse würde eine Tabelle mit drei Spalten hängen, einer grünen, einer gelben und einer roten, berichteten die Kinder. Und die Lehrerin, so Paul (neun Jahre), habe gestern gedroht: „Noch einmal schwatzen und du rutschst in die rote Spalte." Rot bedeutet Verweis. Bei drei Verweisen in einem Schuljahr kann man von der Schule fliegen.

Ich habe mir die Mühe gemacht und aufgeschrieben, aus welchen Gründen einige meiner Patienten im letzten Halbjahr einen Verweis erhalten haben:

1 Wird in anderen Bundesländern auch als Mittelschule, Sekundarschule, Regelschule usw. bezeichnet.

- Schwatzen (Julian, zehn; Tim, elf; Max, 13 Jahre)
- Nichterledigen einer Strafaufgabe, die aus der schriftlichen Erörterung folgender Themen bestand: „Warum ich im Unterricht nicht stören darf" und „Was ich wissen und beachten muss" (Basti, 13; Lukas elf Jahre)
- Dazwischenreden nach zweimaliger Verwarnung (Laura, 14 Jahre)
- Beleidigung des Lehrers (Anna, 17 Jahre). In diesem Fall hat der Lehrer den Verweis anschließend zurückgenommen, weil die Klassenkameraden bestätigten, dass der Lehrer Anna zuerst beleidigt hat, mit den Worten: „Du bist eine absolut unbegabte, dumme Schülerin.")
- Fernbleiben vom Unterricht aufgrund der Teilnahme an einer Demonstration (Pius, 18 Jahre)

Die Anne-Frank-Realschule

Es ist keineswegs so, dass ich nur die Bedürfnislage meiner Patienten sehe. Doch was ich vor allem in diesen so häufigen Bestrafungsaktionen erkennen kann, ist pädagogische und kommunikative Hilflosigkeit. Vor allem den Jungen gegenüber! Viele der heutigen Lehrer sind für die Schüler zu wenig authentisch, zu wenig spontan im Umgang mit den Kindern und Jugendlichen. Disziplin ist eben nicht alles in einem gewissen Alter. Lehrer, die respektvoll und interessiert mit ihren Schülern umgehen, werden umgekehrt auch von den Schülern so behandelt.

Und, seien wir doch ehrlich: Viele Lehrer machen einen langweiligen, wenig kindgerechten und absehbaren Unterricht. Ein Lehrer, der sich hinter Regeln, Strafandrohungen und Vorschriften verschanzt, hat bei den heutigen Jugendlichen schnell verspielt. Die Jugendlichen sind unsicher, suchend, gehemmt – obwohl sie alles dafür tun, dass das ja keiner merkt! Und wenn dann der Lehrer ihnen ebenfalls noch unsicher und angstvoll-verkrampft begegnet, halten die Jugendlichen ihn einfach nicht aus. Ich nehme die Schüler keineswegs unkritisch in Schutz. Sie haben den Erwachsenen und damit auch dem Lehrer gegenüber oft einen Umgangston drauf, der nicht akzeptiert werden muss, von keinem Lehrer. Übrigens auch von keinem Elternteil. Nur, wo haben sie ihn gefunden, wo haben sie ihn abgeschaut und gelernt, diesen unsäglich respektlosen Umgangston? Das Büchlein von Axel Hacke „Über den Anstand in schwierigen Zeiten und die Frage, wie wir miteinander umgehen" sieht den allgemeinen Umgangston in einem erschreckenden Verfallsprozess begriffen.

Natürlich sollte der Lehrer im Rahmen seiner Ausbildung in Kinder- und Jugendentwicklungspsychologie ausgebildet worden sein. Und zwar nicht zu knapp! Mit folgenden Fragestellungen sollte er sich beschäftigt haben: Wie tickt das Hirn eines Kindes, wie vermittle ich einem Kind den Lernstoff, wie einem Jugendlichen? Wie sehen die Entwicklungsstufen vom Baby bis zum Jugendlichen aus? Wie führt man ein Problemgespräch? Wie kann ich einen Schüler (wieder) motivieren? Wo sind die scharfen Klippen im Umgang mit einem Jugendlichen?

Ich staune manchmal, wie ungeschickt und unbeherrscht Lehrer mit den Schülern reden, wenn es Probleme gibt. Ab und zu lade ich Lehrer in die Praxis ein, um mit ihnen über einen Schüler, der bei mir in Behandlung ist, zu sprechen. Fast regelmäßig erlebe ich daraufhin, nach kurzem Zögern, eine große Offenheit und Kooperationsbereitschaft. Es wird dabei sehr deutlich, dass die Lehrer während ihrer Ausbildung zwar in ihrem spezifischen Unterrichtsfach fit gemacht worden sind, doch keineswegs im praktischen Umgang mit den Schülern. Das wichtigste aller Ausbildungsthemen wäre übrigens: Wie kann ich ein attraktiver Lehrer sein? Ein attraktiver Lehrer versteht in erster Linie etwas von Beziehung. Er weiß, dass ihm die Schüler gerne folgen, wenn er sie mit Neugierde, Respekt und Wertschätzung behandelt.

Wie die Lehrer den Kindern und Jugendlichen begegnen sollen, wie sie ihre Schüler erreichen und für das Fach begeistern könnten – auf diesem Gebiet erlebe ich die Lehrer sehr alleingelassen auf ihrem Aus- und Weiterbildungsweg.

Ich bin mit Begeisterung in der Lehrer-Supervision tätig und werde zunehmend nachdenklicher und sogar wütend, wenn ich mir die Rahmenbedingungen ansehe, in denen diese Supervision stattfinden muss. Warum haben Lehrer kein Anrecht auf eine Art von „Balint-Gruppen" (Supervision für Ärzte), in denen sie schwierige Schüler vorstellen und sich Hilfe holen dürfen? Meistens ist es immer noch so, dass sich zwei, drei Lehrer aus einer Schule für die Supervision zusammentun – und keiner im Schulhaus darf davon erfahren. Die Supervisionsstunde bezahlen sie dann aus der eigenen Tasche! Jedem Lehrer sollten, wenn er Bedarf hat, pro Jahr etwa fünf bis zehn Stunden Supervision zustehen. Die Erfahrung zeigt in aller Deutlichkeit, dass Supervision in der Gruppe zudem die Beziehung unter den Lehrern lockert und die Kollegialität und den ehrlichen Erfahrungsaustausch vertieft. Meines Erachtens nehmen übrigens gerade diejenigen Lehrer Supervision in Anspruch, die bei den Schülern ohnehin schon besser ankommen als die anderen Kollegen. Letztere neigen eher dazu, sich für ihre Unsicherheiten im Unterrichtsstil, der ja immer auch ein Begegnungsstil ist, still zu schämen. Oder sie suchen einfach gleich die Fehler bei dieser Jugend, die, so die Aussage eines Gymnasiallehrers, „so schlimm ist wie keine davor".

Die deutschen Lehrer machen eine hochkomplexe und verantwortungsvolle Arbeit. Die Erwartungen der Eltern an die Lehrer steigen nach wie vor, und der Staat verweigert ihnen eine wertschätzende Bezahlung ihrer Arbeit und eine angemessene Begleitung durch Supervision. Es gäbe mehr männliche Bezugspersonen im Unterrichtswesen, wenn die Lehrer hier in Deutschland in ihrer Bedeutung für eine gute Entwicklung unserer Kinder endlich durch eine anständige Bezahlung gewürdigt würden. Ein motivierter Lehrer vermag so viel Gutes in der Kinderseele zu bewirken.

Die städtische Anne-Frank-Realschule in München gewann 2014 den Hauptpreis des Deutschen Schulpreises. Die Mädchenschule gehört zu den „Schulen im Aufbruch", einem deutschlandweiten Netzwerk von Schulen, die sich schon vor mehreren Jahren mit viel Entschlossenheit vom alten Schulsystem verabschiedet haben, um neue Bildungs- und Lernwege einschlagen.

Es gibt inzwischen etwa 40 solcher Schulen in Deutschland. Diese Initiative gibt es ebenfalls in Österreich und in der Schweiz. Dort nennen sich die Reformschulen „Schulen der Zukunft". Viele SchulleiterInnen, Lehrkräfte, SchülerInnen, Eltern und BehördenvertreterInnen sowie Universitäten und Hochschulen engagieren sich für diese so notwendigen Schulreformen. Reformen, wie sie bei den „Schulen im Aufbruch" und den 67

Schulen, die das Netzwerk der Preisträgerschulen des Deutschen Schulpreises umfasst, mittlerweile Wirklichkeit geworden sind. Was unterscheidet diese Schulen von so vielen anderen deutschen Schulen? Was macht in unserem Fall die städtische Anne-Frank-Realschule herausragend anders?

In einem Gespräch mit Frau Espermüller-Jug, der langjährigen Schulleiterin (2000-2016) dieser Mädchenrealschule, versuchte ich herauszufinden, mit welcher Spezifikation sich die Schule für die Auszeichnung des Deutschen Schulpreises empfohlen hat.

Frau Espermüller-Jug, eine auch mit 68 Jahren unverändert tatkräftige, schulpolitisch weiterhin engagierte und charismatische Frau mit fünf Enkelkindern, nannte die folgenden Kriterien:

- ein umfassendes Berufsfelderweiterungskonzept
- Lernen durch Projekte
- ein rhythmisierter Ganztag
- Neustrukturierung der Schule durch das Einrichten von Lernhäusern und Lernbüros
- Eigeninitiative
- Kreativität
- selbstorganisiertes Lernen stärken –, nicht defizitorientiertes Arbeiten
- Förderung und nicht Selektion
- LehrerInnen sehen sich als Lernbegleitung
- keine Hausaufgaben

In unserem Gespräch erklärte Frau Espermüller-Jug:

> Ich glaube, wir haben an unserer Schule den richtigen Motivationscocktail gefunden. Wir haben die Stofffülle reduziert und haben entschlossen statt auf die summative auf die formative Bewertung gesetzt: Nicht das Ergebnis, eine nackte Note, ist wichtig, sondern der Weg, den die Lernenden nehmen – und hier muss eine systematische, kontinuierliche Begleitung durch den Lehrenden erfolgen. Wir müssen lernen zuzulassen, dass die Lernenden ihren eigenen Weg zur Lösung einer Aufgabe suchen und gehen, und dass dabei Fehler gemacht werden dürfen. Unsere Hauptaufgabe ist es,

das Lernen zu begleiten, und die Schüler nicht ständig in gute und schlechte SchülerInnen einzuteilen und dadurch zu entmutigen.

NSK: SchülerInnen mit schlechten Noten sind definitiv entmutigt?

E-J: Genau so ist es. Kinder, die ständig ertragen müssen, mit mangelhaften und ungenügenden Leistungen in einem oder mehreren Fächern bewertet zu werden, verlieren ihr Selbstvertrauen, sie machen zu und irgendwann kommt man nicht mehr an sie ran. Sie sind fürs Lernen verloren.

Natürlich war es für uns eine große Überraschung, dass in Zeiten der Inklusion eine so exklusive Schule wie eine reine Mädchenschule ausgezeichnet wurde. Aber unsere Konzepte, tradierte Rollenverständnisse abzubauen, unsere Lehr- und Lernkonzepte und die erfolgreiche Begleitung unserer Schülerinnen auf ihrem Weg zu mündigen Frauen, haben überzeugt. Das sechsköpfige Evaluationsteam hat uns bestätigt, dass wir hervorragende Arbeit leisten in allen Qualitätsbereichen des Deutschen Schulpreises – die da sind: Leistung, Umgang mit Vielfalt, Unterrichtsqualität, Verantwortung, Schulleben und Schulklima. Unsere Konzepte sind für koedukative Schulen durchaus nachahmenswert und auf sie übertragbar.

Vielleicht, so unsere spontane Überlegung im Gespräch, sollte es auch reine Jungen-Schulen geben, zumindest für eine begrenzte Zeit, damit die Jungen von den lernwilligeren Mädchen nicht so abgehängt werden. Ihr Selbstwertgefühl leidet entschieden unter der aktuellen Leistungsdominanz der Mädchen.

Wie sagte der Rektor eines Münchner Gymnasiums zu mir: „Am liebsten hätte ich an unserer Schule nur Mädchen, die können lernen." Diese Aussage hat mich empört und entsetzt. Eine Schulleiterin, ein Schulleiter ist das Gesicht einer Schule. Und wenn aus einem solchen Gesicht solche Aussagen herauspurzeln, dann können einem die Jungen nur leidtun. Die tatsächliche Eignung eines Kandidaten für die Vergabe eines Schulleiterpostens scheint in Bayern nicht immer ausschlaggebend zu sein. Wie ist es sonst zu erklären, dass an einem Münchner Gymnasium ein Rektor sitzt, den die Schüler kaum zu Gesicht bekommen. Drei Patienten, zufällig Schüler desselben Gymnasiums, beschreiben ihren Schulleiter als unsichtbar. Dem steht das positive Beispiel eines Schulleiters gegenüber: Es gibt tatsächlich auch einen Rektor, der die Kinder einzeln per Handschlag begrüßt. Es dürfte nicht überraschen, dass diese Schule, eine Realschule, einen sehr guten Ruf genießt, seit dieser Schulleiter dort die Führung übernommen hat.

2.1 Lernhäuser

Die städtische Anne-Frank-Realschule hat als erste Münchner Schule das Lernhauskonzept umgesetzt – eine Idee, die der Stadtschulrat Rainer Schweppe (2010-2016) nach München gebracht hat. In einem Lernhaus der Anne-Frank-Realschule sind die Klassen von der 5. bis zur 10. Klasse vertikal gekoppelt. Das Teamzimmer der Lehrkräfte, die meist aussschließlich in einem Lernhaus unterrichten, liegt im Lernhaus selbst. Nach der 6. Klasse kann es sein, dass eine Schülerin ihr Lernhaus verlassen muss und in ein anderes Lernhaus wechselt. Denn die Schülerinnen entscheiden nach der 6. Klasse, ob sie den sprachlichen, den sozialen oder den naturwissenschaftlichen Zweig wählen. Durch das umfassende Berufserweiterungskonzept der Schule gibt es zwei Lernhäuser im naturwissenschaftlichen Bereich. Das heißt, dass sich jeweils zirka 50 Prozent der Schülerinnen für die naturwissenschaftliche Richtung entscheiden. Zum Vergleich: An anderen Schulen wählen maximal zehn Prozent der Mädchen die naturwissenschaftliche Richtung.

Ich führte meine Unterhaltung mit Frau Espermüller-Jug fort:

NSK: Wie erklären Sie sich diese Entwicklung?

E-J: Wir haben ein sehr umfassendes Berufsfelderweiterungskonzept entwickelt. Es gab naturwissenschaftliche Projektwochen, durchgeführt mit externen Experten aus den unterschiedlichsten Bereichen. Das hilft, Vorurteile in den Köpfen der Mädchen, aber auch der Eltern abzubauen: „Mädchen sind nicht geeignet für Naturwissenschaft." Ein Klischee. Die Eltern werden in das neue Lernen miteinbezogen. Bei großen Präsentationsabenden in jeder Jahrgangstufe zeigen die Schülerinnen ihren Eltern mit Freude, was sie gelernt haben.

Die Lernhäuser haben wir auch vor allem deshalb eingerichtet, weil wir uns vorstellen konnten, dass dadurch das Lernen besser gelingt. Die Lehrkräfte sind an den Lernenden näher dran – und eine gute Beziehung zwischen den Lehrenden und den Lernenden ist die Voraussetzung für gutes Lernen.
Am Anfang wussten wir nicht so genau, wie und wo wir anfangen sollten und wo wir hinwollten. Wir machten uns schlau, besuchten Preisträgerschulen und andere ausgezeichnete Schulen und entwickelten Konzepte, die uns sinnvoll erschienen. Daraus wurde ein jahrelang andauernder Schulentwicklungsprozess, der niemals zu Ende sein wird. Bei einer Schulreform gibt es kein Ende, es geht immer weiter. Die Umsetzung erfordert einen langen Atem, doch es lohnt sich, weil sich dann auch die Einstellung der SchülerInnen verändert und sie ihre Schule als Lebensraum wahrnehmen, sich wertgeschätzt fühlen und gerne zur Schule gehen.

NSK: Die Umsetzung dieser tiefgehenden Reform, wie Sie und Ihre MitarbeiterInnen sie an der Anne-Frank-Realschule hinbekommen haben, ist die bei den Lehrkräften von Anfang an auf Interesse und Offenheit gestoßen?

E-J: Natürlich nicht sofort bei allen. Aber das ist eine der wichtigsten Fähigkeiten, die eine Schulleitung haben sollte: Nämlich, zu beteiligen und eine visionäre Idee so ins Kollegium hineinzutragen, dass der Funke überspringt. Es war eine große Umstellung für die LehrerInnen, doch die Begeisterung für den Prozess war da – und heute kann man sagen, es hat sich wirklich gelohnt, diese jahrelange Arbeit. Wertschätzung ist hier keine Floskel, sie wird von allen praktiziert, und man merkt, dass hier alle gerne in die Schule gehen."

Dann erzählt Frau Espermüller-Jug, dass sie erst viel später erfahren habe, dass die Max-Brauer-Schule in Hamburg die erste Schule war, die das selbstständige Lernen in Lernbüros praktiziert hat. Sie selbst und ihre KollegInnen haben diese Idee von der evangelischen Gemeinschaftsschule Berlin-Mitte übernommen.

E-J: Wir haben uns die Schulkonzepte in ganz Deutschland angeschaut. Schulen, die durch besondere Konzepte auffielen, die zum Netzwerk „Schule im Aufbruch", „Schulen des Deutschen Schulpreises" oder zum Netzwerk der i.s.i.-Schulen gehörten. (i.s.i.: „Innere Schulentwicklung und Schulqualität Innovationspreis".) Wir haben von den anderen gelernt, uns begeistern lassen durch alles, was wir erfahren haben, und dann ein für uns passendes Konzept entwickelt."

Das „Schule im Aufbruch"-Netzwerk will das ganzheitliche Lernen fördern. Jedem Kind sind Begeisterung und Lernfreude angeboren, so der Ausgangspunkt der Überlegungen. Vorschulkinder sind noch kreativ. Doch wohin verschwindet diese wunderbare Kreativität im Laufe der Schuljahre?

Die städtische Anne-Frank-Realschule hat auf ihrem Weg zu einer neuen Lernkultur schwere Stolpersteine wie Hausaufgaben, sinnfreies Auswendiglernen, Verweise, entwertende und verstörende Dialoge zwischen Schülerinnen und LehrerInnen weggeräumt.

Wieviel Ballast könnte bei den meisten meiner Patientenfamilien schon wegfallen, wenn der tägliche Albtraum „Hausaufgaben" nicht mehr die Familie heimsuchen würde!

2.2 Lernbüro

Die städtische Anne-Frank-Realschule ist eine Ganztagesschule mit einem täglichen Unterricht von Montag bis Donnerstag jeweils von 7.55 Uhr bis 16.05 Uhr. Am Freitag beginnt der Unterricht um 8.40 Uhr und endet um 13.50 Uhr. Alles Lernen, bis auf das Erlernen der Vokabeln, soll in der Schule stattfinden. Der rhythmisierte Unterricht (Konzentrations- und Entspannungsphasen im ständigen Wechsel) findet nur in Doppelstunden statt. Das selbstständige Lernen soll vor allem in den Lernbüros, ebenfalls im Rahmen von Doppelstunden, trainiert werden. Jedes der vier Lernhäuser trägt entsprechend seines Profilfachs Namen berühmter Frauen. Dabei wurden diese weiblichen Vorbilder von den Schülerinnen selbst ausgesucht: Niki de Saint Phalle (1930-2002, französisch-schweizerische Malerin) heißt das Lernhaus mit dem Profilfach

Französisch. Rosa Parks (1913-2005, amerikanische Bürgerrechtlerin,) ist die Namensgeberin für das Lernhaus mit dem Profilfach Sozialwesen, und die naturwissenschaftlich ausgerichteten Lernhäuser heißen Maryam Mirzakhani (1977-2017, iranische Mathematikerin) und Rosalind Franklin (1920-1956, englische Chemikerin).

Zweimal in der Woche arbeiten die Schülerinnen hier in heterogenen Lerngruppen. Aus jeder Klasse eines Lernhauses besuchen drei Schülerinnen ein Lernbüro, arbeiten selbstständig an Selbstlern- und Übungsbausteinen in den Fächern Mathematik, Deutsch und Englisch. Ab der 7. Klasse kommt noch eine Lernbüroeinheit dazu, innerhalb der die Schülerinnen zwischen dem Profilfach ihres Lernhauses, also zwischen Physik, Sozialwesen und Französisch, sowie den Fächern Erdkunde und Biologie wählen können. Die Schülerinnen buchen sich selbst über einen Computer ein und können so nicht nur entscheiden, welches Fach sie bearbeiten, sondern auch, von welchem Fachlehrer sie betreut werden wollen. Denn für jedes Fach sind drei Lernbüros parallelgeschaltet. Einzige zu erfüllende Auflage: In jedem der Fächer muss eine bestimmte Anzahl von Bausteinen pro Halbjahr bearbeitet werden.

Die Schülerinnen helfen sich gegenseitig. Jede Schülerin kann in ihrem eigenen Rhythmus arbeiten. Weiß sie nicht weiter oder versteht etwas nicht, so schreibt sie ihren Namen an die Tafel, ebenso ihr Problem. Meistens findet sich dann eine Mitschülerin, die helfen kann. Gemeinsam verlässt man den Raum, um die anderen nicht zu stören, denn im Lernbüro selber ist „Silentium“ Pflicht.

In einem Logbuch hält die Schülerin ihre Arbeits- und Fortschritte fest. Dieses Logbuch ist die Grundlage für ein alle 14 Tage stattfindendes Feedbackgespräch zwischen ihr und einem der beiden LehrerInnen aus dem Klassenleitungsteam. Dieses Gespräch ist auf die Stärken der Schülerin fokussiert und dient der kontinuierlichen Lernbegleitung.

Dies alles fördert, so Frau Espermüller-Jug, das Selbstvertrauen der jungen Menschen enorm. Jede wird in ihren Fähigkeiten erkannt und darf diese auch selbstbewusst zur Anwendung bringen. Über 60 Prozent der Schülerinnen gehen nach der Mittleren Reife auf weiterführende Schulen und erlangen höherwertige Abschlüsse, wie Fachhochschulreife oder Abitur.

Frau Espermüller-Jug betonte zum Gesprächsende nochmals, wie sehr dieses Schulmodell ein Wertschätzungsmodell sei:

„Wertschätzung ist eine Haltung, fokussiert auf Stärken und Ressourcen. Jede Lehrkraft sollte an jeder Schule ihren Schülern und Schülerinnen wertschätzend begegnen, bereit sein, die Stärken der ihr anvertrauten Lernenden zu suchen, zu erkennen und sichtbar zu machen. In einer guten Schule begegnen sich alle Akteure der Schulfamilie wertschätzend."

Frau Espermüller-Jug sieht die Schulen in Deutschland in Bewegung. Doch „es müsste schneller gehen", findet sie, denn „wir verlieren zu viele Jungen im alten Bildungssystem."

„Wenn wir Kinder großziehen wollen, die im 21. Jahrhundert das Lernen lieben, müssen wir die Noten abschaffen," so die Meinung der Vollblut-Pädagogin.

Als Mitglied im Programmteam der Deutschen Schulakademie arbeitet Frau Espermüller-Jug daran mit, die geeigneten Konzepte zu entwickeln, um gute Schule in die Breite zu tragen. „Aus der Praxis für die Praxis", heißt es hier und es gilt, voneinander zu lernen, ganz im Sinne von „Abschreiben ist erlaubt". Die Preisträgerschulen in ganz Deutschland sind Beweis dafür, dass gute Schule gelingen kann. Lange hatte man bundesweit den Eindruck, dass die Gymnasien am wenigsten reformfreudig sind. Inzwischen hat sich auch hier etwas verändert, wie der Deutsche Schulpreis zeigt. Auch in Bayern gibt es inzwischen vielversprechende Reformschulen. 2017 wurde das Gymnasium Kirchheim mit den Deutschen Schulpreis ausgezeichnet. Das Nachrichtenportal SZ.de twitterte am 5. Januar 2018: „Im Lion-Feuchtwanger-Gymnasium in Milbertshofen haben im Sommer 2017 erstmals mehr Schüler mit Migrationshintergrund das Abitur geschafft." Auch diese Schule beschreitet seit Kurzem neue Wege des Unterrichtens. Wie an der Anne-Frank-Realschule sehen sich die Lehrer und Lehrerinnen hier ebenfalls als Lernpartner. .) Die reine Wissensvermittlung ist auch hier obsolet geworden. Das Augenmerk der Pädagogen wird auf ein erfolgreiches Motivieren der Schüler gerichtet. Der Artikel auf SZ.de erwähnt, dass der Umstand, dass an einer Schule eine zunehmende Anzahl von Schülern mit Migrationshintergrund das Abitur abgelegt habe, im bayerischen Schulsystem nicht allzu oft vorkomme. Viele der Schüler und Schülerinnen dieses Gymnasiums oder deren Eltern kommen aus dem Kosovo, aus Griechenland, aus Italien, aus Bosnien oder anderen Ländern – 35 Nationen sind insgesamt an der weiterführenden Schule vertreten. Zwei Drittel der Schüler und Schülerinnen sprechen kein Deutsch. Deshalb wird an der Schule Deutsch als Zweitsprache unterrichtet – mit ersichtlich gutem Erfolg. Denn die meisten Schüler des Lion-Feuchtwanger-Gymnasiums kommen aus sozial einfachen Verhältnissen. „Knapp 20 Prozent der unter 15-Jährigen leben im Einzugsgebiet der Schule von Sozialhilfe." (SZ.de)

3. Die Kinder als verbale Überflieger

Die heutige Jugend unterscheidet sich in mehreren Bereichen stark von der Jugend von gestern: Sie kommuniziert sehr viel – was allerdings nicht automatisch mit Sprachkompetenz gleichgesetzt werden darf. Die Sprache leidet aktuell eher unter dem Gift der Redundanz, was die verknappte Ausdrucksweise in den sozialen Medien mit ihren Abkürzungen mitverursacht hat. Doch dort, in den Social Media, wird unglaublich viel kommuniziert. Eine 18-jährige Patientin, Maria, hat mir vor Kurzem die Zahl ihrer geschriebenen Nachrichten im vergangenen Jahr genannt: 12.241 Nachrichten auf dem Handy! Das bedeutet, dass sie pro Tag etwa 31 Nachrichten gepostet hat. Schwer beeindruckt von dieser Zahl forschte ich bei anderen Patienten nach. Zahlreiche unter ihnen kamen auch auf über 30 Nachrichten pro Tag, zwei von ihnen lagen sogar noch höher bei ihren Beiträgen. Wenn wir mal für einen Augenblick bei der 18-jährigen Maria bleiben, sehen wir, dass Nachricht und Beantwortung dann zwar oft in rudimentär kurzen Sätzen oder Smileys ablaufen, doch wie viel Zeit wird insgesamt dafür benötigt!

Hier der Auszug aus einem typischen (unkorrigierten) Chat zwischen der 18-jährigen Karin und ihrem Freund M., den sie mir zur Verfügung gestellt hat:

Was?
Bin gefuckt …
Joa warum den
Shit … der M. will mich rausschmeisen
Manoman
Kanst kommen
Ne geht nicht bin beim Training
Bis noch dort
Jop
Achso is jetzt echt dof … M. (an dieser Stelle von mir gekürzt) hat geschrien ich schmeis si raus wenn sie nicht pünktlich sind
Nen arsch
Find ich auch

Ich spreche hier von einem typischen Chat. Karin hat Abitur, ihr Freund ebenso. Beide legen offenbar wenig Augenmerk auf die Rechtschreibung, was nicht bedeutet, dass die zwei orthografisch nichts mehr draufhätten. Wie immer auch ihre katastrophale Rechtschreibung hier motiviert sein mag, eines ist klar: Sie haben die Rechtschreibung nicht verinnerlicht, obwohl sie so viele Jahre in der Schule waren. In einer Leistungssituation – in Bewerbungsschreiben oder ähnlichem – machen sie wahrscheinlich weniger bis keine Fehler. Doch stellt sich uns da nicht automatisch die Frage, warum in einer unkontrollierten Situation so wenig Gefühl für die richtige Rechtschreibung gezeigt wird? Man sagt doch: Gelernt ist gelernt. Die Schlussfolgerung hier wäre: Karin und ihr Freund (und viele andere junge Menschen) haben die Rechtschreibung in der Schule nie richtig verinnerlicht, nicht mit Interesse und Aufmerksamkeit besetzt. Die Rechtschreibregeln wurden bulimisch gelernt, auf Befehl richtig ausgespuckt – und dann das subjektive Interesse wieder auf anderes gelenkt. Die Freude an der deutschen Sprache und damit die Freude am Lernen der deutschen Sprache hat nie stattgefunden. Das ist ein Armutszeugnis für unsere Schulen. Auch die Freude am Lesen hat eine Mehrheit der Schüler verloren. Das muss sich wieder ändern. Wenn ich mit meiner eigenen Muttersprache so nachlässig und desinteressiert umgehe, wie gehe ich dann mit mir, mit meinen Freunden, mit meinem ganzen Leben um? Die Sprache und ihre Regeln ist nicht irgendein „Schulscheiß", wie meine Patientin Lisa es ausdrückte, sondern die Grundsubstanz unserer Kommunikation.

Wenn Patienten neu zu mir kommen, greife ich in den ersten Stunden kaum in ihre digitale Kommunikationswelt ein, sondern erlebe sie einfach mit. Es gibt natürlich die Wohlerzogenen, die ihr Handy vor Betreten des Therapieraums schon in der ersten Stunde ausmachen. Doch bei den meisten Jugendlichen vibriert das Handy mindestens einmal in fünf Minuten. Die Jugendlichen reagieren mit einem sekundenschnellen, für sie selbst oft kaum spürbaren Innehalten im Reden. Auf jeden Fall registriert ihr Hirn die „Störung". Sie sind fast alle so gut sozialisiert, dass sie ihr Gegenüber, also mich, nicht sofort im Gespräch stehenlassen. Doch die Ablenkung wird für uns beide sinnlich erfahrbar. Auch ich frage mich natürlich sofort – der Mensch ist ein neugieriges Wesen –, wer das wohl gewesen sein könnte. Wenn ich eine Ahnung habe, ermuntere ich sogar: „Gehen Sie ruhig ran." Es ist dann, wie erwartet, meistens die Mutter oder „zufällig" der Partner – beide wissen eigentlich genau, dass der Sohn oder die Tochter gerade in der Therapiestunde sitzt.

Die Sprachaktivität der heutigen Jugend ist viel größer als früher, doch nicht ihre Sprachkompetenz.

Die heutigen jungen Menschen sind sehr daran gewöhnt, zu argumentieren, für ihre Interessen verbal einzutreten. Zahlreich sind die Klagen der Eltern, dass ihre Kinder bei jedem „Nein" das Diskutieren anfangen. Die „endlosen Gespräche, wenn man etwas verbietet! Und dann argumentieren sie noch so gut – ich kann mich einfach nicht durchsetzen, die reden mich in Grund und Boden," sagt eine erschöpfte und ziemlich genervte Mutter. Diese Klagen sind, liebe Eltern, auch etwas hausgemacht. (Wie ich schon im letzten Buch ausführlich besprochen habe, wird manchmal zuviel geredet mit den Kindern.)

Die Eltern erklären heute den Kindern viele ihrer Handlungen. Es wird nicht wie früher über die Köpfe der Kinder hinweg bestimmt und entschieden. Das ist soweit gut. Die Kinder sind mehr Partner geworden im Erziehungsprozess. Doch eine erfreuliche Zunahme der verbalen Aktivität auf Seiten der Kinder geht leider einher mit einer Abnahme der Entscheidungsfreudigkeit der Eltern. Anstatt dass die Eltern Entscheidungen treffen und auch verantworten, entwickelten sie in den letzten 20 Jahren einen logorrhöschen Erziehungsstil.

4. Die Eltern und ihr Logorrhö-Erziehungsstil

Logorrhö steht für einen ungehemmten und unkontrollierten Redefluss. Achten Sie einmal, liebe Leser, im Einkaufszentrum darauf, wie junge Mütter pausenlos im verbalen Kontakt mit ihren kleinen Kindern sind: „Was möchtest du denn essen? Und jetzt geht Mama schnell zum Gemüse. Schau, das sind ganz schöne Pfirsiche!“ Und die Kleinen benehmen sich ebenso gegenüber ihren Müttern. Das Dreijährige schaut weder um sich, noch beobachtet es still und intensiv, was seinem Hirn neu und eindrucksvoll sein könnte, sondern redet pausenlos mit der Mama.

Keine Frage, dass es richtig ist, mit Kindern zu sprechen, ihnen die noch weitgehend unvertraute Welt zu erklären, da und dort. Doch dass die heutigen Kinder und Jugendlichen so viel, gern und schnell reden, hat auch damit zu tun, dass Reden zur Ablenkung wird. Man ist dann nicht allein. (s. Kapitel „Einsame Kinder“.)

Die Eltern sollten nicht alles und jedes bequatschen mit ihren Kindern, sondern wieder handlungs- und entscheidungsfreudiger werden. Und – warten. Einfach warten, bis ihr Kind etwas braucht – und dieses Bedürfnis formuliert. Nur das Baby hat ein Anrecht auf sprachlose Einfühlung. Wenn das Kind kein Baby mehr ist, sondern ein Kleinkind geworden und in die Welt der Sprache eingetreten ist, sollte es sich dieser wunderbaren Möglichkeit auch bedienen lernen. Eltern brauchen ihren Kindern dann nicht mehr die Wünsche von den Augen abzulesen. Etwas beiseitegesprochen – wie aus dem Off der Bühne eines Familientheaters –, sei hier angemerkt, dass diejenigen Eltern, die ihren Kindern die Illusion der wortlosen Verständigung über das Babyalter hinaus vermitteln, dann übrigens sehr versucht sind, gar nicht die vermuteten Wünsche ihrer Kinder umzusetzen, sondern die eigenen, nie formulierten und sich selbst nicht eingestandenen Bedürfnisse in der wortlosen Verständigung unterzubringen. Unbewusst natürlich und ohne Absicht. So wie der Vater, der nach Hause kommt und dem Sohn strahlend verkündet; „Ich hab' dich eben zu Karate angemeldet! Das wolltest du doch immer schon, gell?" Und der Sohn traut sich nicht in das glückliche Vatergesicht hinein zu sagen, dass er noch nie Karate lernen wollte. „Sein Papa hat sich so gefreut. Er hat in dem Augenblick nicht mehr gewusst", glaubt die Mama, „dass er ja als Kind immer Karate lernen wollte. Sein Vater hat damals aber das Geld nicht gehabt."

5. Die unkonzentrierte Generation

Roger Federer ist ein Phänomen. Seine Ausstrahlung hat nicht nur mit seiner Ausnahmestellung im Tennis zu tun. Was uns alle fasziniert, ist seine mentale Kraft. Eine Konzentrationsfähigkeit, die er so auf den Punkt bringen kann, dass er seit 15 Jahren immer wieder, trotz zweier großer Rivalen, an die Spitze der Tennisliste zurückfindet. Gleiches ließe sich über den italienischen Torhüter Gianluca Buffon sagen. Doch wie sieht es mit der Konzentration unserer Kinder aus?

Ich habe mich auf Spurensuche begeben und dabei mögliche Gründe für die oft mangelhafte Konzentration unserer Jugendlichen gefunden.

5.1. Die digitalisierte Jugend

Noch vor 20 Jahren wäre niemand auf die Idee gekommen, einen Waldkindergarten ins Leben zu rufen. Die Kinder gingen damals noch mit ihren Eltern in den Wald. Sie kannten ihn aus eigener Anschauung. Jetzt fehlt vielen Eltern die Zeit dafür. Überhaupt sind Spazierengehen und Wandern mit der Familie ziemlich vom Aussterben bedrohte Familienbeschäftigungen. Wanderferien? Fehlanzeige.

„Ziemlich anstrengend war das im Urlaub!", erzählte mir der achtjährige Fabian nach den Herbstferien. Sie seien so viel rumgelaufen. „Aha, wo denn? Wart ihr wandern?" Seine Eltern waren mit ihm und der großen Schwester im Disneyland Paris. Die Eltern, berichtete er weiter, hätten den Urlaubsort „wegen uns ausgesucht, damit meine Schwester und ich etwas davon haben." – „Und, hattet ihr was davon?"

– Fabian antwortete: „Geht so, war schon cool, aber sehr anstrengend, hat die Mama gesagt." Und er habe die ganze Woche den Laptop nicht benutzen dürfen, obwohl der Papa ihn doch selbst auch benutzt habe. Nur einmal, da habe der Papa ein Französisch-Programm für Kinder eingegeben. „Da wollte die Mama, dass ich französisch lerne. Hab' ich dann aber nicht gemacht." Und, so beklagte der Junge, die Mama und der Papa hätten ziemlich viel gestritten, weil die Mama sauer war, dass der Papa auch in Paris ständig ins Handy oder aufs Tablet guckte. „Sie hat zu ihm gesagt, da hätten wir ja gleich in München bleiben können!" – „Ja, da hat sie recht, deine Mama." Die Eltern beschwerten sich in jedem Elterngespräch über die Computerverrücktheit ihres Sohnes Fabian und die Handy- und Fernsehsucht ihrer großen Tochter – trotzdem haben sie ihr zum 13. Geburtstag einen Fernseher ins Zimmer gestellt.

Viele Eltern leiden inzwischen darunter, dass das Handy „ein weiteres Familienmitglied geworden ist, na ja, ein kaltes zwar", wie ein Vater, Herr W., es ausdrückte.

„Wo ist mein Handy? Ich gehe erst, wenn ich mein Handy wiederhabe! Ich mach die Hausaufgaben nicht, wenn du mir nicht das Handy zurückgibst!" – so klingt es heute durch die heiligen Familienhallen. Eine jugendliche Patientin ist in meiner alten Praxis nach der Therapiestunde die Treppe runtergefallen, weil sie keine Zeit hatte, auf die Treppe zu achten, sondern schon wieder mit dem Checken ihrer Nachrichten beschäftigt war. Ein Jugendlicher ist beim Überqueren der Straße bei meinem alten Praxisort fast in ein Auto gelaufen, weil er gerade eine Message posten musste.

5.2 Das Handy als Ersatzdroge

Ich mache der Jugend keinen Vorwurf für ihren intensiven Handy-Konsum. Meine Generation hatte diese Verführung nicht zu stemmen.

Zu Beginn einer Therapie sage ich zu dieser potentiellen Ersatzdroge gar nichts. Ich schaue einfach mal zu. Wenn man einen Menschen kennenlernen will, muss er sich so frei wie möglich fühlen dürfen. Und man lernt einen Menschen nicht kennen, wenn er sich unwohl fühlt. Das gilt nicht nur für jungen Menschen, doch für sie ganz besonders. Wenn Jugendliche sich gegängelt vorkommen, erfährst du nichts von ihnen. Gar nichts. Davon wissen manche Eltern ein langes und ziemlich trauriges Lied zu singen. „Wenn mir meine Tochter (die Tochter ist 15) nur ein bisschen was erzählen würde! Ich weiß nichts, nichts von ihr, können Sie sich das vorstellen?", klagt mir eine verzweifelte Mutter ihr Leid. – „Sie wird Ihnen wieder von sich erzählen, wenn Sie sie mal in Ruhe lassen mit Forderungen, Ansprüchen, Zimmer-Inspizier-Geschichten."

Die Digitalisierung ist über uns Menschen gekommen wie die Sintflut. Wir hatten alle keine Vorbereitungszeit. Plötzlich war sie da und hat die Welt verändert. Und sie verändert sie im gleichen atemberaubenden Tempo weiter. Und wir schaffen es einfach nicht, aufzuholen und mit ihr Schritt zu halten! Das ist wahrscheinlich das Unheimlichste an der digitalisierten Welt. Sie ist schneller als unser Hirn mit seinen festen Verbindungen. Durch zigfache Wiederholung der gleichen Handlung entstehen Programme im Hirn. Und wenn die einmal da sind, werden sie, wie der Neurobiologe Gerald Hüther es nennt, „wie feste Autobahnen" abgefahren. Meine schmalen Fingerkuppen werden plötzlich ganz plump, verweigern bis heute den schnellen Dienst, wenn sie eine SMS schreiben müssen. Ständig komme ich auf die falschen Buchstaben, muss wieder korrigieren, erneut ansetzen. Voll bewundernden Neides sehe ich dann, wie die Finger meiner Kinder oder jungen Patienten über die Handy-Tastatur huschen. Gleichzeitig können die Kinder noch mit uns reden. Die Folge meiner lustlosen Versuche war, dass meine Freunde zunächst eher selten eine SMS bekommen haben. Allerdings vermag bei diesem seltenen Üben natürlich keine Autobahn im Hirn entstehen, nicht einmal eine Autostraße, eher ein mickriger Fußweg. Also habe ich geübt.

Nach der Kennenlernphase bitte ich meine Patienten meistens, ihr Handy während der Stunde auszumachen, „und zwar so, dass es auch nicht vibriert." Ich habe die Stunden, als diese Regel noch nicht bestand, lebhaft vor Augen: Wir sind im Gespräch, das Handy vibriert, mein Blick sagt: „Oh, lass' dich/lassen Sie sich nicht stören, lies/lesen Sie ruhig Ihre Nachricht." Doch wenn in jeder Stunde fünf bis zehn

Nachrichten kommen, sind das fünf bis zehn Störungen im therapeutischen Prozess. Fünf bis zehn Ablenkungen – und das bei Jugendlichen, die ohnehin schon Konzentrationsprobleme haben. Als ich einmal einen 15-jährigen, ziemlich selbstverliebten Jugendlichen auf eine solche Störung aufmerksam machte, sagte er zu mir: „Na, die Welt steht ja nicht still, nur weil ich gerade bei Ihnen sitze." – „Schon klar. Doch befürchte ich eben, dass sie bei dir auch außerhalb der Stunde nie stillsteht. Wie viele Nachrichten bekommst du denn pro Tag?" – „Keine Ahnung, hab' sie noch nie gezählt. Viele, etwa 20, 30, 40, weiß nicht."

20- bis 40-mal am Tag wird Patrick also aus einer gerade getätigten Handlung durch eine Nachricht herausgeholt. Ich bleibe dabei: Es sind Störungen. Auch für das Hirn eines jungen Menschen. Nur beurteilt dieser sie anders, nämlich als Nachfrage, als Gradmesser seiner Beliebtheit und – wenn auch eher unbewusst – als wärmenden Anruf aus der mitunter kalten, unwirtlichen und unübersichtlichen Welt da draußen. Als ich mich einmal aufgeregt habe, dass ständig eine Nachricht nach der anderen die Stunde unterbrach, entgegnete mir der 14-jährige Max, ein etwas frühreifer, doch sehr sympathischer Kerl: „Ich bin einfach ein heiß gefragter Typ, verstehen Sie!" Doch da er ein gut erzogener Junge war, gab es nach unserem kleinen Zusammenstoß im weiteren Therapieverlauf keine Störungen dieser Art mehr.

Das Handy ist nicht nur Drogenersatz, es ist auch Muttersatz. Der 1971 verstorbene Kinderarzt und Psychoanalytiker D. J. Winnicott hat uns Kindertherapeuten alle geprägt mit seinen genialen Erkenntnissen zur Kinderseele. Er würde von einem Übergangsobjekt sprechen, also einem Mutternachfolger, einem Muttersatz. Das Übergangsobjekt hilft dem kleinen Kind, die Mutter loszulassen und sich stellvertretend zum Beispiel von einem Kuscheltier trösten zu lassen. Meistens ist es übrigens ein ganz spezielles Kuscheltier, das dann nicht gewaschen werden darf, nicht verloren gehen darf – sonst gerät die Welt des kleinen Kindes aus den Fugen. Und zwar sofort. Das Kuscheltier kann auch ein Lappen sein. Es kommt in der Therapie immer wieder einmal vor, dass ein kleines Kind sein Kuscheltier nicht dabeihat und sich ganz schwer von der Mutter trennen kann. Ich weiß noch, wie meine eigene, damals vierjährige Tochter durch einen Brand im Spielzimmer (ausgelöst durch eine defekte Leitung) ihren Lieblingshasen verloren hat – und ich ihr einen neuen, genau gleichen, besorgen konnte. Doch er hatte halt nicht mehr denselben Geruch wie der alte – und „schaffte" es nicht mehr, zum Übergangsobjekt und Muttterersatz zu werden. Zudem sucht das Kind sich das geeignete Übergangsobjekt selbst aus, nicht die Mutter. Es folgte jedoch keines mehr auf den Hasen, sondern die Freundinnen übernahmen jetzt die Rolle des Übergangsobjektes. Die allererste beste Freundin aus dem Kindergarten sollte nun mehrere Jahre neben den Eltern und dem Bruder der wichtigste Mensch im Leben unserer Tochter werden.

Handys sind in einer Zeit, die stabilen Bindungserfahrungen zunehmend weniger Rechnung trägt, eindeutig ein ganz wichtiger und zum Mutternachfolger umfunktionierter Kontakt. Das Handy ist immer verfügbar. Es hat kein Eigenleben. Es ist griffbereit. Es antwortet und verbindet mich sofort auch mit dem weit entfernten Anderen. Das Handy sagt mir, mitunter 20-mal am Tag wie bei Patrick oder Max: Du bist nicht allein – und du bist wichtig.

Ist es nicht merkwürdig, dass die meisten Handybenutzer sich nie gestört fühlen durch ihr Handy?

Mich selbst nervt es wahnsinnig, wenn ich mich mit einem Freund unterhalte und das Handy unterbricht unser Gespräch. Bin ich deswegen ein Dinosaurier? (Ich habe einige Minuten darüber nachgedacht, ob ich mein Genervtsein hier überhaupt ansprechen soll.) Mein Sohn nennt mich eine Internet-Aktivistin. So schlimm kann es also nicht sein mit der Gestrigkeit.

Die Handysucht unserer Kinder – und einiger Eltern, das sei nicht unter den Teppich gekehrt – ist gefährlich. Es gibt im Internet ein Filmchen, das im Januar 2017 für Furore und viel Begeisterung, aber auch für Diskussionen sorgte. Darin wird der Besuch der jüngeren Generation bei den Großeltern gezeigt. Die Großmutter umarmt die strahlend auf sie zukommende Tochter unter der Haustür. Hinter der Tochter tauchen deren Ehemann und die drei Enkelkinder auf dem Gartenweg auf. Bei der Umarmung greift die Großmutter routiniert in die Gesäßtasche der Tochter und befördert ein Handy ans Tageslicht. Es landet im dafür bereitgestellten Korb mit der Aufschrift „Devices" (Geräte). Das Strahlen ihrer Tochter geht blitzartig in ein genervtes „Ach, Mama!" über. Dann betritt die fünfköpfige Familie das Haus. Drinnen sieht es aus wie am Flughafenschalter. Eine Kordel leitet den Gast im Zickzack zur Ganzkörperkontrolle. Der Großvater steht schmunzelnd mit einem Lasergerät in der Hand am Ende der Schlangenlinie, neben ihm ein Röntgengerät. Die junge Familie ist entsetzt, erschüttert: „Oh nein, das ist aber nicht wahr!" Doch, doch – sogar der vor dem Großvater brav sitzende Hund bestätigt das Nicken des Opas mit seinem eigenen Nicken. (Eine hinreißende Szene.) Und los geht's. Die Enkel haben sich einiges einfallen lassen, um den beherzten Kampf der Großeltern gegen das Handy ins Leere laufen zu lassen. Erfolglos. Das am Schienbein des Jungen versteckte Handy wird ebenso geortet wie das Handy, das die Fünfjährige in ihrem Teddy für die älteren Geschwister verstecken musste.

5.3 Das schlafgestörte Kind

Ich habe seit wenigen Jahren ziemlich viele Jugendliche mit Schlafstörungen in Behandlung. Um 1 Uhr liegen manche von ihnen noch wach. Einige chatten immer noch. Wenn ich nachfrage, was sie nicht schlafen lässt, kommt oft ein ratloses Schulterzucken: „Ich weiß auch nicht, ne, ich denk' nichts Bestimmtes, keine Ahnung." Dann erfahre ich – man muss schon etwas hartnäckig nachfragen –, dass die beste Freundin gerade Liebeskummer habe und verzweifelt sei: „Wir haben die halbe Nacht gechattet." Jetzt könnte man glauben, das seien Ausnahmen, die Freundinnen mit Liebeskummer (und übrigens auch mit Selbstwertkummer). Doch in der Pubertät gehört der Liebeskummer zum jungen Menschen wie die Pickel auf die Haut. Beides vergeht, doch beides schmerzt die empfindsame Jugendseele. Es sind tatsächlich weniger Liebeskummer-Chats als einfache Kummer-Chats, die unsere Kinder heute vom Schlafen abhalten. Vieles bereitet ihnen Kummer: schlechte Noten, gefährdete Versetzung, Einsamkeit angesichts streitender, unzufriedener Eltern, mangelnde Geborgenheit.

Offenbar kann das, was in der Nacht bei den Jugendlichen an Gefühlen hochgeschwemmt wird, nicht bis zum nächsten Tag warten. Die Freundin wird wie ein Handy behandelt. Über das Handy steht sie zur Verfügung, 24 Stunden am Tag. Und daraus resultieren dann die Schlafstörungen. Unsere Kinder haben keinen geschützten Schlaf mehr.

Dabei wäre es so einfach. Ich gebe den Eltern, deren Kinder an Schlafstörungen leiden, den kategorischen Rat, das Handy ihrer Jugendlichen zu konfiszieren. Auf den ersten Blick eine drastische Geste, wenn die 13- bis 14-Jährigen um 21 Uhr ihr Handy den Eltern bringen müssen. Auf den zweiten Blick scheint es wirklich eine Wohltat für alle Familienmitglieder zu sein. Mehrere Jugendliche, mit denen ich die Handypause besprochen habe, fanden es zuerst eine „Scheißidee". Doch schon bald wurde der Handy-Entzug – denn darum handelt es sich hier – positiv eingeschätzt. Von „ich schlaf' wieder besser" bis „ich hab' schon geglaubt, Sie machen jetzt gemeinsame Sache mit meinen Eltern" bekam ich alles Mögliche zu hören. Darunter ist zunehmend Überraschendes: Maria (14 Jahre) nimmt ihr Handy nicht mehr überallhin mit. Laurin (13) teilt sich selbst tägliche Handyzeit-Portionen zu. Max (17) hat seit Monaten keine neue App mehr runtergeladen: „Wenn ich seh', wie die anderen süchteln und sie mich fragen, ‚hast du die App schon oder die', dann ist das geil, da nicht mehr mitmachen zu müssen. Ich bin auch wieder besser in der Schule geworden."

Mit zwei Freunden und dem Vater eines Freundes, der Softwareentwickler ist, entwickelt er jetzt eine App, die jedem Interessierten zeigen soll, wie viel Zeit er mit dem Handy verbringt und genau auflistet, wofür das Handy täglich genutzt wird. Natürlich bin ich begeistert. Max hat ja recht. Die wenigsten können mir sagen, wie viele Nachrichten sie am Tag bekommen und abschicken, wie viele Selfies sie machen, wie viele Filmchen sie anschauen. Ich stoße in diesem Zusammenhang übrigens immer noch auf Eltern, die gar nicht mitbekommen haben, dass das Handy zum Fernseh- und Kinoersatz geworden ist. Manche Eltern würden sich verwundert oder entsetzt die Augen reiben, wenn sie wüßten, was ihre Kids sich alles runterladen oder posten. Oder wie schnell sich ihre Kids über das Handy Cannabis besorgen können. Ein Post genügt.

Ich gehöre übrigens auch zu denen, die ihren Facebook-Konsum ständig kleiner reden, als er in Wirklichkeit ist. Deshalb bin ich gerade dabei, diesen Konsum zu beschneiden und wieder die Kontrolle über meine Zeit zurückzugewinnen. Es ist nicht einfach.

Es ist an der Zeit, dass die Eltern sich wieder die Führung zurückholen. Erziehung ist nach wie vor Elternaufgabe und kann an keine noch so gute Ganztagesschule delegiert werden. Wenn Eltern ihr Gefühl der Bedrohung gegenüber der digitalen Welt verlieren wollen, bleibt ihnen nichts anderes übrig, als sich weiterzubilden, zu informieren und allmählich den Umgang mit dem Handy aufgrund fundierter Kenntnisse und *nicht* diffuser Ängste zu strukturieren. Viele Eltern haben es verpasst, – unter ihnen vor allem die Gruppe der „Digital Immigrants", also jene, die erst im Erwachsenenalter mit digitalen Technologien in Berührung kamen – den Kindern bei der Einordnung der digitalen Welt zu helfen. Wir, also diejenigen unter uns, die vor 1980 auf die Welt gekommen sind, sind kalt erwischt worden und deswegen noch nicht so richtig imstande, unseren Kindern den angemessenen Umgang mit der digitalen Welt beizubringen. Doch wir sollten damit anfangen – und ruhig auch thematisieren: „Was hast Du denn alles runtergeladen?"

Ein Wort zu den sogenannten „Immigranten" der digitalen Revolution, also den vor 1980 Geborenen: Sie werden von der Wissenschaft als Immigranten bezeichnet, Immigranten in die digitalisierte Welt, d. h. die über 40-jährigen werden nie ganz dazu gehören. Wir Älteren werden immer ein wenig Fremde in der eigenen Heimat bleiben. Die Menschen, die nach 1980 auf die Welt gekommen sind, werden „Digital Natives" genannt. Eine andere Bezeichnung ist „Millennials". (Sie bezieht sich auf die Generation, die im Zeitraum zwischen den frühen 1980er-Jahren und den späten 90er-Jahren geboren wurde.) Zu den „Digital Natives" gehört jetzt also bereits die erste Elterngeneration.

Es ist höchste Zeit für eine elterlich souveräne Haltung dem Handy-Umgang gegenüber. Oder hat einer von uns Eltern gehabt, die ihn in den 1950er-Jahren, als gerade die ersten privaten Fernsehgeräte aufkamen, vor die Flimmerkiste gesetzt hätten mit den Worten: „Du, das ist etwas Neues. Probier' es mal aus, ich bin da nicht so bewandert."

Die überforderte Jugend reagiert mit Erleichterung auf die elterlichen Begrenzungen. Das ist *meine* große Überraschung. Ich habe mit Protest, mit Aufstand gerechnet, doch nicht mit dieser Erleichterung.

Doch eigentlich ist sie logisch: Wer ist nicht erleichtert, wenn er eine Sucht hinter sich lassen kann und wieder ein Stück Autonomie zurückgewinnt, und zwar dort, wo er vorher noch an der Nadel respektive am Handy hing!

Die Errungenschaften der digitalen Welt sollen hier der Fairness halber ebenfalls kurz aufgeführt werden. Kurz nur deswegen, weil sie bei der Schlaflosigkeit, der Konzentrationsschwäche, der Vereinsamung der Jugendlichen keine Rolle spielen – meiner 16-jährigen Patientin Josefine etwa waren ihre über 1.000 Facebook-Kontakte auch keine Hilfe. Doch natürlich sind die Errungenschaften der digitalen Welt groß. Und faszinierend.

Die offensichtlichen Vorteile sind:
- der enorm schnelle Verbreitungsgrad einer Nachricht
- die mögliche Mobilisierung von Internetnutzern
- geografische Grenzen werden innerhalb von Sekunden übersprungen, besser: gesprengt
- Internet als digitale Bibliothek
- Internet als unbegrenztes Bildungsangebot
- Internet als Plattform für Kreativität – mit schneller Rückmeldung (Erfolg/Misserfolg)
- Globalisierung von Information und Wissen
- Werbung ist einfach geworden
- Startups können relativ unkompliziert auf dem Markt getestet werden
- Die große, weite Welt schrumpft auf Nachbarschaftsdimensionen („Ich sehe und erlebe, was du gerade machst.“)
- Internet als In- und Out-Kontrollfunktion
- Gesellschaftlicher Seismograph (erspart teure und komplexe Umfragen)
- die digitalisierte Welt als gut bezahltes und stetig wachsendes Arbeitsfeld einer neuen Berufsgruppe, der IT-Spezialisten

Mehr fällt mir gerade nicht ein. Es gäbe zweifelsohne noch mehr Trümpfe zu nennen. Doch dieses kurze Brainstorming mit mir allein zeigt deutlich, wie mächtig das Internet die Welt verändern konnte und weiterhin ungebremst verändern wird.

Wenn Eltern beim Frühstück wieder Kinder erleben wollen, die ausgeschlafen sind, dürfen sie sich selbst nicht der digitalen Sucht unterwerfen. Sie verlieren sonst die Argumente dagegen, dass die Handyzeit respektive der Umgang mit dem Handy nicht uferlos sein darf. Gut werden Errungenschaften immer erst dann, wenn wir den klugen und vernünftigen Umgang mit ihnen gelernt haben.

Es ist ja so, wie Dürrenmatt es im Theaterstück „Die Physiker" sieht: „Was einmal gedacht wurde, kann nicht mehr zurückgenommen werden." Die digitale Welt schreitet voran, ob es uns passt oder nicht. Aber es liegt in unserer Hand, ob wir uns von der digitalen Revolution überrennen lassen – oder den Umgang mit ihr lernen und weiterhin daran arbeiten, dass sie nicht bereits in naher Zukunft uns auf unheimliche Weise zu beherrschen beginnt.

Doch wir Eltern müssen den Kindern in dieser Handhabung vorausgehen. Das sind die Gesetze, wie sie in der Familienwelt nun einmal gelten. Nicht „mein Sohn muss zuerst einmal [...]" – so ein Gesetz ist nirgendwo niedergeschrieben, dass Kinder etwas können sollen, wozu Eltern nicht imstande sind. Die Eltern gehen den Kindern voran – oder hören bitte auf, ihnen Vorwürfe zu machen. Dann müssten wir die unsäglich traurigen Interviews im Fernsehen nicht mehr mitansehen, in denen Eltern fassungslos über den Amoklauf ihres Sohnes berichten. Wir müssten dann auch keine Lügen mehr mitanhören wie: „Wir haben unseren Sohn immer geliebt. Wir können uns das nicht erklären, er hat es immer gutgehabt, nein, es gab nie Gewalt in der Familie." etc. Diese Eltern verleugnen die Kontaktlosigkeit respektive Kontaktstörung zu ihrem Sohn.

Wenn ich dann Zeugin eines so unsäglich verlogenen Interviews werde, frage ich mich, warum ich selbst nie mit einer derart dicken Haut ausgestattet worden bin, warum ich früher als erziehende Mutter so oft und zu oft bei mir die Fehler und Versäumnisse gesucht habe. Inzwischen bin ich froh, dass es so war. Denn ich habe mich dadurch in Frage gestellt und also an mir arbeiten können. Alles gut.

6. Die einsamen Kinder

Viele der heutigen Kinder sind entweder übersteuert und überreguliert oder emotional vernachlässigt. Der Unterschied scheint nur auf den oberflächlich schnellen Blick hin groß zu sein. Denn in Wirklichkeit gibt es ihn kaum, er ist vor allem optischer Natur. Das eine Kind sieht man ständig in Begleitung von Mutter oder Vater, das andere Kind ist meistens allein unterwegs. Die übersteuerten Kinder, also die verwalteten Kinder, sind emotional deshalb nicht unbedingt sonderlich gut versorgt. Sie haben nur ständig Mutter oder Vater an ihrer Seite kleben. Doch in der Kind-Eltern-Beziehung findet dort nicht viel Besseres statt als bei den offenkundig emotional verwahrlosten Kindern, für die eben kein Elternteil wirklich Zeit aufbringt. Emotional verwahrloste Kinder sind, das muss betont werden, keineswegs gleichzusetzen mit sozial verwahrlosten Kindern. Emotionale Verwahrlosung ist in jeder sozialen Schicht anzutreffen. (Die zweite Gruppe, die sozial verwahrlosten Kinder, findet in diesem Buch wenig Eingang, weil ich mit dieser Kindergruppe leider wenig Kontakt und damit Erfahrung habe). Einsame Kinder sind in meinen Augen die normalen Kinder unserer Zeit. Genauer: die normal überforderten Kinder.

Im Grunde genommen müsste ich ein ganzes Buch gegen die Tendenzen zur Ganztagesschule schreiben, denn sie haben ganz viel mit der Einsamkeit unserer heutigen Jugend zu tun. Besonders schlimm ist für sie dabei das fehlende Familienzentrum. Ein Zentrum entsteht dort, wo Menschen sich versammeln. Die heutigen Familienmitglieder versammeln sich aber nicht mehr, weil sie tagsüber gar nicht mehr zusammenfinden. Von meinen aktuell 21 Patienten kommen nur fünf mit Mutter und/oder Vater beim Mittagessen zusammen. Bei einem Kind ist der Vater Autor und selbstständig, er kann also von zu Hause aus arbeiten. Bei den anderen drei Kindern haben die Mütter es so eingerichtet, dass sie vormittags arbeiten und am Nachmittag zu Hause sein können. Und eine Mutter hat sich ganz bewusst und selbstbewusst für ein Dasein als Hausfrau und Mutter entschieden. Ich will hier keine politische Diskussion eröffnen, denn ich weiß selbst, dass viele Eltern in München so wenig verdienen, dass sie auf zwei volle Einkommen angewiesen sind. Das ist für Deutschland ein Armutszeugnis! Es kann nicht sein, dass in einer Stadt wie München in einer Familie mit drei kleinen Kindern beide Elternteile arbeiten müssen, weil die Miete so hoch ist, dass ein einziges Einkommen das Überleben der Familie nicht mehr sichern kann.

Der Zwerg in mir

Andrea Gersters Theaterstück für zwei Schauspielerinnen und einen Schauspieler habe ich mir im April 2015 (Premiere 21.12.2013) gleich an zwei Tagen hintereinander angeschaut. Dieses Stück, und was die insgesamt drei Schauspieler, jeder in mehreren Rollen, unter der Regie von Leopold Huber daraus entwickelt haben, war am ersten Abend für mich so überwältigend, dass ich am nächsten Tag gleich nochmals hingehen musste.

Die Hauptfigur Jelka betritt die Bühne und sagt:

> Mein Name ist Jelka Simic, und ich bin 34 Jahre alt.
> Mir ist Schlimmes geschehen,
> aber nicht draußen im Krieg,
> sondern drinnen.

Jelka – eindringlich gespielt von der jungen Zürcher Schauspielerin Ivana Martinovic – nimmt den Zuschauer in die Zeit mit, als sie 18 Jahre alt ist und vergewaltigt wird. Anschließend kann sie nicht mehr zusammenhängend sprechen. Das traumatische Geschehen spült sie weg, macht sie wehr- und sprachlos. Sie stammelt immer wieder, ob im Gerichtssaal oder in der Psychiatrie, von „einem Zwerg in mir". Dann tötet sie den imaginierten Zwerg, der in Wahrheit ein realer Embryo war, die furchtbare Frucht einer Vergewaltigung. Sie kommt nach dem Psychiatrieaufenthalt wieder auf die Beine, wird eine berühmte Sängerin über die Landesgrenzen hinweg. Als sie mit über 40 Jahren in ihr Heimatland anlässlich eines Interviews zurückkehrt, kommt auch der Zwerg zurück. Doch jetzt kommt er als Krebs. Sie stirbt.

Für unseren Zusammenhang ist Jelka als Kind und junges Mädchen interessant. Die Mutter-Tochter-Beziehung. Jelka war schon vor der Vergewaltigung ein unglückliches Mädchen. Ihre Mutter, intensiv und abstoßend gespielt von der Schweizer Schauspielerin Astrid Keller, hat sich nur für die Schulnoten der Tochter interessiert. Hier ein Auszug aus dem Stück:

JELKA: Wo bleibt die Ohrfeige? Ich bitte um mein täglich' Brot!
MUTTER: (Regieanweisung: Sie presst ihre Lippen aufeinander und schüttelt gleichzeitig den Kopf. Das wirkt streng. Eine strenge Mutter.) Wenn es dir hier nicht passt, dann ziehe aus.
JELKA: Wenn ich die Schule fertig hab', bin ich weg. Das garantiere ich dir.
MUTTER: Besser heute als morgen.
JELKA: Bist du sicher, dass du meine Mutter bist? Du schaust mir gar nicht ähnlich.
MUTTER: Da! (Ohrfeige) Deine Ration für heute.
Dass du mich immer wieder so weit bringen musst!
Du willst das doch so! Da! (Ohrfeige)
JELKA (à part): Auf der Wange die Abdrücke der Hand
Ein Brandzeichen.
Jetzt bin ich. Ich

Nach der Vergewaltigung steht Jelka vor einem Polizeibeamten und soll ihm die üblichen Fragen beantworten.

POLIZEIBEAMTER: Sind Sie schwanger?
JELKA: Einen Spiegel, bitte!
POLIZEIBEAMTER: Wozu einen Spiegel?
JELKA: Damit ich Ihre Fragen beantworten kann.
POLIZEIBEAMTER: Welche Frage?
JELKA: Ich muss mich sehen, um Ihre Frage korrekt beantworten zu können.
POLIZEIBEAMTER: Also wie 18 kommen Sie mir nicht vor.
JELKA: Tatsächlich,
auf dem Bild
das bin ich.

Das ist mein Ausweis.
Der war in meiner Tasche.
Mein Ausweis. Mein Bild.
Das bin ich. Ich bin.
Und ich hatte schon Angst, dass ...

POLIZEIBEAMTER: Sie wurden also vergewaltigt?
JELKA: Reden Sie mit mir?
POLIZEIBEAMTER: Sehen Sie noch andere hier?
JELKA: Hier sind viele ...
POLIZEIBEAMTER: Ja, Sie und Ihr Zwerg. Im Bauch.
(Lied: Der Zwerg von Schubert)
JELKA (innere Stimme) (Kamera):

In mir wächst ein Zwerg
ohne Namen.
Wächst ein namenloser Zwerg.
Niemand weiß, woher er kommt.
Plötzlich war er da,
wächst ungefragt.

7. Identität und Identifikation

In „Der Zwerg in mir" begegnet uns eine 18-Jährige, die keine Identität besitzt. Schon die jüngere Jelka kannte sich nicht. Mit der Vergewaltigung ist zumindest ein kleines Stück Identität in ihr Leben gekommen, für den Preis einer schweren Traumatisierung allerdings. Das Theaterstück zeichnet das Bild einer negativen Identität – der „Zwerg in mir". Jelka weiß nicht, wer sie ist. Ist sie die Tochter ihrer Mutter? Kann kaum sein, denn sie hat ja so wenig Ähnlichkeit mit dieser Frau. Ist sie ein Zwerg, somit etwas Unheimliches und Böses – oder etwas Mystisches gar? Irgendwie auch nicht so richtig. Ist sie das Mädchen auf dem Ausweis? Könnte sein, doch da fehlt ebenfalls die Gewissheit.

Die Schweizer Schriftstellerin Andrea Gerster spiegelt in der Figur der Jelka auf geniale Weise ein Kerncharakteristikum der heutigen Jugend, oder zumindest vieler Jugendlicher: Viele Jugendliche wissen im

Alter von 18 Jahren nicht, wer sie sind. Die Selfies liefern ihnen zwar umgehend und wiederholbar ein cooles und oft gestyltes Bild davon, was sie sein möchten. In der Folge wird dieses Bild, da internettauglich, schnell gepostet. Doch die Gewissheit der Identität bleibt aus. Selfies vermögen keine Identität herzustellen.

Wissen wir Erwachsenen, oder anders gefragt, können wir Erwachsenen uns eigentlich vorstellen, wie unglaublich schwer es ist, ohne eine ungefähre Identität erwachsen werden zu müssen? Mit 18 Jahren nur die Schulnoten-Jelka, der Noten-Florian, die Noten-Marisa sein zu können! Und dann wundern sich die Eltern, dass ihre Kinder, endlich volljährig geworden, nicht mit weitausgebreiteten Schwingen in die Welt hinausfliegen? Dass sie es vorziehen, zu Hause missmutig und gelangweilt herumzuhocken und den Eltern schlechte Laune und Schuldgefühle zu bereiten?

7.1 Der lange Weg zur Identität

Der lebensnotwendige Weg zur Identität geschieht über Identifikation.

Die frühe Identifikation mit guten Objekten lässt in jedem von uns ein Gefühl der Identität entstehen. Bei dem einen schon mit sieben, bei dem anderen erst mit 50 Jahren. Identität ist nichts, was wir in die Wiege gelegt bekommen. Identität ist ein Wachstumsprozess. In der ständigen Berührung und Auseinandersetzung mit den anderen schält sich unsere eigene unverwechselbare Identität heraus, so einzigartig wie unser genetischer Fingerabdruck. Es gibt nicht zwei identisch gleiche Menschen auf dieser, siebeneinhalb Milliarden Menschen umfassenden Welt! Identität ist die wunderbare Beigabe von befriedigenden Bindungserfahrungen.

Jelka fühlt keine Ähnlichkeit mit ihrer Mutter. Das bedeutet, dass sie sich zu keinem Zeitpunkt ihres Lebens zu einer Identifikation mit ihrer Mutter durchringen konnte. (Es gab kein „Ich will gleich sein wie du“ und kein „Ich will es gleich machen wie du“.) Sie lehnt ihre Mutter ab, empfindet Hass ihr gegenüber. (Wir sehen später, dass es leider eben doch zu einer Identifikation gekommen ist, wie so oft in solchen Fällen, doch leider zu einer ausschließlich negativen und Jelka schlussendlich zerstörenden Identifikation.) Es gibt in dieser kleinsten Familienformation Mutter-Kind keinen Vater, der Jelka ein Vorbild sein oder ihr stellvertretend für die Mutter *oder eine andere wichtige Bezugsperson* Identifikationsangebote machen könnte. Jelka beginnt, ganz auf sich allein zu setzen. Sie übersteht die Vergewaltigung, sie kommt aus der Psychiatrie wieder heraus und aus dem Gefängnis nach der Kindstötung wieder frei. Sie wird eine berühmte Sängerin und Schauspielerin. Die Menschen liegen ihr zu Füßen, sie wird von ihren Fans bewundert und verehrt.

Manchmal gelingt so, durch harte und unentwegte Arbeit an sich selbst und glückliche Umstände – die zum Leben gehören – eine späte Erfahrung von Identität, von Sosein. Ich bin – ich.

7.2 Lernen durch Identifikation

Das kleine Kind hört die Eltern sprechen. Die Mama weist auf sich und sagt mit animierendem Blick zum Kind: „Mama. Mama!" Dann weist sie auf den Vater des Kindes und sagt bedeutungsvoll: „Papa, das ist dein Papa!" Die Eltern lesen vor „der Hund, das Auto [...]".

So oder ähnlich lernt das Kind automatisch sprechen. Das kleine Kind sieht die Eltern schreiben. So etwas will es auch mal machen. Das kleine Kind sieht die Eltern rechnen. Es will ebenfalls erkennen, ob es zwei oder drei von den Bonbons bekommt, die auf dem Tisch herumliegen – und es will die Verhältnisse da auf dem Tisch benennen können. Es stellt Fragen, beobachtet, ahmt nach. Wenn die Beziehung gut und das Vertrauen bei den Eltern in sich selbst groß ist, wir nennen das Bindungsfähigkeit, lernt jedes, aber wirklich jedes Kind die Kulturtechniken – Schreiben, Lesen und Rechnen – unserer Menschenwelt. Wie groß sind die Sorgen der Eltern, wenn das Kind in der 1. Klasse noch keine Anstalten macht, die Buchstaben nach genau der Methode, wie die Erstklasslehrerin sie präsentiert, zu lernen, zusammenzufügen und dann brav im Kontext zu lesen.

7.3 Eltern zwischen Schuldgefühl und Selbstmitleid

Eltern, die die Schule gehasst haben oder höchst ungern besucht haben, dürfen von ihren Kindern nicht verlangen, dass es bei ihnen anders abläuft. Das kann nicht deutlich genug gesagt werden. Es kann anders ablaufen, muss aber nicht. Eltern sagen mir oft, sie hätten sich ihren Kindern gegenüber doch gar nie über die eigene, leidvoll erfahrene Schulbiografie geäußert. Herr B. findet: „Man muss den Kindern ja nicht alles unter die Nase reiben." Die Therapeutin antwortet: „Muss man nicht, sie wissen es sowieso. So panisch, wie Sie mit den schlechten Noten Ihrer Tochter umgehen."

Eltern, die die Schule gehasst haben und sich mit diesem Hass und der damit verbundenen Leidenszeit nie mehr befasst haben (man bezeichnet das als einen Vorgang der Abspaltung), sondern nur nach vorne gestürmt sind in eine bessere Zukunft, können ihren Kindern kaum Freude an der Schule vermitteln. Und zwar einfach deswegen, weil sie selbst ihre negativen Gefühle der Schule gegenüber nur verdrängt und vergessen haben – im Rahmen einer partiellen Scheindemenz –, jedoch nicht integriert haben. Ihre eigenen Schulerfahrungen sind wie verplombt. Und eine Plombe, das wissen wir aus der Traumaforschung, kann jederzeit aufbrechen. Spätestens dann, wenn die eigenen Kinder in die Schule kommen. Dann fluten Panikströme die Elternhirne. Frau S., eine ihrem achtjährigen Sohn sehr zugewandte und aufmerksame Mutter, rätselte wiederholt, warum der Sohn der Schule so ablehnend gegenüberstand. Bis sie eine Antwort fand: „Ich bin selbst ganz ungern in die Schule gegangen. Mein Selbstvertrauen kam erst in der Lehre, als meine Lehrmeisterin mir gesagt hat, dass ich gut bin. Doch ich verlange ja gar nicht von Sebastian, dass er alles toll machen muss. Aber warum sperrt er sich so dagegen, nur ein bisschen was zu tun?" In Gesprächen fanden wir heraus, dass Frau S. zwar nicht glaubt, bei ihrem Sohn müsste jetzt alles anders und viel besser laufen, doch dass sie ein schlechtes Gewissen hatte, ihn zu fordern, weil sie berufstätig war. Hier ist es also nicht das schlechte Gedächtnis einer Mutter, und damit die, wenn auch ziemlich unbewusst, unehrliche Haltung der Mutter, die das Kind bedrängt, sondern das schlechte Gewissen. Ein intrapsychischer Vorgang, der interpsychische Wirkung zeigt. Oder anders, vielleicht klarer formuliert, ein innerer Vorgang, der zwischenmenschliche Auswirkungen hat. So ist es fast immer. Viele Mütter schleppen das schlechte Gewissen ihrer Berufstätigkeit wie eine unsichtbare Last durch den Familienalltag. Dieses schlechte Gewissen hindert sie, dem Kind gegenüber konsequent und sachlich in der Erziehungshaltung zu begegnen. Sie bemitleiden insgeheim ihr Kind. Es tut ihnen leid, dass ihr Kind eine „Rabenmutter" hat, nämlich so eine wie sie.

Mütter, die arbeiten wollen oder müssen, brauchen kein schlechtes Gewissen zu haben. Es ist einfach so. Oder kennen Sie Männer im Jahr 2018, die ihre Berufstätigkeit wie einen stillen Selbstvorwurf vor sich hertragen? Bitte, liebe Mütter: Die Schuld ist vorbei! Ich rufe das in Anlehnung an den aufrüttelnden Bestseller aus dem Jahr 1992 „Die Scham ist vorbei" von Anja Meulenbelt laut heraus.

Wir Frauen brauchen keine Schuld mehr zu empfinden beim Gedanken, dass wir nicht nur Mütter sein wollen. Dieser psychische Gewaltakt und Abspaltungsvorgang ist den Männern nie abverlangt worden. Wenn sie Väter werden wollten, sind sie es geworden. Früher, gestern, heute. Allerdings gibt es in der praktischen Umsetzung zwischen Mann und Frau einen großen Unterschied: Wenn eine Frau sich für die Mutterschaft entscheidet, sollte sie zumindest im ersten Lebensjahr Zeit aufbringen für ihr Kind. Idealerweise sollten es natürlich drei Jahre sein. Doch das erste Lebensjahr, oder die ersten eineinhalb Lebensjahre sind ausschlaggebend. Ich bin da mit Wolf Büntig und vielen anderen Therapieforschern und -praktikern einer Meinung, dass das Hirn des Kindes vom 6. Monat der Schwangerschaft bis zum 18. Lebensmonat die entscheidenden Prägungen erfährt. Es geht also um 18 Monate, in denen die Mutter zu Hause beim Baby und Kleinkind bleiben sollte. Wenn eine Mutter oder der Vater beim Neugeborenen diese Bindungszeit dem Kind nicht zur Verfügung stellen will, sollte auf Elternschaft verzichtet werden. (Ich nehme hier explizit die Mütter aus, die alleinerziehend mit Baby sind). So hart hätte ich es noch vor zehn Jahren nicht formuliert. Doch die Erfahrungen haben mir in der Zwischenzeit klar gemacht, dass es ein Unrecht an den gewollten Kindern ist, wenn Mutter und Vater kaum noch Zeit für ihre Babys und Kleinkinder aufzubringen bereit sind. Und es soll jetzt keiner sagen, dass ich die Verben „aufbringen können" hätte verwenden müssen.

Es scheint so, dass unsere Gesellschaft keine Zeit mehr für die Betreuung von Kindern bietet. Dieses Klagelied höre ich von vielen Eltern. Wenn es denn doch so sein sollte, dann müssen die Eltern endlich einmal politisch werden und gegen eine solch grausame Gesellschaftsform und Arbeitspolitik protestieren, die ihren Kindern die Eltern wegnimmt. Genug Eltern gäbe es für einen solchen Protest, auch hier in Deutschland. Konzerne müssten endlich verpflichtet werden, auch Frauen und Männern mit einer halben oder dreiviertel Arbeitsstelle interessante Aufstiegsmöglichkeiten anzubieten. Es kann und darf nicht sein, dass in unserer westlichen Gesellschaft die globalisierte Wirtschaft mit ihrem ausschließlichen und exorbitanten Profitdenken und ihren familienfeindlichen Arbeitsstrukturen das Familienleben steuert und zunehmend zerstört. Die etablierten Politiker wären gefragt, doch diese haben leider oft genauso wenig Verantwortungsgefühl wie die Hardliner der Wirtschaft. Das fehlende Verantwortungsgefühl der Wirtschaftsbosse wurde kürzlich erst auf erschreckende Art und Weise deutlich: Die Autokonzerne haben untereinander über Jahre hinweg illegale Absprachen zur Förderung des Dieselautos getroffen. Und nicht nur das – sie haben bewusst Software eingesetzt, die den CO2-Ausstoß manipuliert. Die Politiker wissen, dass sie handeln müssten, doch sie trauen sich nicht, gegen die Wirtschaft Politik zu machen. Wie wenig Mut finden wir heute noch in den politischen Reihen!

Es gibt im Netz auf Facebook einen Beitrag, der ungezählte Male gelikt worden ist. Und zwar ist es die Geschichte eines „armen Familienvaters", der sich bei Gott beklagt, dass seine Frau doch ein viel schöneres Leben hätte als er, der jeden Tag zur Arbeit muss. Seine Frau könne gemütlich zu Hause bleiben, mit den Kindern zusammensein. Er fragt: „Lieber Gott, darf ich für einen einzigen Tag eine Frau sein, bitte?" Gott erhört umgehend sein Flehen – und jetzt zitiere ich wörtlich:

> *„Er stand auf, machte Frühstück, brachte die Kinder in die Schule, ging einkaufen, bezahlte Rechnungen.*

> *Wieder zu Hause beeilte er sich, die Betten und die Wäsche zu machen, staubzusaugen und die Böden zu wischen.*
> *Dann rannte er los, um die Kinder abzuholen und geriet auf dem Nachhauseweg mit ihnen in Streit.*
> *Er gab den Kindern zu essen und brachte sie dazu, ihre Hausaufgaben zu machen, dann bügelte er, während er Fernsehen sah.*
> *Nach dem Essen räumte er die Küche auf.*
> *Um 16 Uhr 30 begann er Kartoffeln zu schälen, Gemüse zu waschen und Schweinekoteletts zu panieren für das Abendessen. Nach dem Essen räumte er auf. Um 21 Uhr war er erschöpft, und obwohl er seine täglichen Aufgaben noch nicht bewältigt hatte, ging er ins Bett, wo seine Frau auf ihn wartete, um mit ihm zu schlafen [...].*“

Und so weiter und so fort. Das Ende vom Lied: Er fleht Gott am nächsten Morgen an, ihn so schnell wie möglich zurückzuverwandeln, weil er seiner Frau so unrecht getan habe und sozusagen erst jetzt erkannt habe, wie schrecklich anstrengend das Leben einer Hausfrau und Mutter doch sei. Doch er hat – die Pointe von der Geschichte – kein Glück. Denn Gott bittet ihn, sich noch neun Monate zu gedulden. Denn er sei leider schwanger geworden in der letzten Nacht.

Ich habe den Beitrag gepostet mit den Worten, dass ich, Gott sei es gedankt, keine Eltern gehabt hätte, die ständig gejammert hätten, wie anstrengend das Elternleben sei.

Es ist, will mir scheinen, tatsächlich so, dass die heutigen Eltern viel zu viel jammern. Diese Aufzählung des zur Frau mutierten Familienvaters ist einfach lächerlich. Natürlich sind das die Aufgaben der Mutter, heute der Eltern. Ja und? Es ist der Alltag eines Erwachsenen, der sich zur größten und schönsten Herausforderung, die es geben kann, entschlossen hat: Kindern das Leben zu schenken und für sie Verantwortung zu übernehmen. Natürlich gehören die aufgezählten Aufgaben dazu. Man kann sie so betonen, wie oben geschehen – oder einfach erledigen. Ich erlebe in den Gesprächen mit den Eltern häufig, dass die Mutter sich beklagt, dass sie kochen muss, darauf achtgeben muss, dass das kleine Mädchen die Zähne putzt, dass der Sohn sich die passenden Kleider nicht schon mit drei Jahren selbst raussucht. Der Vater beklagt, dass er am Abend sich noch ans Bett des zehnjährigen Sohnes setzen muss, wo er doch nur noch vor dem Fernseher abhängen möchte.

Muss – warum ist so vieles ein Muss geworden für die heutigen Eltern?

Ich habe immer wieder beruflich ehrgeizige und erfolgreiche Frauen in der Praxis, die mit ihrem Kind nicht klarkommen – so wie viele beruflich ehrgeizige und erfolgreiche Männer nicht klarkommen mit ihrer Vaterrolle, d. h. den Kindern nicht die nötige und liebevolle Beachtung schenken können, auf die Kinder einen Anspruch haben. Diese Männer hatten früher dafür eine Erfolg versprechende Lösung: Sie haben sich eine Frau gesucht, die mit der Mutterrolle zufrieden war oder sich dieser Rolle sogar mit großem Ernst und Verantwortungsgefühl hinzugeben wusste. Diese Frauen gibt es kaum noch – und unter den heranwachsenden Mädchen ist dieses alte Rollenverständnis eher die Ausnahme. Die Sehnsucht nach der alten Rolle begegnet uns vor allem dort, wo eine Jugendliche oder junge Erwachsene aus Gründen einer depressiven Gestimmtheit und aus geringem Selbstwertgefühl sich kein selbstständiges und autonomes Leben vorstellen kann.

Maria, 20 Jahre alt, hat sich selbst wegen einer schweren Depression zur Therapie angemeldet. Sie wünschte sich zu Beginn der Behandlung „nichts so sehr wie einen Mann, der lieb zu mir ist, zwei Kinder und später ein Häuschen". Als sie irgendwann aus ihrer vor Therapiebeginn schon zwei Jahre andauernden Depression erwachte, war sehr schön zu beobachten, wie sich diese zentrale und sie lange Zeit beherrschende Fantasie langsam differenzierte. Am Ende der Therapie, wiederum zwei Jahre später, sagte sie mit einem erstaunten Lachen: „Mir muss es ja wirklich hundeelend gegangen sein, dass ich vor drei Jahren nichts anderes als einen Mann und zwei Kinder wollte, und mich dabei ganz vergessen hab'!"

So krass würde ich es selbst nicht formulieren, doch steckte in Marias Aussage natürlich viel Wahrheit. Erfüllung rundum gibt es in den seltensten Fällen noch durch das Außen. Die Kinder, der Ehemann sind außen, nicht drinnen, im eigenen Selbst. Der schwangere Bauch ist nur ein, allerdings wundervolles, Gefäß für ein Leben, das sich irgendwann außerhalb meiner selbst entfalten wird. Und wenn ich mich gleichsetze mit der Mutter, die ich bin, mit der Ehefrau, die ich bin, dann werde ich spätestens dann sehr unglücklich, wenn die Kinder das Haus verlassen, mein Mann stirbt oder mich wegen einer anderen Frau verlässt. Dann kann ich auf nichts in mir drinnen bauen, was nährt und tröstet. Dann beginne ich ins Bodenlose zu fallen. Und schuld daran ist dann nicht der betrügende oder verstorbene Partner, sondern mein Mangel an Identität.

Mutterschaft und Ehefrauenstatus liefern Ersatzidentitäten. Wirkliche Identität bieten sie leider nur noch in seltenen Fällen. Ich kenne einige (wenige) solche Mütter. Doch sie sind Ausnahmen. Es sei hier nochmals der Blick auf die Männer gerichtet: Vaterschaft und Ehemannstatus haben auch dem Mann nie das Gefühl einer unverwechselbaren Identität liefern können. Mann und Frau haben Gott sei Dank vieles, was sie trennt und uns dadurch alle bereichert, doch in Sachen Identität ticken sie gleich, genau gleich. Keine Mutter- und Vaterrolle vermag es, Identität zu schaffen, das kann nur das eigene Selbstwertgefühl. Wenn ich weiß, was mich unterscheidet von allen anderen und unverwechselbar macht, werde ich mich achten und damit auch die Mitmenschen. Ich werde „ich" sagen und etwas spüren dabei, was sich unverwechselbar anfühlt. Und ich werde „dich" deswegen erkennen und ebenfalls spüren können. Gelebte Selbst-Zufriedenheit und Empathie.

8. Die Jugend hat das Wort

Der wesentlichste Unterschied zwischen den Kindern von heute und den Kindern von früher liegt in der wirtschaftlich veränderten Welt mit ihrem knallhart auf Gewinnoptimierung zusammengepressten Welt- und Menschenbild. Dieses scheint zu einem nicht mehr veränderbaren Credo geworden zu sein und alle, auch die Familien, haben sich ihm unterworfen. Udo Jürgens, ich scheue mich nicht in diesem Zusammenhang auf ihn zurückzugreifen, hat in seinem Lied „Fehlbilanz" die heutigen Verhältnisse in wunderbar klaren und einfachen Sprachbildern auf den Punkt gebracht. Ich gebe hier einen Ausschnitt wieder:

Freiheit ohne Grenzen –
Abgrundtiefe Gräben – Fehlbilanz
Volle Einkaufswagen –
Inhaltsleere Leben – Fehlbilanz
Denkende Computer –
Programmierte Menschen – Fehlbilanz
Wissen, das uns dumm macht –
Überall zu wenig und zuviel

Zuviele Worte, die nichts sagen
Zuwenig Blicke, die versteh'n
Zuviele Türen, die sich öffnen
Zuwenig Mut, hindurch zu geh'n
Zuviele Zeichen an den Wänden
Zuwenig Zeit um hinzuseh'n
Zuviel Entsetzen vor dem Abgrund
Zuwenig Kraft sich umzudreh'n

8.1 Junge Frauen mit Visionen – Anna (18), Jessica (18), Luna (17)

Drei junge Schweizer Frauen sitzen vor mir an unserem Holztisch, der Bodensee in Sichtweite. Anna (18) ist im 3. Jahr ihrer Kaufmännischen Lehre, Luna (17) im 2. Lehrjahr als Kinderkrankenschwester und Jessica (18) besucht die Pädagogische Maturitätsschule und möchte einmal Lehrerin werden. Alle drei sind aufgeweckte und sehr sympathische, anziehende Vertreterinnen ihrer Generation.

Sie sind gleich mitten in einem intensiven Dialog über die Schulzeit, die hinter ihnen liegt. Anna hat sich auf die Schule meistens wenig gefreut: „Eigentlich bin ich schon gern hingegangen, doch ich wollte mehr spielen. Mama und ich hatten deswegen viel Zoff." Luna bestätigt, dass sie und ihre Mutter auch viel Streit gehabt hätten: „Ich wollte keine Hausaufgaben machen, doch Mama kannte kein Mitleid und hat gesagt, ‚dann machen wir es zusammen'." Jessica hat sich auf die Schule gefreut: „Doch ab der 6. Klasse dann nicht mehr, ich hatte keine Freude mehr an der Schule, am Lernen." Alle drei, die in derselben Schule, teilweise auch in der gleichen Klasse waren, erinnern sich an „extrem viele Tests und Prüfungen." Luna schaut Anna an und sagt: „Du hast viel gelernt, ich kann mich noch gut erinnern." – Anna: „Ja, das stimmt." Luna hat ebenfalls viel gelernt. „Ich würde mit meinen Kindern auch lernen", sagt sie, „hat mich überzeugt, auch wenn ich damals gehässig zu meiner Mutter war." Jessicas Mutter hat ebenfalls gestresst, so erfahre ich. Einmal hat sie ihrer Tochter eine Seite aus dem Heft rausgerissen.

Die anstrengende Schulzeit lastet plötzlich wieder im Raum, als wenn sie gestern gewesen wäre. Folgendes Gespräch entsteht:

Ich frage die jungen Frauen: „Ihr berichtet jetzt fast einhellig von Streit, Stress, gehässigen Momenten mit euren Müttern. Waren die Noten das wert?"

Die drei schauen einander an, etwas nachdenklich, vielleicht sogar verunsichert. Doch dann geht ein Ruck durch die drei – sie sind schon sehr vertraut miteinander, wie diese fast synchrone körperliche Wellenbewegung zeigt. Anna sagt: „Je älter ich werde, umso besser wird die Beziehung zu meiner Mutter." Die zwei anderen nicken zustimmend und Luna ergänzt: „Meine Mutter ist eine Glucke, doch ich glaube, ich würde es genauso machen bei meinen Kindern!"

Ich will es genauer wissen: „Ist sie denn so eine Art ‚Helikoptermutter' gewesen?"

Luna (überlegt lange): „Irgendwie schon, da hieß es dann: ‚Um 20 Uhr bist du zu Hause'. Doch als ich dann in Genf als Au-pair gelebt habe, kam ich so gut zurecht. Ich finde, meine Eltern haben mir ein gutes Weltbild vermittelt."

Beim Stichwort Eltern fällt mir plötzlich etwas auf. Ich bin irritiert – und sage nach einer Weile zu ihnen: „Wir sitzen jetzt schon eine Stunde hier zusammen. Und ich merke eben, wie erleichtert ich bin, dass mal das Wort ‚Eltern' fällt. Ihr sprecht nur von euren Müttern. Sind eure Väter für euch 18-Jährigen nicht wichtig, spielen sie so eine geringe Rolle?"

Die drei schauen einander überrascht an, dann folgt ein etwas überrumpeltes Lachen. Eine von ihnen antwortet: „Sie spielen schon eine

Rolle, aber halt nicht so wie die Mami". Die zweite junge Frau ergänzt: „Ich find' die Mutter wichtiger." Und die Dritte sagt gedehnt: „Mir ist der Papa schon wichtig, er und ich machen das mit der Imkerei jetzt zusammen, das ist unser gemeinsames Projekt."

(Aha. Väter, ihr solltet die Töchter also nicht den Müttern überlassen, sonst bleibt eure Rolle blass – und das Männerbild eurer Töchter möglicherweise ebenso. Wobei gerade bei Anna durchaus eine starke, unbewusste Vaterbindung sichtbar wird: Ihre Praktikumsarbeit war ein wunderschönes Vogelnestsofa aus Holz, das jetzt zu Hause zu einer bequemen Sitzgelegenheit geworden ist. Ihr Vater ist einer der führenden Experten im Holzfachbau und Brandschutz in der Schweiz und darüber hinaus.)

Alle drei sind sich einig, dass sie mit „Typen in unserem Alter nichts anfangen können. Die sind in Wirklichkeit einfach zwei, drei Jahre jünger." Noch hat keine von ihnen sexuelle Erfahrungen gemacht, und zwei der jungen Frauen hatten noch keinen Freund. Luna meint, viele Jungs würden in ihrem Alter „einfach keine Perspektiven entwickeln, das vertrag' ich gar nicht." Anna nickt bei Lunas Worten: „Ich möchte irgendwann einen Partner, klar, und arbeiten auf jeden Fall. Allerdings, wenn die Kinder klein sind, will ich bei ihnen zu Hause sein. Das brauchen sie doch. Wenn mein Beruf mir Spaß macht, bräuchte ich zwar keine allzu lange Kinderpause, vielleicht so zwei bis drei Jahre. Dann muss der Mann eben Geld verdienen." Luna schaltet sich ein: „Also, ich kann das gar nicht ab, wenn der Mann glaubt, du bist Frau ist gleich Mutter. Ist doch klar, dass wir Mädels beruflich genauso viel erreichen wollen wie die Jungs. Der Mann sollte, wenn das Baby da ist, die Arbeit auch reduzieren. Der Mutterschaftsurlaub ist in der Schweiz drei Monate. Ich find', das geht gar nicht!" Jessica pflichtet ihr bei. Alle drei wollen, falls sie mal Kinder haben, die Kleinen nicht in die Krippe geben, „zumindest nicht im ersten Lebensjahr." Und danach würde es halt auch davon abhängen, so Anna, ob die Arbeit Spaß mache. Eine der drei Frauen berichtet von einer Zweijährigen: „Die klebt so was von an der Mama, schrecklich." Luna sagt selbstbewusst: „Ich bin mal gut ausgebildet, warum sollte ich meinen Berufsweg aufgeben? Da muss viel mehr passieren für die Familie in unserer Gesellschaft."

Die drei finden es unmöglich, dass zu Hause immer die Mutter die Grenzen setzen muss. Jessica stellt klar: „Die gute Kommunikation zwischen den Eltern ist so wichtig. Wenn die fehlt, ist es einfach schwierig. Meine Mutter hat vor einem Jahr dem Vater mal alles an den Kopf geschmissen. Sie mache alles zu Hause, hat sie geschrien und ihn gefragt: ‚Haben wir die Kinder gemeinsam oder ich sie alleine?'" Anna fällt ihr entschlossen ins Wort: „Beide, Mutter wie Vater, sollten zu Hause anpacken, sonst gibt es so blöde Rollen, dass man gar keine Lust hat, Mutter zu werden." Luna beginnt zu lachen: „Zum Beispiel die Hochzeitstorte! Warum hat der Mann seine rechte Hand auf der Hand seiner Frau und führt das Messer? Ist doch albern! Ich bin dafür, dass beide ein Messer in der linken bzw. rechten Hand halten und Hand in Hand vor der Torte stehen!" Lachende Zustimmung.

Dann wechseln sie plötzlich das Thema. Luna bemerkt: „Ich find' es so schade, wenn die Leidenschaft in der Ehe verloren geht. Ich möchte später mal in meiner Ehe daran arbeiten, dass das nicht passiert." Jessica stellt fest, dass sie gar keine Zeit habe für einen Freund. „Ich bin lange in der Schule, dann bin ich müde am Abend – und am Wochenende geh' ich reiten." Luna: „Ich bin im Moment so auf mich selber fokussiert: Was bin ich? Was ist mir wichtig? Ich hab' einfach keine Zeit für einen Jungen." Anna meint dazu: „Ich bin nicht auf der Suche. Wenn sich was ergibt, bin ich sicherlich offen, wäre vielleicht ganz schön, doch ist jetzt einfach nicht wichtig. Ich brauche niemanden, die Mädels sind mir wichtig."

Es gäbe in ihrem Bekanntenkreis allerdings auch einige Mädchen, die bräuchten einen Freund, um bestätigt zu werden. „Ich brauch das nicht," sagt Luna fröhlich. In ihrer Klasse seien zwei Jungen, die kämen ziemlich depressiv rüber. „Die fühlen sich so einsam." Sie fährt fort: „Das bin ich nicht, auch ohne Freund. Ich find' es wichtig, dass man auch allein glücklich sein kann, wenn kein anderer da ist, merk' ich doch erst, ob ich was mit mir anfangen kann. Es ist doch Schwachsinn, wenn eine noch Jungfrau ist, und da würd' einer sagen: ‚Die will keiner!'". Alle drei lachen empört.

Ich sage daraufhin zu den Mädchen: „Dass euch drei Hübschen mal keiner will, kann ich mir beim besten Willen nicht vorstellen – doch ich frage mich gerade, wie wichtig **euch** die Jungs sind?"

Sie betonen, dass es „schon andere gibt, die nur mit Jungs rumhängen und schon früh sexuelle Erfahrungen gemacht haben, doch mit denen haben wir nicht so viel Kontakt."

Ich bleibe nach dem Gespräch mit den drei jungen Frauen etwas ratlos zurück. Meine Pubertät fällt mir ein, aus der die drei gerade am Herausschlüpfen sind. Auch wenn es damals noch Jahre gedauert hat, bis meine erste Liebe ganz physisch in mein Leben trat, so war ich doch ab dem Alter von zwölf Jahren ständig verliebt. Verknallt. Meine Freundinnen und Freunde ebenso. Bricht in dieser Generation gerade etwas weg? Etwa die Geschlechterspannung, der Eros des eigenen wie des fremden Geschlechts? Was ist mit der sexuellen Anziehungskraft? Auch wenn diese natürlich nicht heterosexuell daherkommen muss. Wo ist der Eros hingewandert, die Lust auf Selbst- und Fremdentdeckung? Bei vielen Mädchen ist zweifelsohne die libidinöse Selbstbesetzung, die Freude an der eigenen Kraft und Durchsetzung, größer geworden. Und das ist auch gut so. Und dringend nötig. Doch irgendwie scheint es, dass in diesen Zeiten der Selbstbehauptung (mit häufig überforderten Kindern in der Schule und überforderten Eltern im Beruf) die erotische Energie auf der Strecke bleibt. Frisst unsere Leistungsgesellschaft gerade die Erotik im Sinne des vergnügten Spielens und Entdeckens des eigenen wie des fremden Geschlechts auf? Viele Jugendliche glauben, aufgrund der freien Zugänge im Internet, schon alles über Sex zu wissen, noch bevor eigene Erfahrungen möglich geworden sind. Wie sagte der 15-jährige Paul zu mir: „Beim Sex kenn' ich mich aus, hab' schon alles gesehen!" – „Wo denn?" – „Im Internet natürlich."

Jessica sagt, dass sie wegen der Lehrerausbildung einfach zu müde sei für einen Freund. Und Anna und Luna sind aktuell, wie sie beide betonen, „selbstfokussiert". Bis zum Beginn ihrer Lehre oder des Studiums gab es ihren eigenen Worten nach „vor allem Schule". Sie wollen beruflich etwas erreichen. Warum ist da so wenig Platz für die Liebe. Wir waren früher SchülerIn/Lehrling/StudentIn und verliebt. Mich dünkt, dass viele Mädchen ihre Selbstbehauptung mit einem Verzicht auf tiefere Bindungen bezahlen. Auch bei den jungen Männern stelle ich ein gesunkenes Interesse an der Liebe respektive an Bindungen fest, die auch eine sexuelle Aktivität verlangen. Dort finde ich zwar eine größere sexuelle Aktivität als bei den Mädchen, doch die geht dann in eine oft etwas verquere pornografische Spielform über. Ein 22-jähriger Patient mit viel Mädchenerfahrung sagte letztes Jahr zu mir: „Ein Mädchen, das mir keinen runterholt, ist uninteressant und langweilig." Und auf meinen erstaunten und befremdeten Blick hin ergänzt er: „Das sehen auch meine Kumpels so." Das Geilste an der Sexualität sei, „dass die mir einen bläst. Die Mädchen stehen ja selbst auch nicht groß auf den Geschlechtsakt, die haben es auch am liebsten, wenn man nur etwas an ihnen rummacht, tut keinem weh."

8.2 Mit Mann, Kind und Kreativität – Die Zukunftspläne von Marie (19)

Marie ist eine zierliche und anmutige junge Frau mit langen blonden Haaren. Das Abitur liegt seit einigen Monaten hinter ihr. Aktuell arbeitet sie an einer Förderschule und freut sich auf ihr Praktikum bei der Süddeutschen Zeitung, wo sie dann erste journalistische Erfahrungen auf der SZ-Seite „Junge Leute" sammeln darf. In einem Jahr möchte sie ihr Studium in Eventmanagement aufnehmen. Sie ist seit zwei Jahren mit ihrem Freund Elias zusammen, einem ehemaligen Mitschüler (der eigentlich auch zum Gespräch hätte kommen sollen, doch gerade ein Praktikum als Vorbereitung auf sein Medizinstudium macht und deswegen verhindert ist).

Marie hat einmal mit ihrem Freund über die gemeinsame Zukunft geredet. Eli (wie Marie ihren Freund nennt) habe damals gemeint, er gehe nach Hamburg, wenn er an der dortigen Universität genommen würde. Marie habe ihn gefragt: „Könntest du dir vorstellen, dass ich mitkomme?" Seine Antwort: „Weiß nicht." Diese Reaktion habe sie verletzt. Was ihre beruflichen Pläne anbelange, sei völlig klar, dass es Spaß machen müsse. „Es muss mich interessieren." Sie habe ursprünglich Richtung Design gehen wollen. Allerdings: „Das machen so viele! Ich weiß nicht, ob ich mir das zutraue. Hab' ich genug Ideen? Bin ich gut genug? Alles unsicher!" Die wirtschaftliche Unabhängigkeit vom Mann sei ihr sehr wichtig. „Ich möchte selber was aufbauen und erreichen. Doch wäre es toll, wenn mein Partner, falls ich wegen Kindern eine Weile kürzer treten müsste, später dann sagt: ‚Ich verdiene genug. Ich finanzier' dir die Weiterbildung.'" Ihr sei die Wechselseitigkeit wichtig. „Wenn ich schon Geld verdiene und mein Partner wäre noch in Weiterbildung oder im Studium, würde ich ihn genauso finanziell unterstützen."

Eli lerne disziplinierter als sie. „Ich dafür mit etwas mehr Spaß!" sagt sie schmunzelnd. Und man glaubt es ihr aufs Wort. Sie wirkt selbstbewusst, locker. Sie beobachtet, dass ihr Freund vieles besser kann. Jedoch, „wenn er dann sieht, dass ich einmal was besser kann, ist es hart für ihn", stellt sie fest. Sie möchte auf jeden Fall Kinder, und zwar zwei, „im gleichen Abstand wie meine größere Schwester und ich." Ganz blöd findet sie, wenn „Babys schon mit wenigen Monaten in der Krippe abgegeben werden." Natürlich würde es sie ärgern, wenn ihr Partner kein großes Interesse am Kleinkind und dem Haushalt zeigen würde. Wenn sie sich entscheiden müsste für einen interessanten Job oder ein Baby, wäre sie ziemlich sicher, dass sie die Entscheidung zugunsten des Babys treffen würde. Etwa im Alter zwischen 30 und 35 Jahren möchte sie ihr erstes Kind bekommen. „Ideal wäre, wenn ich das erste Lebensjahr des Kindes auf jeden Fall zu Hause bleiben könnte."

Als die Mutter Jahre nach der Geburt ihrer beiden Töchter noch einen Sohn bekommen habe, sei dieser kleine Bruder manchmal einen halben Tag zu den Großeltern gebracht worden. Dann hätten wiederum die beiden damals schon halbwüchsigen Mädchen jeweils einen Tag dort verbracht. „Ging wunderbar", erinnert sich Marie, „ist ja auch schön bei Oma und Opa. Die haben uns auf Händen getragen. Oma hat manchmal drei verschiedene Sachen für uns drei gekocht! Es war unser Tütteltag." Sie spinnt ihre Zukunftsvisionen weiter. „Toll wäre es, wenn meine Schwester und ich etwa gleichzeitig Mutter würden und wir uns im Betreuen der Kinder abwechseln könnten." Sie fände es ausgesprochen blöd, wenn der Partner dann, nach der Geburt des ersten Kindes, sagen würde: „Ich arbeite ab sofort mehr, weil ja jetzt dein Verdienst wegfällt." Ihrer Meinung nach würde so eine väterliche Haltung „total auf Kosten der Vater-Kind-Beziehung gehen. Ein abwesender Vater – das geht gar nicht." Sie würde in der Vorkindergartenzeit auch eine Tagesmutter in Betracht ziehen. „In die Krippe will ja ehrlich gesagt niemand seine Kinder geben – außer er oder sie muss es aus wirtschaftlichen Gründen." Es wäre ihrer Ansicht nach „einfach schön, wenn beide Elternteile am Anfang für ihr Kind da sein könnten." Sie entwickelt mit viel Vergnügen die Idee einer Wohngemeinschaft, in der die Kinder gemeinsam erzogen werden: „Zuerst wären es dann zehn Erwachsene und ein Kind." Ich füge lachend hinzu: „Das wäre dann ja die afrikanische Vorstellung, dass es für das Großziehen eines Kindes ein ganzes Dorf braucht, meine Lieblingsidee! Und ein Wiederbeleben der 68er-Bewegung."

8.3 Wünsche eines selbstbewussten Paares – Rebecca (18) und Roger (19)

Rebecca (18) und Roger (19) sind schon seit drei Jahren zusammen. Sie ist in Ausbildung zur FAGE (Fachfrau Gesundheit) und derzeit als Pflegerin in der Psychiatrie Münsterlingen in der Schweiz, Kanton Thurgau beschäftigt. Er macht gerade eine Zimmermannslehre. Beide wollen sich nach ihrer Lehre weiterbilden. Roger möchte vielleicht in den Betrieb seines Vaters einsteigen, der eine Festzeltvermietung mit 15 Mitarbeiter betreibt, und Rebecca möchte sich zur Diplomierten Pflegefachfrau an der höheren Fachschule weiterbilden lassen.

Rebecca ist eine äußerlich eher zarte, hübsche junge Frau. Schnell merkt man im Gespräch, dass sie sehr reflektiert und für ihr junges Alter erstaunlich gelassen und entspannt ist. Roger ist ein junger Thurgauer Wilder, wenn es um seine Schulbiografie geht („hat mir keinen Spaß gemacht, hab' viel Schmarrn gemacht"). Jedoch schon in der Schulzeit galt er als einer, der anpackt, etwas gut organisiert und auch zu Ende bringt. Er ist eher der Gegentyp zur besonnenen und gelassenen Rebecca. Eine starke Mischung, die beiden!

Rebecca erzählt: „Ich find' eine gewisse Freiheit in der Beziehung ganz wichtig. Man muss nicht jeden Tag zusammensein. Ich will Roger so leben lassen, wie er ist. Ich bin auch vom Elternhaus her geprägt: s'Mami sucht meistens beim Papi den Fehler, will ihn ständig ändern. Das möcht' ich nicht. Ich will Roger nicht kontrollieren, sondern ihm vertrauen. Er kann ruhig mit anderen Frauen was unternehmen."

Roger wirft ein: „Betrügen geht gar nicht, dann wäre Schluss!"

Rebecca (schaut ihn mit entwaffnendem Lächeln an): „Man darf nicht mit einer ‚Du gehörst mir'-Haltung unterwegs sein, finde ich."

Roger fährt fort: „Zwischen uns liegen Welten, wir zwei sind so unterschiedlich erzogen worden. Rebeccas Vater tut alles für seine Tochter. Das geht dann so bei ihnen zu Hause: ‚Wohin wollt ihr denn in den Urlaub fahren?' ‚Möchtet ihr essen gehen?', ‚Was wünscht ihr Euch denn zu Weihnachten' etc. Bei uns wird gemacht, immer schon. In ihrer Familie wird viel geredet (Rebeccas Vater ist Laufbahnberater, Coach und Gemeindepräsident, die Mutter Berufsbeistand). Ihr Vater hat, als er das erste Mal bei uns zu Hause war, danach zu Rebecca gesagt: ‚Du, die sind aber ganz schön aggressiv, sind diä immä so druf?'" (Rebecca wirft schmunzelnd ein: „Dä Papi isch da nid gwöhnt.") Familienplanung sei schon ein Thema, sagen beide.

Rebecca meint dazu: „Nichts überstürzen. (Oder „nid juflä", wie es im Thurgauer Dialekt heißt.) Ich habe im 2. Lehrjahr auf der Mutter-Kind-Station in der Psychiatrie gearbeitet – postnatale Depression, andere psychische Erkrankungen. Das war sehr interessant, hat mir gefallen, die Arbeit auf dieser Station."

Roger betont: „Und ich will keine Probleme mit dem Geld. Ich will zuerst wirtschaftlich etwas aufbauen. Will nicht für 60.000 Franken (in der Schweiz sind die Löhne bedeutend höher als in Deutschland) arbeiten und von morgens bis abends weg sein, sondern viel mehr. In meiner Lehre sehe ich doch jeden Tag, dass die Leute Probleme mit dem Aufstehen haben. Die wollen nicht zur Arbeit gehen. Sie hassen ihre Arbeit. Auch die Jungen schon. Ich will das nicht. Ich sag' mir: Du musst etwas machen, was nicht jeder macht." (Roger kauft mit seinen 19 Jahren Loungemöbel für 4.000 Franken und vermietet sie.)

Ich frage ihn: „Woher hast du denn das Geld? Von deinem Vater?"

Roger verneint: „Es ist mein Geld. Ich arbeite, 16 Stunden am Tag. Bin dann zwar todmüde, aber ich bin auch während der ganzen Schulzeit zu einem Bauern gegangen, hab' ihm geholfen. Ich hatte vielleicht nicht so Lust am Lernen, doch immer schon Lust auf Arbeiten, was bewegen, was tun. Nächste Woche kaufe ich eine weitere Lounge."

Als ich die beiden frage, die hübsche und weibliche Rebecca mit dem klaren Denken und den vitalen, körperbetonten Roger, welchen Stellenwert denn die Sexualität in ihrer Beziehung habe, meint Rebecca ganz spontan: „Es muss menschlich funktionieren, dann läuft es auch sexuell. Ist doch ein Grundbedürfnis, gehört doch zum Leben, steht ja ganz unten und zentral in der Bedürfnispyramide von uns Menschen." Und Roger meint dazu: „Wenn es nicht stimmen würde zwischen uns beiden, hätten wir keinen Sex miteinander, völlig klar."

Rebecca sagt: „So, wie man Sexualität auslebt, zeigt man sich auch dem Partner. Ich zeige ihm, also dir Roger, damit, dass ich ihn wertschätze. Du bist mir wichtig und wir sind gleichberechtigt, auch in der Sexualität."

„Wir sind beide nicht nachtragend", fährt Rebecca fort, „wir nehmen Streit in Kauf, haben manchmal strenge Diskussionen" (sie lacht).

Roger erinnert sich: „Sie hat die Autofahrprüfung gemacht. Dann fragt sie mich, ob ich noch so einen L-Aufkleber für sie habe. Ich antworte: ‚Ich frag' meine Mami, die weiß, wo mein altes L noch ist'. Dann ruft sie aber meine Mami an – und ich frag mich halt, war dann auch sauer, wie man so ein ‚Huretheater' machen kann wegen eines L, das drei Franken kostet."

Sein Vater würde ihm, obwohl er erst 19 Jahre alt sei, Verantwortung geben und ihm etwas zutrauen. „Ich darf mitreden", berichtet Roger. Eine Haltung, die ihn selbstbewusst gemacht habe.

Wie sähe denn bei den beiden die Erziehung der Kinder aus, will ich wissen. Roger sagt: „Ich fände es schön, wenn die Kinder etwas von mir mitbekämen, etwa die Handlungsfähigkeit und das Anpacken, und von Rebecca das Soziale und das klare Denken." Rebecca meint: „Mir ist wichtig, dass unsere Kinder nicht nach Idealen erzogen werden, nicht gendermäßig nach der Devise ‚Jungen weinen nicht, ein Indianer kennt keinen Schmerz, und die Mädchen sind Prinzessinnen', sondern nach dem eigenen Gespür. Ich möchte einen großen Garten und Gemüsebeete, damit die Kinder backen und kochen können. Einfach gewisse Dinge aus meiner Kindheit, die ich mitnehme und ihnen beibringe, wenn sie es wollen."

Ich frage nach: „Was ist das Beste, was eure Eltern euch mitgegeben haben?" Rebecca antwortet: „Von der Mami das korrekte Denken, den Anstand, was sich gehört und was nicht, ich hatte bei ihr eine gute Kinderstube. Vom Papi, er ist ein sehr lebensfroher Mensch, seine Art, Menschen leben zu lassen, macht mir Eindruck, er ist sehr gesellig, sozial." Roger meint: „Vom Vater hab' ich die Art zu denken, er kann sofort kombinieren, er weiß sofort, wie gehandelt werden muss. Und die Mutter, die ist selbstbewusst, sie macht das Büro, sie macht viel mehr als der Vater."

Die Begegnung mit diesen beiden jungen Menschen hat mich gefreut. Sie bestätigte mich in meiner Einschätzung, dass die Zukunft nicht verloren gehen muss, solange solche anständigen und tatkräftigen jungen Menschen sie gestalten wollen. Was beide auszeichnet, ist ihre Bereitschaft, nicht einfach zu hoffen und zu wollen und zu erwarten, sondern auf eigene persönliche Werte zu setzen, gute Traditionen mitzunehmen, diese auch zu vertreten und – anzupacken.

8.4 Begegnung mit sechs jungen Menschen – Ein Fazit

Es fällt auf, dass sowohl in der kleinen Schweizer Gemeinde am Bodensee als auch in der deutschen Großstadt München den jungen Menschen drei Dinge gleich bedeutsam und wichtig sind:

1) Die jungen Frauen machen keinen Unterschied mehr, wenn es um berufliche Entwicklung und Verwirklichung geht. In diesem Punkt sind sie genauso fordernd wie die jungen Männer.
2) Keine der jungen Frauen will ihr Baby, wenn es mal da sein sollte, schon im ersten Lebensjahr in die Krippe geben. Alle fünf haben *jetzt* noch ein natürliches Gefühl für das Angewiesensein des abhängigen Babys von der Mutter respektive den Eltern.
3) Die Rolle der Väter ist auch im 21. Jahrhundert noch eine eher blasse. Die Mutter ist, obwohl bei den vorgestellten sechs jungen Menschen größtenteils berufstätig, das vitale Zentrum der Familie – und damit mehrfach belastet. Doch die klaren Vorstellungen dieser jungen Menschen machen Hoffnung, dass diese unglückliche Rollenaufteilung und Überforderung der Mütter ein Ende finden wird. Die 18- bis 20-jährigen jungen Frauen werden eine Partnerschaft auf Augenhöhe wollen – und hoffentlich nichts anderes mehr zulassen.

Ich bin zuversichtlich. Und um dieser Zuversicht weiteren Nährboden zu bereiten, möchte ich die Abiturrede eines 19-jährigen Münchners widergeben. Ich kenne ihn selbst nicht, doch seine Rede ist mir erfreulicherweise zugegangen. Mit seiner Erlaubnis drucke ich sie hier in Auszügen ab:

8.5 Leos Abiturrede (Luisengymnasium München)

Sehr verehrte Damen und Herren, liebe Schulleitung, liebe Stufensprecher, fantastische Oberstufenbetreuer, unglaubliche Lehrerinnen und Lehrer, stolze Eltern und Familien, liebe Gäste und vor allem Schülerinnen und Schüler des Abijahrgangs 2018 – macht mal Lärm!

Gratulation!

[...] Wir sind eine Jahrgangsstufe aus vielen verschiedenen, einzigartigen und charakterstarken jungen Menschen. Für Euch alle zu reden, ist nicht so einfach, doch ich werde es versuchen.

Schaut Euch mal an, guckt Euch um. Auf dem Paper sind wir jetzt alle reif und schlau.

Als ich an diese Schule kam, war ich ein braver, gut behüteter und gut bewerteter Grundschüler. Das Luisengymnasium war anders. Im ersten Halbjahr die erste Fünf. Und die zweite Fünf. Und die dritte [...] und die vierte Fünf.

Schule ist nicht immer einfach. Sie ist das Schwierigste, was wir bisher zu meistern hatten. Allerdings auch das Einzige.

In der Schule ist uns inzwischen alles sehr vertraut geworden, wir kennen alles, haben fast alles mal erlebt, kaum jemand kann uns hier noch was vormachen. Dieses Gefühl, vergleichsweise alt und allwissend zu sein, lassen wir jetzt zurück [...]. Auch die schönen Vorschriften, gegen die wir mit Spaß verstoßen konnten. Das werden wir vermissen.

Und ja, tatsächlich, auch manche Lehrer werden wir vermissen. Oder uns zumindest in der einen oder anderen Weise an sie erinnern [...].

Wir werden uns an Herrn Z. erinnern. Der, das ist bewiesen, wohnt in der Schule. Immer engagiert, überall involviert und immer im Stress. Wer Herrn Z. fragt, bis wann er heute in der Schule sei, hört, dass er schon noch da sein wird, wenn man später noch mal kommen will. Herr Z. wird immer da sein, immer für die Schüler da und immer in der Schule [...].

Wer von Herrn Z. etwas möchte, muss sich anhören, warum das jetzt gerade gar nicht geht, eigentlich generell nicht, heute schon gar nicht, wer sonst noch gerade etwas von ihm will [...], und dass das doch kein Zustand sei, dass alle immer zu ihm kommen.

Aber man kann eben trotzdem davon ausgehen, dass er einem so schnell und so gut wie sonst niemand hilft. Und solange das so bleibt, Herr Z., werden alle auch weiterhin zu Ihnen kommen.

Auch Herr R. ist Einsiedler in der Schule, allerdings ganz oben im Gebäude. Herr R. ist der Mann, der Mathematik persönlich nimmt. Mathe ist seine große Liebe, Physik seine unwesentlich kleinere.

Frau H. ist heute leider nicht da, sie geht nicht zu solchen Veranstaltungen, sagt sie. [...] Frau H. ist eine Legende. Gefürchtet, verflucht, geliebt und verehrt. Wie das so ist mit Legenden. Auch wenn sie nicht da ist, möchte ich sie grüßen, weil eine Abirede am Luisen ohne Frau H. einfach nicht geht.

Leute, wir sind ganz schön alt geworden. Als wir in der Unterstufe waren, zeigte Frau H.s große alte Deutschlandkarte die geteilte Republik. Das ist kein Scherz, sondern Zeugnis mangelnder Mittel für die Bildungspolitik. (Dem kann ich nur beipflichten!)

Die Digitalisierung an unserer Schule bleibt ein Kampf. Als wir in die 5. Klasse kamen, dachten wir visionär, ja, wir waren uns sicher: Spätestens in der Oberstufe fahren die Rechner in unter 40 Minuten hoch.

Tja.

Sie tun es nicht. Und auch wenn überall Whiteboards hängen [...], man muss Lehrerinnen und Lehrer zu ihrem digitalen Glück zwingen. Zugegeben, es ist nicht leicht zu verkraften, dass das geliebte, beruhigende Grün des Schiefers dem blendenden Weiß des Whiteboards weichen musste.

In wenigen Jahren werden wir Veteranen sein, welche das Ende der Kreidezeit noch erlebt haben.

Aber ganz ehrlich, so ein bisschen mehr Digitalität kann echt nicht schaden. Das ist gut für die Jobsuche, gut für die Wirtschaft, schlecht für die Augen, aber Herr N. kann dann so viel einfacher Filme schauen. Solange manche Lehrer weiterhin an Digitalallergie leiden, wird das nix.

Herr R. beispielsweise hasst Mobiltelefone. Bei Handys kennt er keine Gnade. Wer Glück hat, findet sein Handy am Ende im Sekretariat, wer Pech hat, im Schaufenster am Hauptbahnhof.

Herr M., Sie wären das Gegenbeispiel. Es scheint, Sie nehmen sich frei, um vor dem Apple-Store in der Schlange zu stehen. Und übrigens: Ich vermute stark, dass Sie mal irgendwann Direktor werden wollen. Nein, mehr noch, ich bin mir sicher, und ich glaube an Sie. Es ist wirklich bewundernswert, wie Sie es schaffen, sich bei allen beliebt zu machen. Für Nerds spielen Sie mit iPads und iPhone X, für Feierbiester ruinieren Sie Ihre Leber. Für die Oberstufe sind Sie einer der nahbaren „Einer-von-uns-Lehrer". Für das Direktoriat sind Sie der Prohibitionsbeauftragte und für die Herzen der Unterstufe haben Sie sich sogar einen Hund zugelegt. […]

Ich möchte mich beim Sekretariat verabschieden. Besonders bei Frau W. Schon in der 5. Klasse haben wir mit Frau W. unsere Eltern angerufen, um uns vom Unterricht befreien zu lassen, wenn es uns schlecht ging. In der 7. haben wir mit Frau W. unsere Eltern angerufen, wenn wir eine Ex nicht mitschreiben wollten. In der 10. kannte sie unsere Namen, als wir uns untereinander noch nicht kannten. Immer eine Antwort, viele legendäre Durchsagen. Ohne das Sekretariat würde der Schulbetrieb nicht laufen. […]

Frau V., es ist erfreulich, dass Sie heute gekommen sind. Und es überrascht mich ein wenig. Ich habe eine Bühne, ein Mikro und ein Zeugnis. Das könnte doch gefährlich werden für Sie. […] Ich könnte geschmacklose Vergleiche ziehen zwischen bedeutenden Verantwortlichen, die gerne Mauern und Zäune errichten und solchen, die –. Aber keine Sorge, ich lasse es bleiben. Stattdessen habe ich ein Zitat von Henry Kissinger für Sie dabei: „If faces with choosing justice or order, I'll always choose order."

Es geht heute Abend aber nicht nur um die Schule, um Lehrer und um Abschied, es geht um uns. Uns Abiturienten. Heute Abend geht es um die Zukunft. Heute Abend ist ein Aufbruch. Es geht auf ins raue, echte Leben mit voller Verantwortung. Davon habe ich überhaupt keine Ahnung, aber das sagt man in so einer Rede halt so.

Es wird wirklich spannend zu sehen, was aus uns werden wird.

Manche von uns werden Chief Executive Officer oder Chief Financial Officer, Chief Communications Officer, Chief Research Officer, Innovation, Branding, Customer [...], CPO, CDO, CIO [...].

Manche werden als Lehrer schon bald an die Schule zurückkehren. Einige sind der Beweis dafür, dass der Numerus Clausus für Medizin (und ebenso für Psychologie) absoluter Schwachsinn ist. Andere werden Musiker, Tänzer oder Schauspieler. Für manche ist Technik eine Berufung, für andere bleibt Tech-Nick der von Saturn. Manche werden mit wenig Skrupel viel Geld verdienen, manche werden mit sehr viel Skrupel wenig Geld verdienen. Wir werden laut unseren angegebenen Berufswünschen Geologen, Biologen, Kosmologen, Kriminologen, Politiker, Physiker, Zyniker, Mathematiker, Asthmatiker, Alchemisten, Kabarettisten, Journalisten, Philosophen, die Schlauen und die Doofen [...]. Ich freu' mich jetzt schon, alle beim Klassentreffen wiederzusehen.

Wir werden sagen: „Wisst ihr noch, damals ..." Das werden wir oft sagen. Wir waren gemeinsam im Chor, in der Big Band, im Orchester, beim Theater, beim Bühnenbild, beim Schulsanitätsdienst, beim Pädagogischen Kochen, im Schullandheim, auf dem Weihnachtsball und den Stufenpartys. Die Schule am Luisen war immer mehr als der Unterricht. Und ich glaube, ich spreche für sehr viele hier, wenn ich sage, es war immer der Teil, der am meisten Spaß gemacht hat [...].

Und ich glaube, wir können stolz darauf sein, die Schule ein bisschen geprägt zu haben, wenn auch nicht so stark, wie die Schule uns geprägt hat.

Schülerinnen und Schüler des Abijahrgangs 2018, ich glaube, wir sind ziemlich großartig! Egal, wie schnell manche von uns die Schule hinter sich lassen wollen und werden. Und auch wenn einige vermutlich froh sind, das Luisen zu verlassen.

Für eines können wir alle der Schule dankbar sein: Sie hat uns zusammengebracht. Ich möchte es nicht missen, in dieser fantastischen Schule gewesen zu sein, und ich hoffe sehr, ihr auch nicht. Wir haben ja nicht nur gemeinsam Abi gemacht. In der Schule sind Freundschaften entstanden und gewachsen. Ich bin sehr dankbar dafür, und ich glaube, wir können alle sehr dankbar sein, dass das Luisengymnasium uns so zusammengebracht hat. Und auch wenn wir heute Abend oder eher morgen früh auseinandergehen und egal, wie es dann weitergeht, wir bleiben Luisianerinnen und Luisianer.

Wir haben unser Abi, und wir haben uns – und das nimmt uns niemand weg.

Lasst uns das feiern! Habt alle einen schönen Abend, vielen Dank.

9. Empört euch doch bitte, liebe Eltern

Es ist erstaunlich, wie viel Eltern bewegen können, wenn sie den Mund aufmachen und sich nicht in resignierte Sprach- und Gedankenwolken einhüllen und fast bis zur Unkenntlichkeit darin verschwinden. Eltern können aktiv werden. Sie wären eine so große, mächtige Gemeinschaft, die weder von Politikern noch von der Wirtschaft übersehen werden kann. Ich möchte hier drei Handlungsspielräume aufzeigen.

9.1 Tat- und Handlungsort 1: Schule

Unsere Kinder haben ein Anrecht auf gut ausgebildete Lehrer. Doch was zeichnet einen guten Lehrer aus? Er überzeugt nicht nur mit seinem fachlichen Wissen, sondern auch mit seinem Kontaktvermögen. Er ist beziehungsfähig. (s. Leos Abiturrede)

Ich bin mir ganz sicher, dass viele Lehrer zu Beginn ihrer pädagogischen Tätigkeit motiviert und erwartungsfroh ihrem Beruf und den Schülern gegenüberstehen. Diese positive Einstellung lässt bei vielen Lehrern im Laufe ihrer Berufsausübung ziemlich nach. Zum einen liegt es an den nicht mehr zu Höflichkeit und Achtung erzogenen Kindern, die im Klassenzimmer den gleichen Anspruch erheben wie in ihrem eigenen Zimmer zu Hause, dem Motto: „Hier mach' ich, worauf ich Bock habe". Zum anderen ist die Lehrerausbildung schuld, deren Hauptsäule zumindest in Bayern immer noch die Wissensvermittlung ist. Die Verantwortlichen wollen dabei nicht wahrnehmen, dass es zwei Hauptsäulen der pädagogischen Wissensvermittlung gibt, nämlich das Wissen an sich und die Vermittlung des Wissens. Vielleicht sagt jetzt ein ehemaliger, sehr alter Lehrer: „Papperlapapp, die Kinder früher sind einfach diszipliniert in ihrer Bank gesessen, da hat man auch nicht so ein Theater gemacht!“ Das stimmt wohl, aber früher war nicht alles gut und schon gar nicht besser. Der einzige „Vorteil“ – so hat es mir mein Vater, Jahrgang 1909, in den 90er-Jahren nachdenklich berichtet – war, dass die Kinder eingeschüchtert waren durch die strenge Hand des Lehrers oder durch dessen Androhung, die Eltern kommen zu lassen. „Das Machtgefälle zwischen Lehrer und Schüler war enorm“, befand er. Gleiches, könnte man hier anfügen, galt für das Machtgefälle zu Hause. Auch da rutschte dem Vaters schnell die Hand aus, wenn der Sohn Blödsinn gemacht hatte oder die Tochter zu spät nach Hause gekommen war. Zur Erziehung der Kinder gehörte die Züchtigung, vor allem bei den Jungen war das so.

Wir wissen heute mehr von Beziehung, mehr davon, dass nur eine Achse der gegenseitigen Achtung das gute Zusammensein zwischen Erwachsenen und Kinder herstellen und, wenn nötig, erfolgreich regulieren kann.

In der Therapie merkt man gut, ob diese Achse zwischen den Eltern und dem behandlungsbedürftigen Kind bereits besteht oder erstmals hergestellt werden muss. Auch hier läuft übrigens so ein Achsenaufbau immer über die Wertschätzung der Eltern für sich selbst. Viele Eltern betreten das weite und unvertraute Land der Elternschaft, ohne als Kind jemals Wertschätzung erfahren zu haben. Eltern, die ungeliebte Kinder waren, haben es schwer. Doch sie können es genauso schaffen wie alle anderen Eltern. Nur müssen sie härter und geduldiger dort nachbessern, wo ihnen durch lieblose oder liebesunfähige eigene Eltern Löcher ins Kostüm der eigenen Lebensausstattung gerissen worden sind. Diesen Eltern gilt meine ganz besondere Fürsorge und mein Respekt, wenn sie vor der großen, schmerzhaften Auseinandersetzung mit diesen Löchern nicht kneifen und sich nicht wegducken – um diese Löcher dann bei ihrem Kind wiederzufinden und dort anzuprangern und zu bekämpfen.

Diese Eltern lassen sich vor der Therapieaufnahme ihres Kindes in zwei grobe Gruppen einteilen: Entweder treten sie als passive Zuschauer oder als emotionalisierte Sekundanten ihrer Kinder in der Schule auf. Zu viele Hausaufgaben? Ist halt so. Eine Lehrerin, die ihr Kind nicht gut behandelt? Da kann man nichts machen: „Die ist so." In der andere Gruppe finden sich die emotionalisierten Eltern, die sich sofort ans Telefon hängen, um sich bei den anderen Eltern über das Verhalten ihres Kindes zu beschweren: „Ihr Sohn hat meinem Sohn die Mütze weggenommen, zum wiederholten Male!" Das sind die emotionalisierten Eltern, die sofort mit ihrer Gefühls-Feuerwehr ausrücken, oder soll ich sagen, mit ihrem Wort-Heer? Ihr Sohn macht alles richtig, sowohl den Mitschülern als auch den Lehrern gegenüber. Diese unkritischen, oberflächlichen Eltern sind ein Graus – doch Gott sei Dank habe ich selten mit diesem Elterntypus zu tun. Nur einmal war dies der Fall, und auch nur indirekt. Damals wurde ein zehnjähriger Patient in seiner Klasse gemobbt und kam mit fünf Blutergüssen aus dem Schullandheim zurück. Auch der Kinderarzt war entsetzt, hat sofort seine Bereitschaft signalisiert, die Verletzungen zu dokumentieren, falls gewünscht. Zwei der fünf betroffenen Väter, beide Juristen, deren Söhne zu den maßgeblichen Aggressoren gehört hatten, schickten mir umgehend, nach meinem Besuch bei der Rektorin und der betroffenen Schulklasse, eine Abmahnung. Ich dürfe mich dem Schulhaus und ihren Söhnen nicht mehr nähern. Beide Eltern betonten, dass ihr Sohn sehr friedliebend sei und schon allein deswegen meinem Patienten, einem Migrantenkind, nichts getan haben könne. Wobei sehr schnell klar wurde, dass die zwei „tat-kräftigen" Jungen – eigentlich sehr sympathische Kerle – zu Hause in der Rolle des Opfers waren. Beide hatten große Angst, dass der Vater oder die Eltern etwas erfahren könnten von ihrem Mobbing.

Ich habe vorhin Eltern-Empörung angemahnt. Alternativ könnte ich auch einfach sagen, weil übermäßige Emotionalisierung nur begrenzt von Nutzen ist: Wehren Sie sich, liebe Eltern, für ein besseres Schulsystem

- ohne oder mit wenig Hausaufgaben
- ohne Noten

- Mit Lernbüros, in denen die Kinder ihre Lerninhalte zumindest für einen Teil der Wochenstunden selbst wählen können. (Dann wüssten sie wahrscheinlich eher, was sie mit ihrem Schulabschluss anfangen möchten.)
- mit einer besseren und respektvollen Lehrer-Eltern-Schüler-Verständigung

Darüber hinaus sollten Sie als Eltern Ihrem Kind vermitteln, dass Konflikte normal sind, auch Konflikte mit dem Lehrer oder den Mitschülern. Zeigen Sie ihm einen Lösungsweg auf!

Außerdem sollten Sie die Elternsprecher ermutigen, das Thema Hausaufgaben und schwerer Schulranzen dem Lehrer gegenüber zu thematisieren. Lehrer haben einen Spielraum! Diesbezüglich könnte ein Elternstreik so aussehen, dass die Eltern ihre Kinder für eine Woche ohne (schweren) Schulranzen in die Schule schicken. Es ist schlicht der Wahnsinn, wie schwer die Ranzen der Grundschüler und Fünft- und Sechstklässler sind! Ein Realschüler der 6. Klasse kam vor einigen Monaten, wie ich erfuhr, weinend in die Schule und hielt sich die, wie dann die spätere Röntgenuntersuchung ergab, nicht gebrochene, doch verstauchte Hand. Es stellte sich heraus, dass er auf dem Schulweg die letzten Meter gerannt war, um rechtzeitig zur ersten Stunde zu kommen. Dabei hatte er sich beim Sprung auf den Gehweg nach vorne gelehnt – und durch den schweren Ranzen das Gleichgewicht verloren. Ich hob den Ranzen hoch und war entsetzt: „Ist der jeden Tag so schwer? Das gehört verboten. Schick' deinen Vater in die Schule, der ist doch Arzt. Er soll mal auf die gesundheitlichen Folgeschäden eines so schweren Ranzens aufmerksam machen. Das geht nicht. Das geht absolut nicht." Dann, sensibilisiert und immer noch etwas schockiert, hob ich an jenem Tag noch die Schulranzen zweier anderer Grundschüler hoch. Genau dasselbe unzumutbare Gewicht. Einer der beiden Jungs war zusätzlich noch von sehr zarter Statur.

Ein weiterer Streik könnte die Hausaufgaben betreffen. In Finnland wurden die Hausaufgaben abgeschafft. Ebenso in der Anne-Frank-Realschule München und in vielen anderen Schulen, die zu „Schule im Aufbruch" oder „Schulen der Zukunft" gehören. Die Leistungsergebnisse sind da wie dort gleichbleibend gut. Was spricht dann noch für Hausaufgaben?

Warum sollten Kinder nicht einfach Spaß an der Schule haben?

Ich vermeine manchmal leichte Spuren von Sadismus im aktuellen Schulsystem zu erkennen. Oder wie ist es sonst erklärbar, dass es immer wieder vorkommt, dass einige Lehrer ihre Schüler nicht aufmuntern, sondern verbal quälen, beschämen und erniedrigen und Klausuren mit einem Notendurchschnitt von 4 verteilen? Die Psychologin und Psychotherapeutin Verena Kast würde vielleicht in diesem Zusammenhang nicht von Sadismus, sondern von Neid sprechen. Auf einem Vortrag zu diesem Thema sagte sie: „Wie ist es zu begründen, dass die Abschlussprüfungen für die Psychologiestudenten an den Universitäten immer schwerer werden, wenn nicht mit Neid der alten Prüfer den jungen Prüflingen gegenüber? So in der Art, wir zeigen es euch nochmal. Ihr seid zwar jung, aber noch haben wir das Sagen."

Was ist das für eine unfrohe Haltung unseren Kindern gegenüber, dass nur durch bulimisches Lernen, Zwang, Nachsitzen, Verweise-Erteilen etc. später einmal etwas aus ihnen wird? Und das mit der Begründung, „weil ja das Leben kein Ponyhof ist", wie es Schulleiter M. formulierte. Natürlich ist das Leben kein Ponyhof. Das wäre ja langweilig. Wer will schon eine Kindheit und Jugend und dann das weitere Leben auf einem Ponyrücken verbringen? Die Kinder, die ich kenne, garantiert nicht. Da unterschätzen wir sie in ihrem natürlichen Entwicklungsstreben gewaltig.

Ein dritter Streik könnte eine verbesserte Partnerschaft zwischen Lehrer und Eltern einleiten. Die Eltern einer Klasse könnten dazu geschlossen nicht mehr zum Elternabend erscheinen, solange nicht die Einrichtung einer fixen Lehrer-Elternsprecherstunde gewährleistet worden ist – einmal monatlich sollte diese stattfinden und natürlich nicht umsonst aufseiten der Lehrer. Wobei man schon froh sein müsste, wenn die Lehrer die „Zeit-für-uns"-Stunde, die an vielen bayerischen Schulen vor einigen Jahren eingeführt worden ist, nicht ständig für das Fortfahren im Schulstoff zweckentfremden würden. Die Schulleiter sollten mal eine Umfrage unter ihren Kollegen starten! Viele Lehrer scheinen nämlich die gute Idee der Zfu-Stunde für Schulaufgabenvorbereitung und anderes zu missbrauchen, jedoch nicht für eine Begegnung zwischen Lehrer und Schüler, bei der die Anliegen der Schüler im Mittelpunkt stehen sollten.

Ein Lehrer, der seine Schulklasse bei mir supervidiert, hat mir anvertraut, dass er früher jedes Mal froh war, wenn die Zfu-Stunde nicht wahrgenommen wurde. „Ich habe die Schüler damals auch nicht aktiv darauf angesprochen, ich war einfach zu unsicher." Immer wieder erzählen mir Patienten empört, dass sie die ihnen wirklich wichtigen Dinge in der Zfu-Stunde nicht ansprechen können, weil der Lehrer unwirsch verkündet habe, dass die Stunde jetzt für Wichtigeres verwendet werden müsste. Und das „Wichtigere" besteht dann fast immer im Trainieren für die anstehende Schulaufgabe, für PISA oder für einen Jahrgangstufentest. Wobei die Schüler diese Sicht des „Wichtigeren" ja oft schon übernommen haben und „dankbar" sind, wenn der Lehrer ihnen nochmals eine Gelegenheit bietet, doch noch in Mathe oder im Deutschaufsatz während der Zfu-Stunde dahinterzusteigen. Angst lässt grüßen!

Die Zusammenarbeit zwischen den drei Interessensparteien Lehrer, Schüler und Eltern ist ja in den seltensten Fällen vorhanden und wirklich gut. Eine diesbezügliche Ausnahme bildete die Sudbury-Schule am Ammersee, die vom Kultusministerium in Bayern 2016 kurzfristig geschlossen worden ist. Die Schule wartete zwei Jahre lang auf eine endgültige juristische Stellungnahme und auf die Aussicht, wieder öffnen zu dürfen. Die Unterstützung dieser beliebten Schule weit über die betroffenen Schüler hinaus hat offenbar Wirkung bei den bayerischen Behörden gezeigt. Zumindest wurde der Schule in einem wesentlichen Punkt recht gegeben: Die Schule ist ungerechterweise nach den Kriterien einer staatlichen bayerischen Schule beurteilt worden – und nicht nach den Regeln einer Reformschule. Jetzt wurde der Antrag auf Wiedereröffnung jedoch endgültig abgelehnt, wie ich vor Kurzem erfahren habe.

9.2 Tat- und Handlungsort 2: Beruf

Es ist unabdingbar, dass die heutigen jungen Eltern sich um eine andere Wirtschaftsordnung kümmern. Und zwar um eine, die ihnen als Familie nicht die Luft zum Atmen nimmt. Es geht nicht, dass junge Eltern sich auf eigenen Nachwuchs freuen – und diese Entscheidung schon kurz darauf bereuen müssen, weil zu wenig Geld da ist, zu wenig Zeit bleibt für die Familie, zu wenig Kraft, um das Familienleben verträglich zu gestalten. Ich plädiere für ein Grundeinkommen. Es betreten so viele sympathische Eltern meine Praxis, die richtig unglücklich sind, weil sie das Gefühl haben, ihren Kindern nicht gerecht zu werden, weder von der Aufmerksamkeit her noch von der Kraft, die sie ihnen zur Verfügung stellen können. Sie arbeiten viel, faule Eltern kenne ich überhaupt keine! – und trotzdem reicht es kaum.

Wir müssen zu einem Gesellschaftssystem zurückfinden, das die Eltern wieder in den Stand ihrer Erziehungskompetenz versetzt und sie nicht weiterhin entmündigt und entmutigt – und ihnen, von der Wirtschaft gesteuert, Krippenplätze und Ganztagesschulen als Lösungen für fehlende Elternzeit anbietet. Diese Eltern, die so wenig Zeit haben für ihre Kinder, weil sie Geld verdienen müssen oder Angst haben, vor allem die Väter, gekündigt zu werden, wenn sie nur Teilzeit arbeiten, begleitet unterschwellig ständig ein schlechtes Gewissen.

Die Wirtschaft ist schon lange nicht mehr für die Menschen da. Die Menschen haben sich schon seit Längerem dem Diktat der Wirtschaft unterworfen – und bekommen jetzt die Familie als Ort des Auftankens nicht mehr zu Gesicht. Die Antwort auf diese müden und entmutigten Eltern ist nicht die Ganztagesschule! Oder, noch viel schlimmer, das Verlängern der Kita-Öffnungszeiten. In München sind bereits Krippen in Planung , in denen die Babys auch über Nacht bleiben können.

Wenn Politik und Wirtschaft eine so unheilvolle Allianz miteinander eingehen, wie es in den letzten zehn bis 15 Jahren zu beobachten war, dann muss den Regierungsparteien die Gefolgschaft aufgekündigt werden. Oder, die andere Möglichkeit: Die Eltern müssen selbst aktiv werden und in Streik treten. Die Eltern sind in ihrer Zahl keine vernachlässigbare Größe, als Wähler sind sie mächtig. Das heißt, noch sind sie es in den hier angesprochenen Belangen nicht. Doch sie könnten ihrer Stimme großes Gewicht verleihen, weil so viele Millionen von den ausbeuterischen Arbeitsverträgen im deutschen Wirtschaftssystem betroffen sind.

Wenn sich in einer Firma alle Eltern entschließen könnten, im Falle eines kranken Kindes nicht in die Arbeit zu gehen, sondern von der Firma Home Office einzufordern, wäre den Kindern und dem schlechten Gewissen vieler Eltern geholfen. Wie viele Eltern gibt es, hier sind es vor allem Mütter, die ihre Kinder bitten, trotz Kopfschmerzen etc. in die Schule zu gehen und dem kranken Kind noch eine Tablette für unterwegs mitgeben, falls die Kopfschmerzen, die Übelkeit, die erhöhte Temperatur oder das Fieber stärker werden. Ihre Begründung lautet dann: „Ich kann doch nicht schon wieder zu Hause bleiben, der Chef war schon das letzte Mal sauer!“ Herrgott nochmal, was wird dem heranwachsenden Kind für eine Erwachsenenrealität vermittelt?! Was schließt ein Kind aus einem solchen Verhalten?

- Die Arbeit ist wichtiger als mein persönliches Befinden.
- Kranksein zählt nicht.
- Eine Arbeitsstelle ist sehr schnell bedroht.
- Erwachsensein macht keinen Spaß.
- Kindsein auch nicht – man muss genauso funktionieren wie ein Erwachsener.
- Wie es einem selbst geht, kümmert andere einen Dreck.
- Durchbeißen tut Not.

Dieses elterliche Verhalten gegenüber der eigenen beruflichen Tätigkeit ist nicht attraktiv für Kinder. Im Gegenteil: Es schüchtert sie ein im Blick auf ihr eigenes Erwachsenwerden. Ich erlebe viele Kinder, die nicht erwachsen werden wollen. Eine Zehnjährige hat mich einmal gefragt, warum sie denn groß werden solle. Ich habe, etwas überrascht von ihrer plötzlichen Frage, zuerst einmal still nachgedacht. Dann, etwas zögernd und suchend: „Damit du selbst mal entscheiden kannst, was du machen möchtest, was dir wichtig ist, welchen Beruf du ausüben willst, ob du heiraten und Kinder haben willst. Du hast dann dein eigenes Geld, musst nicht mehr andere fragen, wofür du es ausgeben möchtest. Du kannst bestimmen, wo du leben möchtest – du findest es doch in Italien so schön?“ Ich sehe ihren nicht sehr überzeugten Blick, versuche, noch begeisternder zu sprechen, noch treffendere Argumente zu finden. „Jetzt bestimmen deine Eltern, ob du das Zimmer aufräumst oder nicht, jetzt entscheiden sie, ob du ein Handy bekommst oder nicht. Dein Lehrer sagt dir, was du lernen sollst, später entscheidest du selbst, womit du dich beschäftigen willst.“ July unterbricht mich: „Das stimmt aber gar nicht, meine Eltern machen ganz viele Dinge, die sie nicht mögen. Und mein Papa hat gesagt, als er und Mama gestern wieder gestritten haben, es war ein Riesenfehler, die Firma vom Opa zu übernehmen, die frisst all unser Geld weg. Er hat gesagt, er hat das nie gewollt, doch der Opa hat ihn gezwungen, und Mama hat gesagt, sie verbietet ihm jetzt das Rumjammern, sie kann auch nicht machen, was sie will, und dann haben sie einander angeschrien.“ Ich sage, etwas hilf- und ratlos: „Ich rede mal mit deinen Eltern, warum sie beide nicht machen können, was sie möchten, ja?“ July nickt, doch wir spüren und wissen beide, dass ich sie von den Freuden des Erwachsenseins nicht überzeugt habe.

9.3 Tat- und Handlungsort 3: Familie

Dem Handlungsort Familie nähere ich mich mithilfe einer ernsten Träumerei:

Die Mutter entscheidet sich, das erste Lebensjahr ihres ersten Kindes zu Hause zu verbringen. Der Arbeitgeber unterstützt sie ganz entschieden darin. Er will keine jungen Frauen in seiner Firma haben, die ihren Kopf woanders haben, einen klugen Kopf zwar, aber eben gefüllt mit „Unrat“ wie Schuldgefühlen, Überlegungen, wie es dem Baby wohl geht und Gewissensbissen, weil fast jede Mutter intuitiv weiß, wo ihr Platz im ersten Lebensjahr ihres Kindes sein müsste. (Ich spreche jetzt nicht davon, dass Frauen das Muttersein Mühe bereiten darf, vor allem beim ersten Kind. In dieser Situation sind die wenigsten Mütter bereits Mütter, sondern erst im Begriff, es zu lernen.)

Ich träume weiter: Die Menschenmütter finden wieder zu einem beschützenden Brutverhalten zurück. Sie wollen nirgendwo anders mehr sein als beim Baby. Und zwar nicht, weil es so viel Spaß macht, sondern weil sie die Notwendigkeit erkennen und wieder spüren können, wie sehr das Baby auf sie angewiesen ist. Denn die Verantwortung diesem neuen Lebewesen gegenüber ist ihnen aus dem Bauch heraus und ganz natürlich wieder bewusst. Und falls es der Bauch doch nicht so richtig sagen sollte, dann übernimmt dies ihr wieder funktionierendes Über-Ich, sprich: ihr Verantwortungsgefühl. Ein Baby zeugen ist schließlich keine „just for fun"-Angelegenheit, etwas, das auch mit 45 oder 50 Jahren noch geht. Und wenn es dann nicht mehr gehen sollte, hilft man halt hormonell nach oder mit Leihmüttern – mit dem eben, was der Schwangerschaftsmarkt denn so hergibt an vermeintlichen Lösungen, wie eine Mutter es mir gegenüber einmal andeutete. Frau W. kam mit ihrem Mann zusammen in die Paartherapie. Sie ist 49 und möchte jetzt unbedingt noch ein Kind. 20 Jahre lang hat sie Karriere gemacht und ihrem Mann, der so gern Vater werden wollte, immer einen Korb gegeben hat. „Frauen in unserem Alter haben jetzt auch kein Zeitfenster mehr! Dann geht halt meine Ehe drauf, ich will jetzt ein Kind! Und ich möchte, dass Sie meinem Mann in der Paartherapie klar machen, dass es für den Fortbestand unserer Ehe wichtig sein dürfte, dass er mich darin unterstützt", ließ sie mich wissen. Wie wäre es in diesem speziellen Fall mit Trauerarbeit? Möchten Sie, liebe Leser, das Kind solcher Eltern sein, die vielleicht mit 65 Jahren noch nicht aussehen wie 65-Jährige, jedoch garantiert nicht mehr die Nerven von 40-Jährigen haben!

Mein Traum geht weiter: Das Baby braucht seine Mutter ja. Unbedingt und absolut. Die jungen Mütter sind wieder selbstbewusst genug, um zu glauben, dass ihr Baby auf sie angewiesen ist, und zwar genau auf sie. Die Frauen sind überzeugt, dass keine Institution und keine noch so guten Betreuerinnen und Kinderpflegerinnen ihnen das im ersten Lebensjahr des Babys abzunehmen imstande sind. Und sie wollen schon gar nicht, dass die Wirtschaft ihnen die Kleinkindjahre organisiert und ihnen, den jungen Eltern, damit abverlangt, so tun zu müssen, als ob sie kein anderes Interesse als die Arbeit hätten. Irgendwann glauben Eltern nämlich dann solch' politischen Einflüsterungen.

Die moderne junge Mutter weiß, dass ihr Baby zu früh geboren ist im Vergleich zu den Neugeborenen im Tierreich. Seine hirnorganische Unreife verlangt deswegen nach einer viel längeren Bemutterung als dies bei der tierischen Nachkommenschaft der Fall ist. Der Säugling ist nach der Geburt nicht fähig, allein zu stehen und zu gehen wie etwa das Elefantenbaby, das sofort bei der Suche der alten Führungskuh und ihrer Herde nach einer Wasserquelle mithalten kann. Das Verhalten der Elefanten ist generell sehr interessant, weil es eine unglaubliche mütterliche Intelligenz beim Erziehen des Nachwuchses deutlich macht. Da könnten wir uns eine Menge abgucken! Ein wunderbares Video auf Facebook zeigt eine Elefantenmutter, die ihrem Neugeborenen genau dann hilft, wenn es aufgrund seiner körperlichen Schwäche oder motorischen Ungeschicklichkeit etwas noch nicht kann. Erst dann, nicht vorher. Auch andere Elefantenkühe stillen das Baby, doch die Mutter bleibt immer in seiner Nähe – in den ersten Lebensmonaten.

Drei Monate nach der Geburt wurde unserem Kuvasz-Welpen schon seiner Mutter weggenommen. Nach einer durchgewinselten Autofahrt nach Deutschland war der knuddelige weiße Hundewelpe am anderen Tag schon ganz getröstet. Ich hatte mir für einige Tage nichts anderes vorgenommen, als ihn in seiner neuen Heimat einzugewöhnen. Schon nach wenigen Tagen war es geschafft und er hatte mich als sein Mutter-Frauchen akzeptiert. Das Hirn unserer Menschenkinder ist nicht so einfach gebaut – und leider viel störanfälliger. Ihr Hirn verfügt noch über kein funktionierendes Abwehrsystem, vielleicht mit Ausnahme von Schlaf. Man weiß ja, dass Babys oft einschlafen, wenn ihre Verarbeitungsmodalitäten ausgeschöpft sind. Schlaf dient als natürlicher Reizschutz. Der zweite bedeutsame Reizschutz sind die Eltern. Und genau da hakt und klemmt es aktuell. Eine Mutter in Deutschland hat acht Wochen Mutterschaftsschutz. Unter gewissen Bedingungen können es maximal 16 Wochen werden. Ist es möglich, dass ein so reiches Land wie Deutschland den jungen Mitarbeiterinnen kümmerliche zwei Monate zugesteht? Wir geben wieder Milliarden aus für Aufrüstung – und eine nächste junge Generation ist uns nur einen winzigen Bruchteil davon wert?

Bringen denn Milliarden an Rüstungsausgaben einem Staat langfristig mehr als psychisch gesunde Kinder?

Wenn man so einen Satz liest, denkt man automatisch: Der Staat, das sind doch eigentlich nicht ein paar Politiker, die sich wahnsinnig wichtig nehmen, zusammen mit einigen Reichen und Superreichen und wenigen Großkonzernen in diesem Land, sondern wir, die gewaltige Mehrheit, die 83 Millionen Einwohner. Warum verlangen wir von unseren Repräsentanten im Parlament nicht, was wir brauchen, was für uns notwendig wäre für eine gute Leistungsfähigkeit, ein entspanntes Familienleben und glückliche Kinder, die doch unsere Zukunft sind und diese garantieren.

Wie hat es eigentlich dazu kommen können, dass rund 83 Millionen Menschen glauben, der Staat, das sei so ein anonymes, diffuses, kaum auffindbares, doch uns alle beherrschendes Gebilde, gegen das leider keiner ankommt?

Wie im Kleinen, so im Großen, denn auch hier gilt, was ich den Schülern sage, wenn sie ihre Ohnmacht beklagen: „Sagst du denn dem Lehrer, was dich stört?" – „Nein, bringt eh nix." – „Hast du es denn ausprobiert?" – „Ja, so richtig nicht." – „Gell, jammern und schimpfen geht halt schneller."

Die Eltern übernehmen manchmal die gleiche Haltung wie ihre Kinder. Jammern und Schimpfen geht auch bei uns Erwachsenen schneller als Handeln. Der Bundeskanzlerin und ihrer positiven Haltung den Flüchtlingsströmen gegenüber die Schuld geben oder die Entstehung der AfD als Irrtum und Peinlichkeit bewerten, das geht viel schneller, als selbst aktiv zu werden und sich Gedanken zu machen, wie die Flüchtlinge, die hier angekommen sind, integriert werden könnten. Oder darüber nachzudenken, warum ein europaweit so erfolgreiches, nicht nur ökonomisch starkes Land wie Deutschland plötzlich so viele unzufriedene Bürger hat.

Ein Beispiel von beeindruckender Handlungsfreude sind Günther Gruchala, der Begründer des Vereins „Kreative Hilfe für Flüchtlinge in München" und Axel Schweiger von der „Münchner Tafel". Sie jammern nicht und schimpfen nicht, sondern tun, was ihrer Überzeugung nach getan werden muss.

In vielen Familien herrscht Angst. Einer der Hauptgründe für diese diffuse Angst ist die Digitalisierung. Die Angst besteht zu Recht, denn sie wird viele Familienväter und -Mütter arbeitslos machen. Noch nicht jetzt gleich, doch in 15 bis 20 Jahren. Lassen wir David Michael Precht zu Wort kommen, den gedankenscharfen und wortsicheren

Philosophen und Warner, wenn es darum geht, die Zeichen der Zeit richtig zu lesen und mit Anstand zu interpretieren:

> „Unsere Arbeitswelt wird sich in den nächsten Jahren dramatisch verändern […]. In der Bevölkerung gibt es eine tiefe Ahnung davon, dass viel Altes verloren gehen wird und etwas Neues kommt, auf das sich die wenigsten freuen. Das ist der Grund, warum in der Politik die Retropie, die rückwärtsgewandte Utopie, vorherrscht […]. Mir geht es darum, den Menschen die Augen zu öffnen, damit diese Erschütterungen nicht allzu brutal ausfallen. Ich möchte in einer Umbruchsphase das Schlimmste verhüten. Langfristig gesehen ist die Geschichte der Menschheit stark aufsteigend. Warum sollte durch die Digitalsierung dieser Prozess beendet werden? Das glaube ich nicht. Die Vorstellung, dass vielleicht die Hälfte der Bevölkerung keinen Job hat, aber genug Geld in der Tasche und Pläne für den Tag, ist keine negative Utopie."

Precht plädierte in diesem Interview mit dem Kölner Stadt-Anzeiger für das Grundeinkommen. Ich bin aufgrund meiner Tätigkeit als Psychoanalytikerin ebenfalls ganz entschieden dafür. Als Schweizerin kam ich im März 2017 bereits in den Genuss, darüber abstimmen zu dürfen. Die Schweizer haben das Grundeinkommen verworfen. Natürlich, wir sind in der Schweiz an den wichtigen Themen oft früher dran als anderswo, doch „numme nid pfuschä", also: alles muss gut bedacht und abgewogen werden. Doch es wird von den Initiatoren wieder eingebracht werden. Viele progressive Initiativen werden in der Schweiz zuerst einmal verworfen. (Leider sind auch einige regressive von der SVP, der Schweizerischen Volkspartei, darunter.) Dann erst beginnen die Schweizer in aller Ruhe darüber nachzudenken, um die Initiative dann bei der zweiten oder dritten Abstimmung letztlich anzunehmen.

Das Grundeinkommen würde die Familie entlasten, ihr viel von der Zukunftsangst nehmen. Das böswillig von Gegnern eines Grundeinkommens gestreute Gerücht, dass das Volk dann keine Lust mehr auf Arbeit hätte, ist grundfalsch. Die Menschen, Sie, ich, alle Kinder und Jugendlichen, die ich kenne, wollen etwas bewirken in ihrem Leben. Es widerspricht der menschlichen Natur zutiefst, 80 oder 90 Jahre auf der faulen Haut zu liegen. Das Grundeinkommen ist schlicht angstmindernd. Und es gibt den Eltern Zeit, sich neu in ihren beruflichen Interessen und Neigungen aufzustellen.

Wir können uns jetzt, gar nicht vorstellen, wie anders die digitalisierte westliche Welt schon bald aussehen wird. Viele der für uns selbstverständlichen Berufe wird es nicht mehr geben. Diejenige menschliche Arbeit, die von Robotern übernommen werden kann, wird abgeschafft werden: Die Fließbandarbeit zuerst, dann alle Montagearbeiten, wie wir sie etwa aus der Autobranche kennen. Was die Maschine übernehmen kann, wird sie übernehmen. Die Arbeitswelt wird eine so radikal andere sein, dass wir Menschen uns zuerst einmal in ihr zurechtfinden müssen. Die Arbeitsrevolution ist da, wir sind bereits Teil davon, sie ist im vollen Gange. Sie kommt ohne Tote und (scheinbar) unblutig daher – und eiskalt, wie eine digitale Revolution nur sein kann –, doch birgt sie auch die ungeheure Möglichkeit des Einflussnehmens. Wer sich jetzt innerlich abhängen und entmutigen lässt, etwa so in der Art: „Das pack' ich alles nicht, das geht an mir vorbei, alles wird nur noch schlimmer, ich komm' nicht mehr zurecht", für den wird die Zukunft schwer.

Doch da wir ja alle, einfach alle vor der Tür zur veränderten Berufs- und Lebenswelt stehen, können wir uns geradeso gut auch zusammentun und für eine menschlichere, nicht den eiskalten Gesetzen der Gewinnmaximierung unterworfene Wirtschaft und Gesellschaftsordnung kämpfen. Der ehemalige Lufthansa- und Daimler-Benz-Manager Thomas Sattelberger sagt in dem wunderbaren Dokumentarfilm von Erwin Wagenhofer „Alphabet – Angst oder Liebe" (2013): „Die Verkürzung des Lebens auf die Ökonomie ist eine der schlimmsten Erfahrungen unserer heutigen Zeit". Der Trumpismus, die AfD, die Front Nationale (oder Rassemblement National, wie sie sich heute nennt), die Schweizerische Volkspartei und wie die populistischen Strömungen alle heißen, sind ja nur ein Ausdruck davon, dass die Menschen große Angst haben und ihnen aktuell der Glaube an ein positives Zukunftsbild entglitten ist. Dagegen und für noch viel mehr steht das Grundeinkommen. Gib den Menschen Sicherheit, wirkliche Sicherheit, nicht die, welche die Populisten suggerieren – so würde die richtige Antwort auf die aktuelle Problemlage lauten. Einem Donald Trump, einem Christoph Blocher,

einem Geert Wilders, einer Marine Le Pen, einem Viktor Orbán, einem Sebastian Kurz respektive seinem rechtsnationalen Koalitionär Heinz-Christian Strache, früher einem rechtsnationalen Silvio Berlusconi in Italien, jetzt einem italienischen Innenminister Matteo Salvini gehen und gingen doch die Menschen am A […] vorbei.
Die Populisten bedienen sich der Menschen und ihrer Ängste – es waren noch nie und werden auch nie Menschenfreunde unter den Populisten sein!

Die Gesundheit der heutigen Kinder hängt ganz entscheidend von der moralisch-ethischen Einstellung ihrer Eltern zur Familie und zur Welt ab. Wenn die Familienoberhäupter, also Mutter und/oder Vater, Angst um ihre berufliche Zukunft haben müssen, bleibt kaum Kraft für eine stabile und entschlossen vertrauensvolle Begleitung der Kinder. Die psychische Beschaffenheit der Eltern ist die Matrix, auf der Kinderleben gedeiht. Es ist für eine verlässliche Begleitung der Kinderseele nicht schädlich, wenn eine Elternfigur eine körperliche oder psychische Krise durchmacht. Krisen gehören zum Leben. Doch ein Zustand von Dauerangst schadet. Er vergiftet unmerklich den Lebenswillen des Kindes.

Eine 17-jährige Gymnasiastin, Luisa, kam eines Tages in die Therapiestunde und sagte gequält: „Ich bin kopflos, ich bin so kopflos, keine Konzentration mehr. Ich merke doch, wie die Mama leidet. Ich seh' überall, in der Schule, wenn ich in meinem Zimmer sitze, ihre traurigen Augen. Ich höre, wie sie seufzt, manchmal wache ich auf in der Nacht, weil sie in meinem Traum so laut, so verzweifelt geschrien hat." (Luisas Mutter ist seit zwei Jahren arbeitslos, der Vater zahlt keinen Unterhalt mehr, ist unauffindbar.) Ihre Mutter habe zurzeit so wenig Lebenskraft, berichtet Luisa, „das macht mich fertig, bei allem, was ich tun will, sieht sie Gefahren. Früher hat sie mir Mut gemacht, jetzt mache ich ihr Mut, aber dann hab' ich selber keinen mehr."

Luisa hat dazu ein Gedicht geschrieben:

Mama hat gelacht.
Meine Schwester und ich auch.
Es war Frühling,
wie die Blumen haben wir uns gefühlt,

gerade auf die Welt gekommen.
Jetzt ist Winter.
Schon lange.
Wozu dauert das Leben so lang?
Es ist kalt,
dunkel,
wer braucht sowas?

Drei magere Pferde stehen auf der Koppel
ohne Gras.

Luisas Mutter hat im dritten Therapiejahr ihrer Tochter eine Arbeit gefunden. Entscheidend geholfen hat ihr nach Aussage ihrer Tochter, aber auch nach Meinung der Mutter selbst, eine eigene Therapie. Zum Abschied schenkte mir Luisa eine neue Strophe ihres Gedichts:

Zum alten Pferd ist ein zweites gestoßen.
Die jungen Pferde galoppieren davon.
Es ist Frühling geworden,
weiß doch jeder.

Es war die eigene Aktivität der Mutter, die eine Veränderung im Familienklima bewirkt hat. So eine Entscheidung, die zwei Töchter nicht mehr Tag für Tag mit Angst vor Veränderung und einem lähmenden Lebensgefühl zu überziehen, braucht immer Mut. Solche Eltern sind ein Geschenk für den Therapeuten, und ich lasse es in der Arbeit mit den Kindern dieser Eltern nicht an Wertschätzung und Hochachtung für ihre therapiebereiten Eltern mangeln.

Diese Mutter war kurz davor, in dem, was Wolf Büntig die „normale Depression" nennt, zu versinken. Sie begann sich darin einzurichten. Ihre ständigen Vorbehalte jedem Galoppsprung ihrer beiden Stutenfohlen gegenüber, mit dem Hinweis auf Gefahr, Unnötigkeit und Risiko zusammen mit der üblichen Tagesportion an Pessimismus, „das geht schief, ich sag' es dir", hätten unter Umständen eine eigenständige Entwicklung Luisas zu einer selbstständigen jungen Erwachsenen erschweren oder gar verunmöglichen können. Doch Luisa hat sich den verlorenen geglaubten Kopf wieder aufgesetzt, nachgedacht und begriffen, dass sie den Frühling sehen und genießen darf.

10. Schlussbemerkung

Am Ende meines letzten Buches habe ich geschrieben, dass viel Müdigkeit in den Familien zu finden ist. Jetzt, zehn Jahre später, sehe ich nach wie vor Müdigkeit und, wenn man so sagen will, systemimmanente Erschöpfung. Doch es ist leider noch eine neue Qualität dazugekommen, die mir nicht gefällt: Passivität. Ein hilfloses und anhaltendes Schulternzucken dem eigenen Alltagsleben und den eigenen Befindlichkeiten gegenüber. Das ist nicht günstig. Weder für uns Erwachsene noch für unsere Kinder.

Die Familien, die es schaffen, so etwas wie eine neue Aufbruchsstimmung in ihren vier Wänden zu erzeugen, werden zu den Gewinnern der digitalisierten Welt gehören. Die neue Welt ist angebrochen, ob es uns passt oder nicht, und mit ihr Umwälzungen, wie sie größer nicht sein könnten.

Bei jeder Veränderung gibt es grundsätzlich zwei mögliche emotionale Haltungen: Angst und Neugierde. Es gibt sie, die Angst-Lust-Gleichung – und zwar in jedem Leben, und es wäre für eine gesunde psychische Entwicklung vorteilhaft, die Lust würde überwiegen. Ich beobachte bei vielen Kleinkindern tatsächlich noch eine ungebremste Vorherrschaft der Neugierde oder eben der Lust auf Neues, auf Weltentdeckung. Dieselben, dann etwas älteren Kinder, also Grundschüler, zeigen zur mehr als der Hälfte bereits eine Angstdominanz. Und bei den Jugendlichen stößt man leider bereits auf eine massive Vorherrschaft der Angst, verpackt in Allergien, Verletzungsängsten, Terrorangst, Veganismus (ja, leider ist das mitunter auch eine Idiosynkrasie (Überempfindlichkeit)), eine auf den Körper projizierte Schmerzempfindichkeit (immer tut etwas anderes weh). Ein trauriges Ergebnis. Vera Birkenbihl, die leider zu früh verstorbene Wirtschaftsberaterin und Sachbuchautorin, brachte es auf einen Nenner: „Dazwischen liegt Erziehung“. Eigentlich wäre es zu erwarten, dass Zuversicht und Neugierde mit dem Lebensalter zunehmen. Man wird ja ständig kompetenter, verfügt über zunehmende Lebenserfahrung und damit über einen stetig anwachsenden Radius an Problemlösungen. Die Wirklichkeit spricht leider eine ziemlich andere Sprache.

In sechs der sieben Kindheitserzählungen aus dem Mittelteil des Buches hat mich persönlich fasziniert und gleichzeitig nachdenklich gemacht, dass diese sechs Menschen es schwer hatten, und keiner von ihnen hatte Helikoptereltern. Sie mussten sich in sehr vielen Situationen allein durchkämpfen. Bei keinem waren die Eltern den Kindern beste Freunde, sondern sie gaben Anlass zu Enttäuschung, Ärger und Hierarchiekämpfen. Die Eltern hatten das letzte Wort – und das Kind musste sich zähneknirschend dem elterlichen Beschluss fügen – ob er jetzt weise oder ziemlich dumm war. Zwischen den Müttern und den Töchtern gab es selten eine Verschwesterung, zwischen den Vätern und Söhnen wenig Verbrüderung. Wo das gleiche Geschlecht noch einte, trennte spätestens die Generation.

Wie gesund, wie klar das bei diesen Kindern abgelaufen ist – möchte man angesichts der heutigen Ausfransungen im Generationenvertrag rufen. Denn es gab diesen Generationenvertrag, der da lautete: Wir sind die Eltern, ihr seid die Kinder, wir kümmern uns um euch. Die Eltern haben zu der Zeit ihre wilden Kinder auch gar nicht so gut verstanden. Weil die wilden Kinder eben nicht alles erzählten und ein natürliches Gespür dafür hatten, was Eltern wissen sollten und was eher nicht. Das feine Empfinden der Kinder, etwas zu verschweigen, weil eine Aufklärung der Eltern die Dinge unangemessen verkompliziert hätte (und man vielleicht zusätzlich eine Ohrfeige kassiert hätte), kommt kaum noch vor. Heute besteht eine zu geringe Differenzierung zwischen den Generationen.

„Mama will alles wissen“, sagt mir die neunjährige Marie. „Wir haben keine Geheimnisse, sie sagt mir auch alles.“ Eine Beobachtung, die ich häufig bei Alleinerziehenden mache. So werden Kinder vorschnell in die Welt der Erwachsenen hineingesogen. Eine Welt, oft angefüllt mit wirtschaftlichen Problemen, mit Beziehungs-Tristesse, mit weiblichen Enttäuschungserfahrungen am männlichen Geschlecht. „Die

Mama hat gesagt, ‚du kannst später mal lange suchen, dass du einen Mann findest, der kein Idiot ist'", erzählt die 13-jährige Ana. Meine spontane, mit kontrolliertem innerem Ärger gefundene Antwort war: „Deine Mama versteht viel von der Welt, doch da muss ich ihr einfach widersprechen: Es gibt viele wunderbare Männer, nur wenn man natürlich überzeugt ist, dass alle Männer Idioten sind – ja, weißt du, was dann passiert?" – „Nein, doch, vielleicht doch: Dann lernt man auch nur Idioten kennen, oder?" – „Genau, bravo für dein selbstständiges Denken." Weil Ana sich so über meine Spiegelung ihres eigenständigen Denkens freut, fällt ihr gleich noch ein, dass „das mit den Hunden wahrscheinlich auch so was ist, da denke ich ja auch immer, jeder will mich beißen." (Ana ist schon zweimal gebissen worden.) Ihre beste Freundin habe ihr gesagt, sie soll sich nicht immer so komisch bewegen, wenn sie einem Hund begegnen, und nicht so komisch gucken. Jetzt laufe sie so wie ihre Freundin an den Hunden vorbei. Und vor einigen Tagen habe sie sogar einen ziemlich großen Hund übersehen. Ihre Freundin Sofie und sie hätten es gerade so lustig gehabt. „Stellen Sie sich vor, ich hab' ihn nicht gesehen!" – „Und jetzt ziehst du in Betracht, dass es vielleicht auch mit deinem Verhalten etwas zu tun hatte, dass du mehrmals gebissen worden bist, oder? Und wenn deine Mama wiederum die Männer als Idioten sieht, hat es vielleicht auch was mit ihr zu tun." In die nächste Stunde kam sie mit den Worten: „Die Mama hat gesagt, sie nimmt es zurück, dass alle Männer Idioten sind, doch Sie sollen auch nicht behaupten, dass alle Männer wunderbar sind." – „Hab' ich gesagt ‚alle Männer'? Das nehme ich zurück, kam wahrscheinlich so raus, weil es mich geärgert hat, dass deine Mama so schlecht über die Männer redet." Wir müssen beide lachen.

Handeln ist die wirksamste Waffe im Umgang mit uns und unserem Leben. Wie wundervoll wäre es, wenn wir eine unsichtbare Instanz im Kopf hätten, die uns jedes Mal, wenn wir in Selbstmitleid und Anklage verfallen wollen, liebevoll zur Ordnung ruft: „He, stopp, das kostet dich gerade wertvolle Energie, was du da machst." Ein Achtsamkeits-Button könnte da nützlich sein.

Im Grunde genommen muss ich da gar kein Wunder herbeiwünschen. Jeder hat diesen inneren Achtsamkeitsbutton doch in Reichweite. Man muss diesen leisen Alarmknopf nur hören wollen. Emilio Galli Zugaro hat zusammem mit seiner Tochter Clementina ein lesenswertes Buch über Führungsqualitäten geschrieben: „The listening leader". So ein zuhörender innerer Führer können wir für uns selbst sein – und zwar jeder von uns. Nenne er sich Vater, Mutter, Jugendlicher, Lehrer oder Therapeut. Die Kinder können es noch besser als wir Erwachsenen. Nur – ihnen hören wir nicht zu, weil wir uns selbst nicht mehr gut genug hören können. „The listening leader" ist verloren gegangen in der staubigen und immer lauter werdenden Kampfarena des täglichen Lebens.

Wir sollten aufstehen und endlich wieder hinaustreten in die immer noch existenten natürlichen, aufregenden und wilden Lebensräume des Lebens. Sie sind da. Nur unsere Sehkraft hat, gebeugt über die angestrengten Anpassungsversuche im Umgang mit Globalisierung und Digitalisierung, etwas nachgelassen. Lassen Sie uns den Sehmuskel wieder etwas mehr trainieren!

11. Der Brief eines jungen Mannes

Vor einigen Tagen, kurz bevor ich das fertige Manuskript zum Verlag schicken wollte, hat mich ein Brief erreicht. G. war zwei Jahre bei mir in psychoanalytischer Jugendlichentherapie. Er ist inzwischen 23 Jahre alt.

Es geht in diesem Buch um junge und ältere Menschen. Und auch darum, nicht auszuweichen, wenn mal Krisen und Tiefschläge drohen oder bereits passiert sind. Es ist nur logisch, dass ich einem jungen Menschen zum Abschluss das Wort überlasse. Seine Zeilen zeigen, wie wichtig es für die eigene Entwicklung sein kann, sich in einem Zusammenspiel aus Vertrauen und Mut auf sich selbst einzulassen. Und das passiert halt oft nur über eigene Leiderfahrung. Hier ein Ausschnitt aus dem Brief:

[…] Ich bin damals als Wrack zu Ihnen gekommen. Kaum Hoffnung, keine Lebenslust und kein Lebenswille, alles schien verschwunden. Diese Zeit zählt trotzdem zu meinem wertvollsten Lebensabschnitt. Am Anfang

hatte ich große Schwierigkeiten, mich zurecht zu finden, mich auf die Therapie und auf Sie einzulassen. Doch statt aufzugeben, habe ich einen Entschluss getroffen – ich werde diese Therapie fortsetzen!

Mein Leben vor der Krise. Wie wäre es weitergegangen? Besser? – Nein!

Eine körperliche und geistige Entwicklung in diesem Ausmaß hätte nicht stattgefunden. Fähigkeiten oder auch verborgene Talente wären einfach in den Schatten gestellt worden und hätten sich nicht entfalten können. In dieser Zeit habe ich viel über mich gelernt und viele neue und erstaunliche Dinge erfahren. Ich wünsche niemandem so eine enorm schwierige Zeit. Überfällt sie einen jedoch, ist es wichtig, die Hoffnung nicht zu verlieren und immer weiterzukämpfen.

Die meisten Menschen sind darauf geschult, nur die äußerlichen Umstände zu sehen und nicht die innerlich verdeckte und zerschmetterte Seele. Und genau dieser Punkt wird meiner Meinung nach sehr vernachlässigt. Bricht sich jemand den Knöchel, gibt es sehr viel Mitgefühl und gesundheitsfördernde Glückwünsche. Bricht die Psyche eines Menschen zusammen, bekommt man höchstens Mitleid, doch die Empathie fehlt.

Wieso erzähle ich Ihnen das alles?

Ganz einfach: Sie gaben mir Hoffnung, Lebenslust und den Willen weiterzuleben. Sie haben mir bei meiner Entwicklung geholfen […]. Sie haben meine Fähigkeiten mit mir zusammen entdeckt […].

In ein paar Jahren bin ich selber Therapeut (ein guter, erlaube ich mir hinzuzufügen) *und werde immer an diese Zeit zurückdenken […].*

Danksagung

Ich habe vielen hier zu danken, allen voran den jungen Menschen, die sich mir mit ihren Nöten und Unsicherheiten anvertraut haben, und ebenso ihren aufmerksamen Eltern. (Die Aussagen meiner Patienten habe ich in diesem Buch anonymisiert wiedergegeben.) Außerdem danke ich den sechs jungen Menschen, die bereit waren, sich mit mir zusammenzusetzen und einen Blick in ihre eigene Zukunft zu werfen, mich an ihren Wünschen und persönlichen Erwartungen teilhaben zu lassen. Und dann sind da die sieben Erwachsenen, zwei leider inzwischen nicht mehr unter uns, die ihre Tür zur eigenen Kindheit nochmals geöffnet haben. Ihnen gilt ein besonderer Dank: Es ist nicht immer ein Vergnügen, sich nochmals über die eigene Kindheit zu beugen und genau hineinschauen. Doch sie waren bereit dazu – und vielleicht bildet sich gerade in dieser gezeigten Offenheit im Umgang mit vergangenen, mitunter sehr schmerzvollen Gegebenheiten auch deren ein Leben lang bewiesene Fähigkeit zum Wachstum gut ab. Ich vermute, dass keiner von diesen wunderbaren Gesprächspartnern ein unerfülltes Leben beklagen muss. Keiner hat sich verloren, jeder von ihnen ist bei sich angekommen. Und wenn einer von ihnen „Ich" sagt, weiß er, wer da gerade spricht. Einfach er oder sie – nicht mehr die Mama, nicht mehr der Papa.

Ihnen und allen anderen, die an diesem Buch mitgewirkt haben, möchte ich mit einem Gedicht von Theodor Fontane danken:

> Es kann die Ehre dieser Welt
> Dir keine Ehre geben,
> Was dich in Wahrheit hebt und hält,
> Muss in dir selber leben.

Wenn's deinem Innersten gebricht
An echten Stolzes Stütze,
Ob dann die Welt dir Beifall spricht,
Ist all dir wenig nütze.

Das flücht'ge Lob, des Tages Ruhm
Magst du dem Eitlen gönnen;
Das aber sei dein Heiligtum:
Vor dir bestehen können.

Dann möchte ich dem Mabuse Verlag danken, dass er bereit war, dieses Buch herauszugeben. Die Zusammenarbeit mit Frau Weyer war leicht und angenehm. Meine Lektorin Claudia Weingartner hat mich mit ihrer stilistischen und inhaltlichen Feinfühligkeit überrascht. Es ist ein Geschenk, jemanden wie sie zu finden, der sich derart in einen fremden Text hineinbewegen und dort zurechtfinden kann. Meine Kinder haben mich mit ihren Narrativen aus ihrem eigenen Leben sowie den Einlassungen zu dem vorliegenden Buch wiederholt angeregt, der Jugend zuzuhören, eigene Ideen gegendenken zu lassen, weiter an mir zu arbeiten, mir treu zu bleiben und doch auch meine Sichtweise infrage stellen zu lassen.

Nicht zuletzt gilt der Dank meinem Mann, der mir in vielen kritischen Gesprächen über das aktuelle Wirtschaftsgeschehen zur Verfügung stand, und den ich mitunter mit meiner etwas anderen Sicht auch nerven durfte. Die Gespräche mit ihm haben uns beiden die Erfahrung beschert, dass keiner weichen muss, doch jederzeit vom anderen lernen kann. Eine nährende und lustvolle Erfahrung.

Literaturverzeichnis

Aigner, Josef Christian: Kinder brauchen Männer: Psychoanalytische, pädagogische und erziehungswissenschaftliche Perspektiven, Psychosozial-Verlag, Gießen, 2015

Birkenbihl, Vera F.: Kreative Problemlösungen, CD, Auditorium Verlag, Schwarzach am Main, 2001

Büntig, Wolf: Vater und Mutter, Bruder und Schwester verlassen, CD, Vortrag gehalten am 6. Dez. 2012 in „Zist" Penzberg, Auditorium Netzwerk Verlag, Müllheim, 2006

Calmbach, Marc u. a.: Wie ticken Jugendliche 2016?, Springer Verlag, Berlin, 2016

Dürrenmatt, Friedrich: Die Physiker, Diogenes Verlag, Zürich, 1998, S. 85

Eisenberg, Leon: „Child psychatry:the past quarter century", in: American Journal of Orthopsychiatry, 1969 (April) 39 (3), 389-401,

Eisenberg, Leon: "The perils of prevention: a cautionary note" New England Journal of Medicine, 1977 (December 1), 297, S. 1230-1232

Fontane, Theodor: „Gedichte in einem Band", Insel Verlag, Berlin, 1998

Frank, Justin A.: „Bush auf der Couch", Psychosozial-Verlag, Gießen, 2004

Frisch, Max: Biographie: Ein Spiel, Suhrkamp Verlag, Frankfurt/M., 1994

Galli Zugaro, Emilio; Galli Zugaro Clementina: The listening leader: How to drive performance by using communicative leadership, Financial Times, London, 2017

Galli Zugaro, Emilio; Stöhr, Jannike: Ich bin so frei: Raus aus dem Hamsterrad – rein in den richtigen Job, Ariston, München, 2018

Gruen, Arno: „ Wider den Gehorsam", Klett-Cotta Verlag, Stuttgart, 2018, S. 13

Groddeck, Georg: „Krankheit als Symbol – Schriften zur Psychosomatik":, Fischer Taschenbuch Verlag, Frankfurt/M., 1983, S. 69

Groddeck, Georg: Die Natur heilt: Die Entdeckung der Psychosomatik, e-artnow Verlag, Prag, 2018

Guggenbühl, Allan: Die vergessene Klugheit, Hogrefe Verlag, Göttingen, 2015, S. 45

Guggenbühl, Allan: Kleine Machos in der Krise, Herder Verlag, Freiburg, 2006

Hessel, Stéphane: «Empört Euch!", Ullstein Verlag, München, 2011

Hoffmann, Heinrich: Der Struwwelpeter: Ungekürzte Fassung, Schwager & Steinlein Verlag, Köln, 2013

Hopf, Hans: Die Psychoanalyse des Jungen, Klett-Cotta, Stuttgart, 2017

Hopf, Hans: Flüchtlingskinder – gestern und heute: Eine Psychoanalyse, Klett-Cotta, Stuttgart, 2017

Hopf, Hans: Kinderkrankheiten: Wenn Kinder krank werden. Eine kleine Psychosomatik von Husten, Schnupfen, Heiserkeit, Mabuse-Verlag, Frankfurt/M., 2014

Hopf, Hans: Kinderträume verstehen, Mabuse-Verlag, Frankfurt/M., 2018

Huber, Michaela: Transgenerative Weitergabe von Traumatisierungen – Begegnung mit dem langen Schatten des Traumas, Auditorium Verlag, Schwarzach am Main, 2016

Hüther, Gerald: „Biologie der Angst", Vandenhoeck & Ruprecht, Göttingen, 2001, S. 59

Hüther, Gerald: Würde: Was uns stark macht – als Einzelne und als Gesellschaft, Albrecht Knaus Verlag, München, 2018

Jungnikl, Saskia: Mein Vater hat sich erschossen, Fischer TB, Frankfurt/M., 2014

Kast, Verena: Was der Neid uns sagen will, Auditorium Verlag, CD, Schwarzach am Main, 1997

Keleman, Stanley: Lebe dein Sterben: Reflexionen über Abschied und Neubeginn, iskopress, Salzhausen, 2012 (Übersetzung: Wolf Büntig)

Kertézs, Imre: Roman eines Schicksallosen, Rowohlt Verlag, Reinbek, 2003, S. 181

Knausgard, Karl Ove: Lieben, btb Verlag, München, 2013, S. 54

Knausgard, Karl Ove: „Das Amerika der Seele", Luchterhand Literaturverlag, München, 2016, S. 28

Louis, Édouard: „Das Ende von Eddy", S. Fischer Verlag, Frankfurt/M., 2015, S. 20, S. 162

Lawrence, D.H. zitiert nach Wolf Büntig: Vater und Mutter, Bruder und Schwester verlassen, CD, Auditorium Verlag, Schwarzach am Main, 2006

Ledergerber, Karin: unveröffentlichtes Manuskript aus der Tagung in Obergurgl, Männlichkeit, Sexualität und Elternschaft, 2017

Marx, Richard: „Der Mann hat recht, doch es gibt die Frau“ in: „Lyrik“, deutscher lyrik verlag, Berlin, 2013, S. 37 und S. 10, S. 9, S. 34

Mertens, Wolfgang u. a.: Psychoanalyse im 21. Jahrhundert – eine Standortbestimmung, Kohlhammer Verlag, Stuttgart, 2013

Metzger, Hans-Geert; Dammasch, Frank: Männlichkeit, Sexualität, Aggression: Zur Psychoanalyse männlicher Identität und Vaterschaft“, Psychosozial-Verlag, Gießen, 2017

Miller, Alice: Du sollst nicht merken, Suhrkamp Verlag, Frankfurt/M., 1983

Miller, Martin: Das wahre „Drama des begabten Kindes“, Herder Verlag, München, 2016, S. 19

Orwell, Georg: «1984», Ullstein TB, Berlin/München, 1994

Precht, Richard David, in: „Kölner Stadtanzeiger, 20. Juni 2017

Riedesser, Peter: Lehrbuch der Psychotraumatologie, Ernst Reinhardt Verlag, München, 1999

Schulte-Markwort, Michael: Burnout-Kids: Wie das Prinzip Leistung unsere Kinder überfordert, Knaur TB, Berlin, 2016

Senfft, Alexandra: Schweigen tut weh, List Taschenbuch, Berlin, 2008, S. 20 f.

Spork, Peter: Gesundheit ist kein Zufall – Wie das Leben unsere Gene prägt, DVA, München, 2017

Urscheler, Sarah: Ich fand die ganz kleinen Pilze, in: Berner Tagblatt, 01.08.2017

Ziegler, Hanna; Ziegler, Nora: Die Schuldigen, Penguin Verlag, München, 2017, S. 31